D0711752

La chair interdite

DIANE DUCRET

La chair interdite

ESSAI

« *Maître de mon destin, libre dans mes soupirs,*
Je ne rendais qu'à moi compte de mes désirs. »

JEAN RACINE, *Bérénice*, II, 2

Prologue

Je suis venue au monde tandis que Simone de Beauvoir s'éteignait. Trop occupée alors à faire mes premières dents, ce n'est que quelques années plus tard que, sur les bancs de la Sorbonne, j'ai entendu son message : « On ne naît pas femme, on le devient. » À l'aube de mes vingt ans, prête à tous les sauts périlleux conceptuels, j'envisageais la maxime, la décortiquais, sans en saisir grand-chose. La femme naît avec un organe dont seule la puberté lui révélera l'usage, soit, mais est-elle en cela bien différente de l'homme ? Avec un peu de chance, elle empruntera sans heurt la voie royale de la féminité, par la découverte, seule puis accompagnée, du plaisir et de la maternité auxquels il la destine, et chérira en secret les joies comme les douleurs qu'il lui a procurées, invisibles à l'observateur extérieur. Car voilà, son sexe, nimbé de son secret, se refuse au regard. Circulez, il n'y a rien à voir, tout se passe à l'intérieur, dans la chair intime.

Persuadée que toutes les représentantes de ce sexe naissaient, comme moi, libres et égales en droits ou presque, j'ai un temps laissé là ces interrogations, pour me pencher sur le sort de celles qui étaient livrées aux tourments de l'amour et de la dictature, en se donnant corps et âme aux tyrans qui ont fait trembler le XXᵉ siècle. Mais depuis quelques années, il m'est devenu impossible de ne pas voir dans les médias les images de mes semblables se dénudant pour lutter contre les intégrismes, être les victimes de marchés du sexe, des trophées de guerre, ou manifester dans la rue pour un droit que l'on pensait acquis, celui de choisir quand devenir mère ou pas, et de faire de son corps un lieu de plaisir autant que de reproduction. Selon l'époque ou l'endroit, le plaisir et la maternité seront pour certaines un fardeau, pour d'autres un devoir ou un interdit, et il faudra se battre pour que le sort se montre clément.

Autant d'images qui m'ont rappelé que j'avais encore tout à apprendre de l'assertion de Simone de Beauvoir et de la chance, comme de la malédiction, d'être née avec un sexe de femme. Cet organe, avec les attentes, les obligations qu'il crée, transmet à son héritière un pouvoir incommensurable, celui de donner la vie. Mais cette puissance qu'il incarne la place immanquablement sous le regard réprobateur et inquiet de l'homme. Et tandis qu'il en va, pour certaines, comme une évidence de l'exposer, le décorer, l'offrir au tout-venant ou le monnayer, il est, chez d'autres, une chose honnie, cachée, occultée, honteuse.

Chair interdite depuis la naissance de la civilisation, le sexe des femmes nourrit les peurs des hommes, leur procure plaisir et naissance, attise le désir autant que la haine. Jusqu'à nos jours, tantôt exilé, maudit, conspué, tantôt consacré, mutilé autant qu'embrassé, il aura toujours quelque chose à se reprocher. Rapté parfois lorsqu'il se refuse, siège de l'honneur de toute une famille – que dis-je, d'une nation ! –, muselé chirurgicalement pour ne point prendre trop de libertés, loué par les poètes et croqué par les peintres, le sexe des femmes a dicté ses lois et ses désirs à l'histoire de l'humanité. Tandis que certains hommes, certaines politiques ou religions tentaient de lui prescrire leurs volontés, leurs fantasmes, leurs interdits. Ceux-là mêmes qu'ont connus nos mères, et leurs mères avant elles, quels que soient les civilisations, les latitudes, les siècles.

À présent que la liberté des femmes, moitié de l'humanité, vacille chaque jour d'un peu plus haut partout dans le monde, le temps est venu de questionner le rapport des hommes à cet organe, d'enquêter sur ce sexe dont ni le fonctionnement ni même l'anatomie ne nous ont été enseignés, et d'ébaucher enfin son histoire. Loin d'être un traité de morale, un abrégé du féminisme ou un manifeste, voici l'histoire vraie de toutes celles qui, avant moi, ont vécu cette chair désirée autant qu'interdite et ont payé parfois d'un lourd tribut d'être ainsi faites. J'espère que chacune, parcourant ces pages, en apprendra plus sur elle-même, et que chacun se rappellera avoir une mère, une femme peut-être, une fille. Qu'ils voient ce livre comme un miroir tendu sans ressentiment aucun, mais au contraire avec une profonde affection.

Première partie

DIVIN ABYSSE

1

Deux siècles moins le quart
avant Jésus-Christ

Quoi de neuf, docteure ?

Athènes, 350 av. J.-C. Agnodice veut être beaucoup plus qu'une bonne épouse et mère, comme il convient à une personne de son rang. La belle Hellène rêve d'étudier la médecine et enrage de l'interdiction qui lui est faite. Car dans la capitale de la Grèce, phare étincelant de sa civilisation, les femmes ne peuvent prétendre soigner ni même pratiquer des accouchements. Agnodice est priée de ronger son frein en silence, comme les autres. L'enfantement demeure une affaire d'hommes, et pas des moindres.

C'est qu'il faut du courage et de l'abnégation pour oser affronter ce sexe labyrinthique, qui n'a de surcroît rien de docile ! Platon a eu la témérité d'aller voir de plus près cette étrange anatomie[1]. Ce que l'on nomme « matrice », ou « utérus », nous dit-il, est « comme un être vivant possédé du désir de faire des enfants ». Mais attention, lorsque pendant trop longtemps rien n'est venu assouvir ce désir, cette bête s'irrite dangereusement, « s'agite en tout sens dans le corps, obstrue les passages de l'air, empêche l'inspiration (...) et lui occasionne d'autres maladies de toutes sortes ». Dans la caverne, Platon a découvert un animal affamé. Gare à la ruade.

L'utérus est ainsi, selon les premiers manuels de médecine de l'Histoire, un monstre terrifiant qui, s'il n'a pas ce qu'il désire, manifeste son mécontentement de manière intempestive. Et ce drôle d'animal est un organe itinérant qui prend un malin plaisir à se mouvoir dans le corps. Impétueux, il bouscule tout sur son passage, coinçant la rate à la corde, écrasant les poumons, déclenchant étouffements et sueurs, sautant enfin sur le cœur, qu'il fait palpiter plus que de raison. Sa course folle peut même le conduire jusque dans la gorge, où il se roule en boule ! Ouvrirait-on la bouche qu'il s'échapperait[2]. Au moins pourrait-on enfin le voir en face et dire ce à quoi il ressemble...

La méconnaissance de l'anatomie féminine donne alors lieu à toutes les projections de la part des plus grands esprits. « La matrice suspendue dans le bas-ventre avec ses ailes ou membranes tendues de chaque côté de la région iliaque se montre tel un animal, nous dit le médecin Arétée de Cappadoce, ses ailes ou membranes, comme les voiles d'un vaisseau, se prêtent à tous ces mouvements[3]. » Furtif et ailé, est-ce un aigle, est-ce un cygne ? Non, c'est un utérus. Comment l'appâter et le ramener en son antre ? Une seule solution, asseoir la femme sur des draps humides parfumés de myrrhe. L'animal, par l'odeur alléché, regagnera le sexe. Car il aime les odeurs agréables et s'en approche, mais fuit celles qui le sont moins. Le plus célèbre de nos praticiens, Hippocrate, conseille ainsi de proposer aux narines « de vieilles urines, dont la mauvaise odeur et la force sont telles qu'elles pourraient rappeler un mort à la vie, et très propres conséquemment à faire descendre la matrice ». Si l'utérus se montre rétif, aux grands maux les grands remèdes, on procédera entre les jambes de la femme à des fumigations d'encens mélangé à des fluides masculins[4]. Que veut donc à la fin cet animal migrateur ? La semence de l'homme. Privé de ce breuvage, l'utérus se dessèche et fuit sa place en quête d'humidité. Les médecins conseillent alors aux femmes d'être le plus souvent enceintes, pour le garder occupé et l'empêcher ainsi de vagabonder. Une théorie bien utile pour confirmer la domination masculine dans la société.

Mais peu importe l'interdit ou les risques encourus à se confronter à tel animal, Agnodice veut s'instruire à tout prix[5]. En tant que femme, n'est-elle pas la mieux placée pour accompagner ses semblables dans la douloureuse tâche de donner la vie ? Coupant sans ciller sa longue chevelure, elle enfile une ample tunique d'homme, et se présente chez un maître sous les traits d'un étudiant. Le travestissement est des plus réussis, ne laissant transparaître rien d'autre que sa détermination. Agnodice achève bientôt sa formation et va pouvoir proposer ses services aux femmes enceintes de la ville. L'accueil n'est hélas pas celui escompté. Habituées à souffrir seules plutôt que de s'offrir à la vue d'un homme, les Athéniennes n'ont guère l'intention d'admettre ce jeune médecin dans leur chambre, et encore moins de se faire toucher par sa science ! Un défi de plus ne viendra pas à bout de la résolution d'Agnodice, ni de sa hardiesse. La voilà qui ouvre sa tunique face à chaque sceptique, révélant l'identité de son sexe.

Dès lors, les médecins voient en peu de temps leur patientèle cruellement diminuer. Ayant eu vent des prodiges de ce vert confrère, ils s'empressent de l'accuser d'être un débauché, un corrupteur, un violeur. Le praticien doit bien donner un plaisir immoral aux femmes pour qu'elles plébiscitent ses services. On le condamnerait à boire la ciguë pour moins que cela. Agnodice comparaît devant l'aréopage chargé de la juger et retrousse une fois encore son habit, mettant à nu sa vérité.

Les délibérations sont houleuses. L'accusée évite la peine de mort, mais pas le bannissement. Ses juges l'exigent pour celle qui exerce la médecine illégalement, mais c'est sans compter sur le soutien de ses semblables. Elles se massent en signe de protestation. « Vous n'êtes pas des époux, mais des ennemis : parce qu'elle a trouvé le moyen de nous sauver, vous la condamnez ! » Cris et suppliques résonnent jusqu'aux oreilles des législateurs. Face aux pressions de leurs épouses, leurs mères et leurs filles, les juges font machine arrière. Désormais, les femmes pourront apprendre la médecine. Désormais, elles auront le droit de savoir comment maîtriser l'organe par lequel elles donnent la vie, et qui leur était jusqu'alors défendu parce que trop sacré pour qu'elles y mettent leurs mains.

La reine nue

Pourtant, les hommes de l'Antiquité ne détestent pas le sexe des femmes, loin s'en faut. Malgré sa sauvagerie, il est doué de mille talents, et plus surprenants les uns que les autres. Il est ainsi l'apanage des déesses les plus vénérées. Hathor au doux parfum, déesse égyptienne de l'Amour et

de la Joie, est comblée d'offrandes dans son sanc-
tuaire de la vallée des Rois où se pressent celles
et ceux qui sont à la recherche d'un partenaire[6].

Parée des plus belles fleurs, la tête surmontée
d'un disque solaire orné de plumes, la dame du
Sinaï fait taire son escorte de lyres, flûtes et tam-
bours qui l'honore à chacun de ses déplacements.
L'heure n'est plus à la fête. La bataille pour la
couronne d'Égypte fait rage parmi les dieux. Le
tribunal divin a été convoqué pour désigner un
successeur légitime à son père, le dieu Rê à tête
de faucon. Car le maître universel n'a plus la
force, chaque nuit, de traverser les Enfers pour
faire naître, chaque matin, un nouveau jour.
À bout de forces, Rê quitte l'auguste assemblée
et se couche sur le dos, le cœur affligé. Cette crise
se résoudra sans lui, ou pas. Hathor est désem-
parée, les autres dieux impuissants. L'espoir
semble avoir quitté son père, dont la vie même
s'essouffle. Rien de ce qu'elle peut dire ou faire
ne l'émeut plus, ni ses suppliques ni ses larmes.
Prise d'une inspiration, Hathor soulève d'un geste
ses vêtements et lui dévoile sa vulve[7]. Miracle, Rê
reprend vie. Il rit !

Quelle meilleure farce que de montrer son sexe
à un homme désespéré, fût-il un dieu ! La petite
fille modèle a libéré son père de ses affres, et
l'a comme soulagé du poids du monde. Rê a pu
reprendre sa place, celle de maître des dieux.
Hathor prend du galon, devient « maîtresse de la
vulve », la fonction la plus convoitée parmi les
déesses antiques. En exposant sa chair, l'intrépide a transmis le principe féminin qui mobilise
l'énergie créatrice masculine. Entre ses jambes, la
femme recèle de quoi donner ou redonner la vie
aux hommes. Tel est le secret des codex égyptiens.

Mariage à la sumérienne

Trois mille ans avant notre ère, une jambe sur le Tigre et l'autre sur l'Euphrate dans l'actuel Irak, l'aimable Inanna cache en son anatomie un attribut peu banal, un « recoin doux comme le miel ». Le trésor le plus précieux des Sumériens n'est pas fait d'or ni de pierres, il n'est autre que le sexe de la déesse, fertilisant à lui seul la terre des hommes qu'elle foule. Loups, lions, ours et panthères suivent chacun de ses pas. Le simple frôlement de sa jambe anime cette faune d'un irrépressible désir. « Sa vulve, comme ses lèvres, est douce comme un breuvage ! Et son breuvage est si doux ! » chantent les poètes de Sumer à Babylone. Ce délice sucré ne suffit pas à séduire le roi Gilgamesh, qui ne recule d'ordinaire jamais devant une épopée. Il refuse les avances d'Inanna sans prendre de gants : « Tu n'es qu'un fourreau qui s'éteint à la froidure, une porte qui ne retient ni vents ni courants d'air, un palais qui fait périr ses propres défenseurs... Une outre qui arrose son porteur[8]... » On a beau être roi, on n'est pas pour autant élégant, ou courageux. C'est que Gilgamesh craint la malédiction qui entoure Inanna : ses amants connaissent tous une fin tragique.

Le dernier en date est le jardinier de son père. Chaque jour, il la régale de dattes et de mets plantureux, c'est dire s'il la chérit. Les voies de l'amour étant parfois impénétrables, la fiancée change bientôt l'élu de son cœur en grenouille, assignée à résidence dans ledit jardin. À présent sans homme pour la satisfaire, la déesse se désole et se fane. « Ma vulve, la corne, le bateau des cieux, est pleine d'ardeur comme la jeune lune. Ma terre est en jachère, elle n'est pas labourée. Qui labourera mon champ ? Qui labourera ma terre humide[9] ? » se lamente-t-elle dans l'attente d'un nouveau promis. L'affaire est sérieuse. De la bienveillance de son sexe dépend la prospérité de l'État. Une fois fécondé, celui-ci donne vie à la terre, sur laquelle pousse ce qui nourrit les hommes. Il faut instamment l'aider à trouver l'âme sœur. Dans les temples sacrés, les hymnes des prêtres font résonner leur complainte.

L'aventureux dieu de la Végétation Dumuzi ne craint pas le sort de son prédécesseur, et n'hésite pas à combler la déesse d'agneaux et de chevreaux[10]. Bienheureuse d'être ainsi convoitée, Inanna bourgeonne. « Oh ! Que ma poitrine est gonflée ! Quelle toison a recouvert ma vulve ! Soyons heureuses : je rejoins le giron de mon être bien-aimé, généreux et munificent ! Dansez, dansez toutes ! Soyons joyeuses en pensant à ma vulve ! » Dumuzi est désormais celui que ses entrailles réclament. La déesse enfin comblée, la végétation alentour fleurit aussitôt comme par enchantement. Inanna a sauvé les hommes de la famine et de la désolation. Le valeureux amant, qui n'avait pourtant pas démérité, n'est hélas pas épargné. Il rejoint aux Enfers le jardinier.

L'histoire d'Hathor et d'Inanna est la source d'un fleuve emporté par son cours, celui de notre civilisation, à l'origine de laquelle les mythes fondateurs des grandes cités estiment l'organe féminin comme le lieu où la joie et la vie même s'enracinent.

Les hommes épiant sans cesse leurs créateurs, ils ne tardent pas à s'approprier le geste d'Hathor. Les déesses n'ont pas le monopole de l'exhibition-nisme. Dans le delta du Nil, les femmes, elles non plus, n'ont pas froid aux yeux. Chaque année à

Boubastis, près de sept cent mille personnes se massent pour assister à un spectacle des plus réjouissants. Traversant le fleuve sacré, debout sur des barques, électrisées, les femmes provoquent les citadines regroupées sur le rivage. Tout est bon pour les narguer : les cris, les danses et... montrer leur entrejambe. Devant chaque habitation croisée, les robes sont relevées, plus que de mesure. Le message est clair, elles sont de vraies femmes, elles. Aux autres de relever le défi. Si elles osent. La parade achevée, la fête peut commencer. On boit alors plus de vin que durant tout le reste de l'année et il y a de quoi se réjouir ; le sexe nu et ivre a libéré les tabous et a accru la fertilité[11].

Autre ville, autres mœurs, à Nilopolis un taureau est pris en otage. Chaque année, le rituel est le même. Les prêtres se mettent en chasse d'un animal d'exception à vénérer. La bête doit être jolie, un beau pelage blanc tacheté par endroits de marques noires. Une fois trouvé, reclus dans un temple quarante jours durant, le pauvre animal, à son corps mugissant, voit défiler des dévotes venant rendre hommage à sa puissance virile, qui décuplera leur fécondité. Échange de bons procédés, pour s'attirer les bonnes grâces du bovin, l'effeuillage commence. L'une après l'autre, les dévouées exhibitionnistes se présentent devant le taureau médusé et lui tendent sous le nez leur sexe soigneusement mis à nu[12]. Une quarantaine sans doute éprouvante qui transforme l'animal en dieu. Après une béatification bien méritée, la bête est embarquée sur un navire à cabines, pourvu d'une salle décorée d'or, pour être conduite comme un dieu à Memphis, capitale de la Basse-Égypte aux sanctuaires multicolores où il sera finalement sacrifié.

Ainsi, de Sumer à Babylone, jusqu'à l'Égypte et la Grèce, se dessinent les contours d'un monde mythologique où le sexe de la femme, par sa révélation à l'œil saisi des hommes, redonne force aux rois, dissipe la dépression et attire les puissances fécondes. Trêve de plaisanterie, le sexe d'une femme ne prête pas forcément à rire. N'a-t-il pas condamné le pauvre Dumuzi ? Son pouvoir taraude les hommes de l'Antiquité. Source de questionnement et d'inquiétude, son fonctionnement est la cause d'une dispute terrible entre le couple le plus redouté de l'Olympe.

Zeus, le dieu des Dieux, se délasse dans les bras d'Héra. Pleinement satisfait de sa prestation, il assène à son épouse : « Assurément, vous ressentez bien plus profondément la volupté que le sexe masculin[13]. » Que n'a-t-il pas dit là ! On a beau être déesse, on n'en est pas moins ombrageuse. Héra s'insurge et rejette en bloc cette affirmation bien présomptueuse. Comment Zeus ose-t-il parler de son extase comme si elle fût sienne ? Comment un homme peut-il prétendre connaître la nature du plaisir ressenti par une femme ? La colère rougit ses divines joues. Zeus, qui a multiplié les infidélités et connu bien des chairs féminines, tandis que son épouse, elle, n'a jamais daigné prendre le moindre amant, disserte sans gêne sur la sensibilité intime des femmes. Sous-entendrait-il qu'elles sont volages par nature ? Conditionnées à connaître de plus grandes extases ? Elles seraient donc insatiables ? Non ! Héra soutient à Zeus qu'en amour les femmes ont moins de plaisir que les hommes, mais se donnent quand même, par générosité. Irréconciliables, les époux conviennent tous deux de consulter un sage connaissant les plaisirs des deux sexes.

Le savant en question se nomme Tirésias. Arbitre de ce joyeux débat entre les augustes amants, il confirme l'avis de Zeus, l'imprudent ! S'il y a dix parts de plaisir dans l'acte sexuel, dit-il, l'homme jouit d'une seule et la femme de neuf[14]. Héra réfute l'argument et assure que l'homme jouit sans partage. Tirésias, les pieds pris dans le tapis, n'en démord pas. Le sexe des femmes n'est que plaisir. Furieuse de se voir ainsi exposée, la déesse condamne celui qui se croyait clairvoyant à une nuit éternelle. Aveugle il sera.

Que les femmes puissent prendre dans l'acte intime autant, si ce n'est plus, de plaisir qu'eux, voilà ce qui inquiète les hommes à la veille de notre ère. Pour ainsi receler entre leurs jambes un organe si sensible, soustrait de surcroît à leur vue puisque intérieur, elles doivent être suspectées, surveillées, maîtrisées, punies. Hathor comme Inanna ont dévoilé leur chair intime en signe de refus de la mort et de la tristesse. Mais les mythes ne résistent pas plus au temps que les empires, les rois ou leurs palais sous l'influence des forces politiques au pouvoir.

2

La pucelle à l'oreille

La bergère et le dauphin

Rouen, mai 1431. Les cheveux coupés à l'écuelle et vêtue à la mode masculine, Jeanne, dix-neuf ans, fait face à ses accusateurs. Retirés dans la forteresse de Bouvreuil, une dizaine d'abbés normands, une vingtaine de chanoines et une soixantaine de médecins l'écoutent. Ses paroles sont étonnamment claires pour une illettrée, singulièrement sages pour une hérétique. Tous guettent le moindre faux pas de cette bougresse qui singe le sexe des hommes en osant se présenter travestie.

Comment ce petit bout de femme peut-elle donc mobiliser tant d'intérêt ? La terrible guerre de Cent Ans oppose alors le royaume de France à celui d'Angleterre, tandis que le pays est déchiré par une guerre civile entre Armagnacs et Bourguignons, se disputant un pouvoir que le roi Charles VI, dit le Fol, n'est guère plus en mesure d'exercer. La Lorraine de Domrémy vaque dans la ferme de son père quand elle reçoit mission de la part des saints Michel, Marguerite et Catherine de délivrer la France de l'occupation anglaise.

25

Jeanne est persuadée de devoir aider le dauphin Charles, onzième enfant du roi. Elle, la pucelle sans aucune connaissance militaire, prétend faire basculer le cours de l'interminable guerre, rien de moins ! L'adolescence a ceci de charmant qu'elle nourrit encore au sein toutes les naïvetés de l'enfance, penserait-on.

Mais une prophétie alors répandue ouvre une voie qu'elle espère royale à son ambition ; la France « sera perdue par une femme et sera relevée par une pucelle des marches de Lorraine[15] ». Qu'une femme perde un pays tout entier, cela ne surprend plus personne en terre chrétienne. La naissance de la nouvelle religion monothéiste a en effet changé la perception antique du beau sexe. La première de ce nouveau monde, Ève, n'a-t-elle pas causé la chute de l'homme par ses appétits incontrôlables ? Les Pères de l'Église, dès les premiers siècles de notre ère, n'hésitent pas à conspuer l'organe démoniaque des succubes. Le respectable Tertullien considère ainsi ce sexe comme un opprobre éternel. La femme est la porte par où le démon est entré dans le monde : « Tu as découvert l'arbre la première ; tu as enfreint la loi divine ; c'est toi qui as séduit celui que le démon n'eut pas le courage d'attaquer en face ; tu as brisé sans efforts l'homme (...) ; et tu songes encore à charger d'ornements tes *tuniques de peau*[16] ! » Loin des mythes primitifs, les déesses sont priées de se rhabiller et de se contenir. Les femmes ne doivent plus chercher à désirer ni à connaître. Seules celles qui ne pécheront pas par l'organe du délit seront proches de Dieu. La force symbolique de leur virginité sera sans limite. Leur sexe inviolé est une citadelle imprenable, close par la foi qui les lie à l'Éternel.

En Europe chrétienne, la vierge est l'envoyée privilégiée de Dieu, elle seule est capable de présages dont aucun homme sensé ne prendrait le risque de se moquer. Le courage et la dévotion de ces femmes pures sont vénérés, et l'on vante les faits d'armes de ces vierges martyres. Ainsi invoque-t-on alors la superbe Agathe de Sicile, née à Catane d'une famille aristocratique au IIIe siècle, qui condamne l'accès de son sexe aux mortels[17]. Hélas, l'interdit attise la convoitise, et le proconsul de Sicile, Quintien, bas d'extraction comme de désir, se montre déterminé à la posséder. Agathe se pare de son refus. Outragé, Quintien envoie la rétive dans un lupanar pour lui remettre les idées en place et lui faire comprendre tout l'intérêt de ce mariage. Rien de ce qu'Agathe peut voir ou toucher en ce séjour ne la détourne de son dessein. Après avoir fait torturer la chair qui se défend, arrachée en certains endroits sensibles, l'amant éconduit finira par jeter la mystique, ou ce qu'il en reste, en prison.

Quelques années plus tard, c'est le sort de la chaste et noble Catherine d'Alexandrie qui est entre les mains de l'empereur Maxence. L'inconsidérée ose rivaliser en connaissance avec les plus fins lettrés de son temps. Alors qu'elle assiste à une séance d'abjuration où des chrétiens doivent renoncer publiquement à leur foi, elle se hasarde à interpeller le souverain pour lui faire entendre raison. Empereur mais pas raisonneur, Maxence se trouve vite à court d'arguments et convoque une assemblée de cinquante grammairiens et rhéteurs, auxquels il promet d'immenses récompenses s'ils triomphent de la vierge argumentatrice[18]. Catherine tance son adversaire de plus belle. L'instant d'avant humilié, l'empereur, à présent séduit par sa fougue, lui propose une place dans son palais. Seconde épouse elle sera. Il tente de la convaincre, par des promesses d'abord, des menaces ensuite. La farouche botte en touche. « Je me suis donnée comme épouse au Christ, répond-elle, rien ne pourra m'éloigner de l'amour que j'ai pour lui. » Maxence la fait alors dévêtir, frapper à coups de croc de fer et jeter dans une prison obscure sans nourriture douze jours durant. L'amour vache, sans doute. La peine achevée, le magnanime soumet une dernière fois sa demande à Catherine, qui la balaye sans un mot. Encore une victime qui, d'avoir fait perdre la tête à un homme puissant, perdra la sienne.

Voilà deux femmes exemplaires qui trouvent grâce auprès des théologiens de l'époque. Saint Ambroise de Milan, un autre Père fondateur de l'Église, considère que les filles prodigues qui renoncent à toutes les espérances de leur âge pour se consacrer au céleste époux sont admirables en tout point ; elles joignent « à la gloire de la virginité la couronne du martyre » et surpassent en beauté toutes les autres[19]. « Vous n'êtes pas l'esclave de vos passions, mais comme une reine, vous exercez sur elles un empire absolu », les encense-t-il. Leurs lèvres distillent du miel, sans quoi elles n'auraient que peu d'intérêt. Mieux encore, ces femmes sans taches embaument les siècles, car leur odeur « dépasse celles de tous les aromates ».

Pour saint Ambroise et ses pairs, en effet, la femme idéale n'a pas de sexe. Elle est celle qui choisit de garder son corps exempt de toute relation intime et conclut un mariage mystique avec Dieu, dans un but d'élévation spirituelle. Le canon de la femme n'est autre que la Vierge Marie.

Car « nulle semence d'homme n'a ouvert les secrets de la vulve virginale, mais l'Esprit-Saint a introduit une semence immaculée dans l'utérus inviolable[20] ». Ce miracle de la conception et de la naissance de Jésus-Christ fait de la Mère du Divin Enfant l'étalon à l'aune duquel la pureté des femmes est estimée. La virginité préservée de Marie est une clé des évangiles apocryphes. Une princesse juive, prévenue par la sage-femme qu'une femme intacte vient d'accoucher, exprime son doute : « Si je ne mets mon doigt et si je n'examine son corps, je ne croirai jamais que la vierge a enfanté. » Le moment de l'examen venu, sa méfiance est sévèrement punie. « Voici, je perds ma main, brûlée par un feu[21]. » Les sceptiques sont prévenus. Méfiez-vous du sexe virginal cracheur de feu !

De la prophétie allégorique de la virginité de Marie à une réalité physiologique, il n'y a qu'un pas que franchissent les prélats du Moyen Âge. « On dit à juste titre que la vulve de la femme est la porte de son ventre », note saint Ambroise, et cette porte se doit d'être close. « La Vierge est vierge avant, pendant et après l'accouchement[22] », affirme Thomas d'Aquin. Le dogme est établi. Depuis le miracle de Marie, ce « sceau de la pudeur » est désormais sacré. Il est le « voile de la mariée » de chacune et atteste de sa pureté[23]. Sacralisé par la diffusion en Europe des Écritures, le sexe féminin est l'élément premier, fondateur de l'incarnation de Dieu, une responsabilité qui place désormais les femmes sous l'œil très attentif de l'Église.

Mais le christianisme n'a pas le monopole de la virginité. Un nouveau livre sacré, le Coran, celui de la « soumission » à Dieu, l'islam, rédigé en langue arabe, regroupe au début du VIIᵉ siècle les paroles divines, révélations faites au Prophète porteur de son message, Mahomet. Si sur terre les femmes préservent leur pudeur en vue du mariage, le Paradis réserve aux hommes pieux une multitude de houris, ces vierges immaculées. Soixante-dix vierges « aux grands yeux », belles comme « des rubis et des perles », seront la récompense céleste des bienheureux qui ont suivi l'enseignement du Prophète. Derrière les portes de l'Éden, ils trouveront celles qui reposent sur les plus beaux tapis, dans des jardins toujours frais que l'eau ne cesse jamais d'arroser. Ainsi sous les tonnelles les attendront « les belles au regard chaste, toutes du même âge[24] », qu'avant eux aucun homme n'aura déflorées[25].

Qu'une jeune femme reçoive des ordres directement des cieux, dès lors qu'elle est vierge, n'a donc rien d'incroyable encore au XVᵉ siècle. Le dauphin Charles tend l'oreille aux propos de Jeanne, qui avec ses troupes armées participe au siège victorieux d'Orléans au printemps 1429. Bien mal lui en a pris, elle le conduira jusqu'au trône de France. Mais l'hérétique de Domrémy doit encore prouver sa virginité à Pierre Cauchon, l'évêque qui mène le procès. Son sexe devient le sujet le plus crucial du royaume. Des femmes l'examinent pour tenter de déceler tout signe de corruption[26]. Jeanne est attestée vierge et pucelle.

Peu satisfait de cette première étape à laquelle il n'a pas assisté, Cauchon fait subir à sa prisonnière une nouvelle vérification d'usage. Un jeune licencié en médecine est mis à pied d'œuvre[27].

Il prouve une fois encore l'honnêteté de la garçonne : « Je l'ai vue déshabillée en la visitant dans une maladie, je l'ai palpée aux reins ; la taille était très serrée, autant que j'ai pu m'en assurer par le regard », preuve que la taille compte ! L'anecdote a son importance, car il est peu aisé d'apprécier la virginité d'un hymen au début du XVe siècle, où la physiologie des organes féminins est toujours un insondable mystère.

En vase clos

Les observations du médecin Galien, né à Pergame au IIe siècle, s'appliquent encore treize siècles plus tard sur ce point. À ses yeux, si les parties de l'homme sont externes et celles de la femme internes, c'est que toutes les parties du premier « se retrouvent aussi chez la seconde », mais à l'envers[28]. D'un point de vue anatomique, la femme ne peut être qu'un homme inverti. Toute différenciation des sexes est impossible à concevoir, le seul modèle qui vaut est masculin. S'il n'y a pas de pénis visible chez la femme, c'est qu'il doit être contenu à cause de la température intime. Pour Galien, en effet, la formation des organes dépend du milieu ambiant. L'homme est chaud et, la chaleur entraînant l'expansion des chairs, il forme ses organes à l'extérieur. La femme au contraire, froide par nature, est incapable de faire grandir ses organes et les conserve à l'intérieur. On n'hésite pas à citer Aristote, selon lequel « le cas est le même que celui des vases salis qu'on lave à l'eau chaude et qui aspirent l'eau quand on les retourne le col en bas[29] ». D'après les meilleurs chirurgiens, la matrice doit se trouver quelque part au milieu des intestins, pour mieux protéger le fœtus de la température trop froide du corps de la femme[30].

Avicenne, médecin arabo-persan du XIᵉ siècle, fait quant à lui un rapprochement morphologique entre le petit organe encore indéfini qui dépasse de l'entrejambe féminin, semblant plus sensible que les autres, et la luette, ce qui explique selon lui que l'haleine de la femme reflète l'odeur de l'air qui environne son sexe[31]. Le col de l'utérus est pour sa part appelé « museau de tanche », sa béance pendant l'amour étant assimilée à la bouche saillante du poisson des fonds vaseux[32]. Un homme à l'envers, un vase retourné, une tête d'animal, voilà le sexe des femmes cerné, véritable cabinet de curiosités à lui tout seul.

Si la femme parfaite n'a pas de sexe, celui de la femme réelle doit être conforme à ce que l'époux en attend. Et en ce domaine, le pape fait office d'arbitre. Ainsi au XIIIᵉ siècle, celui qui se plaint auprès du Saint-Père Innocent III d'être accouplé à une femme « trop étroite » pour le recevoir verra des matrones arriver, lunettes braquées, pour visiter madame, sans que l'éprouvée puisse trouver à redire[33]. Et si, secondées de docteurs, ces dames déclarent la femme toujours pucelle par étroitesse, elles devront, en vertu d'une bulle papale, remédier au problème par voie de perforation s'il le faut[34].

Que l'on se rassure, l'épouse que le mari n'a pas déflorée peut elle aussi écrire une réclamation au pape et déclencher une enquête afin que soit reconnu son droit au divorce pour non-consommation du mariage. Mais une telle demande se fait à ses risques et périls. Car si les matrones de probité, triées sur le volet, jugent l'épouse « inhabile à la consommation », l'évêque ordonne la dissolution de l'union, avec défense faite à la femme de se remarier – contrairement au mari[35].

Un contemporain de ces visites intimes du Saint-Siège nous renseigne sur leur déroulement. On dépouille les époux de leurs vêtements avant de les examiner jusque « dans les parties les plus secrètes ». Lavés et parfumés, les deux conjoints sont ensuite couchés sur un lit. Matrones et experts guettent le moindre soubresaut, et dès que l'acte est supposé accompli, une nouvelle investigation a lieu pour constater l'« état de la femme[36] ». Un procès-verbal est dès lors adressé aux autorités, et l'Église prononce sa sentence. Si la chair est intacte, la femme sera libérée des liens qu'elle a contractés devant Dieu.

La virginité est ainsi un enjeu de pouvoir non négligeable, elle peut faire la prophétesse ou la femme libre, en donnant à celle-ci droit au divorce.

Mangez des pommes !

Mais les paradis terrestres ne manquant pas d'attraits, les femmes ne restent pas vierges bien longtemps. Voilà la belle image idéale d'une femme sans sexe contrariée par les désirs humains ! Heureusement, les savants ont la parade : toutes les jeunes filles nubiles n'ayant pas connu d'hommes courent de graves dangers par leur « excès de semence », devenue potentiellement « vénéneuse ». Cette substance accumulée dans leur sexe est en effet susceptible de dégager une vapeur toxique et d'infecter mortellement l'organisme tout entier, s'inquiète dès le XIᵉ siècle la gynécologue italienne Trotula de Salerne, « semence que la nature souhaite retirer au moyen du mâle[37] ». Le recours ? Se marier au plus vite pour être déflorées.

Si un époux n'est pas trouvé à temps, la masturbation est non seulement excusée mais recommandée. Il est même possible, pour les moins téméraires, de demander l'aide d'une sage-femme. Les plus illustres médecins de l'époque s'accordent sur ce point ; ce ressort bien innocent se révèle salvateur pour la jeune fille dont l'âme sera préservée si elle « se livre à des pratiques avec les doigts, ou d'autres instruments, jusqu'à ce que les conduits soient relâchés par la chaleur du frottement et que de sorte l'humeur spermatique, ainsi que la chaleur qui l'accompagne », en soient libérées[38].

Mais s'il faut bien que la femme prenne du plaisir, sous peine de dépérir, la virginité déflorée reste synonyme de paradis perdu pour un mari potentiel. Qu'à cela ne tienne, Trotula suggère aux femmes étant allées un peu trop loin de « resserrer leur vulve » en y introduisant certains produits dont elle donne la liste détaillée. Les sangsues figurent en bonne place dans l'inventaire, pour celles souhaitant feindre la virginité le soir de leurs noces[39]. Ces conseils réparateurs usent d'une pharmacopée le plus souvent animale, avec de la graisse de cerf ou de lézard, mais parfois aussi minérale avec du sel gemme, du sel ammoniac, du soufre, ou encore du mercure[40]. Les conseils de la dame de Salerne font sensation, et sa cosmétique intime fait une entrée fracassante dans la littérature médicale jusqu'alors essentiellement masculine. En Espagne, on s'arrache le *Flores del tesoro de la belleza*, qui propose des mélanges d'encens et de vin pour convertir la patiente en « presque vierge[41] », tandis que les médecins juifs européens lui recommandent pour leur part ceci sous forme d'impératif : « Prends de la poudre de verre et du sel marin et mets-le en cet endroit[42]. »

Cette révolution, on s'en doute, n'est pas du goût de tous. En France, Henri de Mondeville, médecin du roi Philippe le Bel, dénonce ainsi au XIVᵉ siècle la honteuse manipulation des filles déflorées qui s'enfilent une « vessie natatoire de poisson pleine de sang dans la vulve afin de paraître tout à fait vierges ». Par ce stratagème trompeur, « les vieilles femmes, surtout les courtisanes, s'efforcent de feindre la jeunesse », et ces femmes-là sont légion, déplore-t-il[43].

Le marteau et l'enclume

Ne pas trouver de mari n'est pas le pire qui puisse arriver à celle qui, telle la cigale, a joui tout l'été. Loin de ces petits arrangements intimes, lorsqu'une femme n'est plus vierge, elle court le risque d'être une fiancée de Satan. Voilà l'enjeu véritable des examens intimes infligés à Jeanne d'Arc. Sera-t-elle la première des sorcières ? La preuve de sa virginité seule peut lui éviter ce nouveau chef d'accusation. Il en va de sa vie de pouvoir en attester. Hélas, le 30 mai 1431, elle n'est plus que cendres, avant d'être poussière.

Les braises sont à peine froides que, quelques années plus tard, en 1486, un dominicain allemand nommé Henri Institoris publie à Strasbourg *Le Marteau des sorcières*. Ce manifeste condamne dans l'Empire germanique, la France, l'Italie, l'Espagne et les Pays-Bas des milliers de femmes au bûcher. On y lit sur six cents pages les procédures à suivre pour chasser, torturer et punir les hérétiques, reconnaissables à leur sexualité déviante. Satané « vagin insatiable[44] » ! Si ces femmes semblent belles, leur contact est fétide, leur compagnie mortelle ; pour assouvir leur passion, elles « folâtrent avec les démons[45] ».

Des moines dominicains, membres des tribunaux itinérants, s'évertuent alors à les déloger partout en Europe en suivant scrupuleusement le texte commandé et approuvé par le pape Innocent VIII. De village en village, ils incitent les habitants à dénoncer celles au comportement sexuel subversif. Car l'une d'elles peut être sorcière sans même le savoir, elle a pu coucher avec le Diable déguisé en son propre mari[46]. Les détails ont leur importance ; l'appétence pour des positions « contre nature » étant un des signes du démon, les femmes chevauchant leur compagnon sont particulièrement suspectes. Ne veulent-elles pas le rendre impuissant et lui « nouer l'aiguillette » ? Institoris, chassant la sorcière de l'Alsace à l'Autriche, nous dit que ces êtres maléfiques volent des sexes masculins et les cachent dans des nids. Ce crime de lèse-virilité fait mouche, l'évêque de Bamberg brûle six cents femmes, l'évêque de Salzbourg quatre-vingt-dix-sept.

Parmi elles, les sages-femmes, les guérisseuses aux méthodes dites « magiques », sont accusées de pratiquer de surcroît des avortements, nouvelle entrave à la capacité reproductive des hommes. Le bûcher n'étant guère une punition suffisamment dure, des instruments de torture sont spécialement conçus à leur intention, comme la « poire vaginale ». Par l'action rotative d'une vis qui élargit et déchire l'utérus et les viscères, ces corps sous la douleur se donnent en spectacle, se dénudent de leur personnalité, deviennent hystériques et incontrôlables, signe que le démon y était bien.

Face à cette campagne dévastatrice, l'Église interdit *Le Marteau des sorcières*, quatre ans à peine après son édition, mais le pli est pris, la chasse est lancée. Plus que jamais, il est de bon ton de rester jambes closes et de conserver sa virginité comme le plus précieux des trésors.

3

Colomb n'a pas découvert
que l'Amérique

Le fantôme du Louvre

Paris, palais du Louvre, 2 juin 1574. Sur ordre
de la reine mère Catherine de Médicis, les gardes
procèdent à une perquisition des appartements de
la cour. Partout, dans les moindres recoins, on
cherche des armes. L'auguste Italienne ne souhaite
nullement prendre le risque d'un soulèvement
interne. Les chambres de ses propres demoiselles
d'honneur ne sont pas épargnées. Là, le butin
révèle quelques surprises. Dans un coffre, le capitaine des gardes ne trouve pas de pistolets, « mais
quatre gros g..., gentiment façonnés[47] », nous renseigne l'indiscret Brantôme, écrivain aimant jouer
les gazetiers. Les « armes » en question, des objets
à plaisir appelés « godemichés ». Et voilà leur propriétaire vite couronnée de honte.

La demoiselle n'est pas inconnue, elle a ravi
le cœur du plus éminent poète de la cour, Pierre
de Ronsard[48]. Quelques années plus tôt, celui que
l'on appelle le « chef de file de la Pléiade », la
cinquantaine et presque sourd, se rend à l'office
religieux et aperçoit une brune aux traits fins, fille

de l'une des plus illustres familles de Charente, Hélène de Surgères. Dès lors, Ronsard ne cesse de composer des sonnets pour lui clamer son amour, courtois et bienséant, comme il se doit : « Vivez, si m'en croyez, n'attendez à demain : Cueillez dès aujourd'hui les roses de la vie », lui enjoint-il. Mais aucun vers n'y fait, le jardin d'hiver de l'adorée lui reste fermé. Fidèle à l'homme qu'elle a aimé, mort au combat, Hélène n'est pas prête à céder aux avances du poète. Que cette veuve ne le désire pas, sa grandeur d'âme peut l'accepter, mais qu'elle s'adonne à des plaisirs solitaires, c'en est plus qu'il ne peut le tolérer. Ronsard immortalise en vers la blessure, touché en pleine fierté :

> « Amour, je ne me plains de l'orgueil endurci,
> Ni de la cruauté de ma jeune Lucrèce,
> Ni comme, sans recours, languir elle me laisse :
> Je me plains de sa main et de son godmicy.
> C'est un gros instrument par le bout étréci,
> Dont chaste elle corrompt toute nuit sa jeunesse :
> Voilà contre l'Amour sa prudente finesse,
> Voilà comme elle trompe un amoureux souci.
> Aussi, pour récompense, une haleine puante,
> Une glaire épaissie entre ses draps gluante,
> Un œil hâve et battu, un teint pâle et défait,
> Montrent qu'un faux plaisir toute nuit
> la possède[49]. »

Le fantôme du Louvre existe, c'est un gode-miché. Hélène a été prise la main dans le sac à plaisir, Ronsard vient de se venger de sa vertu prétendument inaccessible.

Car la courtoisie domine dans les relations avec l'autre sexe, elle transcende la pulsion et exalte un désir impossible à satisfaire. La dame est par essence chaste et hors d'atteinte, sujet d'une adoration respectueuse et d'une sensualité ascétique. Mais elle est également une tentatrice à l'appétit démesuré. Elle est la courtisane, la lettrée, la poétesse qui évolue parmi les hommes puissants, maîtrise les intrigues autant que l'érotisme, incarne la muse aux yeux des artistes, se dénude pour être une Ève, une Vénus, une Aphrodite. Tantôt éthéré, tantôt vorace, le sexe des femmes est le reflet des obsessions du siècle, oscillant entre guerre et amour.

Et si Ronsard idéalise sa belle depuis des années, le poète n'en est pas moins un amoureux charnel, un connaisseur. Avant qu'Hélène ne polarise son attention, ses rimes étaient autant d'assauts des plus osés :

> « *Je te salue, ô merveilleuse fente,*
> *Qui vivement entre ses flancs reluis ;*
> *Je te salue, ô bienheureux pertuis,*
> *Qui rend ma vie heureusement contente ! (...)*
> *Ô petit trou, trou mignard, trou velu,*
> *D'un poil follet mollement crespelu,*
> *Qui à ton gré dompte les plus rebelles :*
> *Tous vers galants devraient, pour t'honorer,*
> *À beaux genoux te venir adorer,*
> *Tenant au poing leurs flambantes*
> *chandelles*[50] ! »

Ronsard n'hésite pas à vanter la rose intime des femmes, mais pour Hélène, il est prêt à renoncer aux « antres velus, pleins de plaisirs divers », aux « Fontaines de Nectar ». Amoureux transi devenu pourfendeur de l'instrument infâme dont la belle Hélène se satisfait, il conclut que toutes les dépravations des courtisanes sont moins blessantes pour l'homme que l'utilisation de ces gode-michés.

C'est une découverte pour la France de la Renaissance, les femmes se satisfont entre elles lorsque les hommes n'y parviennent pas. Et pis, elles sont même disposées à se prêter main-forte ! Brantôme nous raconte ainsi la curieuse mésaventure de deux dames de la cour surprises en pleine action : « L'une se trouva saisie et accommodée d'un gros entre les jambes, gentiment attaché avec de petites bandelettes à l'entour du corps, qu'il semblait un membre naturel. » La jouisseuse n'a pas le temps d'enlever son appareillage qu'elle est couverte de ridicule par le récit de ses acrobaties, bien vite répandu. Deux autres dames des plus honnêtes faisaient leur affaire dans le cabinet de l'une d'elles. Installées sur une chaise percée, enthousiastes et impétueuses, elles viennent à bout du vieux bois. Patatras ! Celle « qui faisait le dessous tomba avec sa belle robe de toile d'argent à la renverse tout à plat sur l'ordure du bassin ». Saisie, elle tente de rejoindre sa chambre à grande hâte pour y changer de robe, mais à ceux qui ne l'auraient pas vue, l'odeur révèle sa présence, « sentie à la trace tant elle puait ».

Le risque encouru dans cette activité d'intérieur peut être plus grand encore : « On dit que plusieurs femmes en sont mortes, pour engendrer en leurs matrices des mouvements et frottements point naturels », avertit encore Brantôme ! Rien ne peut ni ne doit remplacer l'homme en ce domaine. Ridicule, puanteur et mort, voilà tout ce que les femmes gagnent à vouloir se donner du plaisir. Aussi la saisie de la reine Catherine de Médicis calme-t-elle les ardeurs des rebelles.

Le désaveu royal est le pire qui puisse arriver à une femme.

Louée pour son intelligence aiguisée plus que pour sa beauté, la Florentine a épousé le futur Henri II en 1533, délaissant son Italie natale. Devenue dauphine de France, dix ans après cette union dont les premiers échanges intimes ont satisfait le roi, elle ne porte toujours pas d'héritier. Si la menace d'une répudiation pour manquement au plaisir n'est plus possible, celle pour stérilité plane au-dessus de sa tête. Car le sexe d'une femme, si elle est reine, doit produire des enfants, mâles tant qu'à faire. Soupçonné d'infertilité, l'organe d'une souveraine devient inutile.

Catherine s'en remet alors aux connaissances médicales de son temps pour lutter contre son infécondité, puisque le problème ne peut venir que de la femme. Elle doit porter autour des hanches une ceinture en poils de bouc trempée dans du lait d'ânesse et effectuer fréquemment des tests de fertilité : une gousse d'ail est introduite dans son vagin, où elle est conservée pendant douze heures. Si, après ce laps de temps, une odeur d'ail est constatée dans l'haleine, la patiente est fertile ; dans le cas contraire, c'est que sa matrice est défectueuse. Hélas, Catherine persiste à ne pas empester l'ail. Après une saignée au bras et au pied, on lui fait boire le jus de fruits blets, avant d'enduire généreusement « ses parties d'une pâte de graisses d'oie, de canard et de coq, mélangées et fondues[51] ». Assaisonnement qui porte, semble-t-il, ses fruits, puisqu'elle donne bientôt naissance à son premier fils, en public, comme il se doit[52]. L'entrejambe d'une reine ne pouvant décidément avoir aucun secret, on nommera celui de la fille de Catherine, Marguerite de Valois, future reine

Margot, le « hérisson fripon », d'aucuns jugeant utile à la postérité de préciser que « sans doute aurait-on pu faire cuire un œuf sur son hérisson tant celui-ci était chaud et ardent[53] ».

Victor Victoria

Les femmes qui se destinent ainsi au plaisir et s'en donnent par elles-mêmes sont dangereuses, car elles n'ont plus besoin des hommes, voilà la crainte de l'époque. Pour preuve, cette jeune native de la ville de Fontaines qui entreprend de s'habiller en valet d'étable avant de se marier à une fille du lieu. Deux ans durant, grâce aux mêmes instruments diaboliques que ceux de la demoiselle Hélène de Surgères, elle satisfait son épouse pleinement. Las, « la méchanceté de laquelle elle usait pour contrefaire l'office du mari fut prise, et ayant confessé, fut là brûlée toute vive[54] », nous narre Henri Estienne, grand divulgateur de l'imprimerie et philologue, avant de conclure à un mal nouveau ; une pandémie de godemichés !

C'est également le constat de Michel de Montaigne qui raconte comment sept ou huit femmes de Chaumont-en-Bassigny complotèrent pour se substituer aux mâles[55]. L'une d'elles gagne sa vie comme tisserand et semble être un jeune homme, bien sous tous rapports. Mais le bonheur n'a qu'un temps. Alors qu'elle vit en couple avec une femme, qu'elle a épousée, elle est découverte, et « pendue pour des inventions illicites à suppléer aux défauts de son sexe ». Et Montaigne de conseiller aux maris, selon les préceptes d'Aristote, de « toucher [leur] femme prudemment et sévèrement, de peur qu'en la chatouillant trop lascivement le plaisir la fasse sortir hors des gonds de raison ».

Surtout, un usage qui conviendrait mal à son sexe risquerait de transformer pour de bon la femme en homme, en lui faisant pousser en lieu et place du bouton de rose un pénis. Ainsi, pour Montaigne, en est-il de Marie-Germain, qui, à l'âge de vingt-deux ans, à la suite d'une violente enjambée, fut victime d'une drôle de mésaventure, puisque « ses membres virils se produisirent[56] ». Le bourgeon cachait un pistil. Il se peut ainsi tout à fait naturellement qu'« une fille échauffée de la furie de l'amour pousse au-dehors ses parties génitales[57] », écrit le médecin du duc de Chevreuse et premier consul d'Agen, Jacques Ferrand. Certaines « avaient la partie que l'on nomme queue, ou *nympham*, tellement grande qu'elle représentait un membre viril : ce qui est arrivé à plusieurs femmes abusant malheureusement de cette partie », prend-il le soin d'ajouter. À force de singer les hommes par leur « godemichy » ou leur hardiesse, il pourrait réellement pousser des membres virils aux dames. Autrement, comment expliquer qu'une partie de chair inconnue vienne darder au-dehors ? Les médecins ne voient vraiment pas de quoi d'autre il pourrait s'agir.

Chair en vue !

À Padoue, en Italie, un homme revient en ce milieu du XVIe siècle d'une expédition menée pendant des décennies entre les jambes des femmes à la découverte d'une terre promise, un *nouveau monde* ; l'organe de la jouissance féminine. « Le clitoris est par excellence le siège du plaisir de

44

la femme[58] », écrit le téméraire explorateur de la chair interdite. Après des siècles de navigation intime en eaux troubles, terre en vue ! Cet organe apparaissant comme un pénis miniature au pire, une chose inutile au mieux, vient enfin d'être identifié par Realdo Colombo, fils d'apothicaire, né à Crémone, près de Milan, en 1516.

Apprenti chirurgien à Venise sept années durant, Realdo intègre la prestigieuse faculté de médecine de Padoue, centre mondial de recherches anatomiques à l'époque. Impressionnant ses professeurs par ses talents et sa dextérité, il prend en à peine deux ans la direction de la chaire d'anatomie de l'école, qu'il délaisse bientôt, appelé à Rome par le pape. Jules III veut faire de lui son chirurgien. L'homme aux mille dissections y est précédé par sa réputation, et, au Vatican, lors de ses interventions, cardinaux et archevêques se pressent auprès de lui. Tous veulent le voir à l'œuvre. Sa méthode n'a pourtant rien d'académique, Realdo soutient qu'on peut apprendre plus de choses en une heure d'expériences sur une poule qu'en trois mois d'études sur les textes classiques. Fin observateur, il est persuadé d'être à la veille d'une découverte révolutionnaire. Après avoir enquêté sur le fonctionnement des reins, la circulation sanguine ou la cornée oculaire, Realdo entreprend de disséquer des corps féminins afin d'en comprendre le fonctionnement. Il dirige le scalpel là où aucun autre n'est allé auparavant[59]. L'Esprit-Saint guide peut-être sa main...

Il fait la connaissance en 1548 d'un artiste passionné d'anatomie, un certain Michelangelo Buonarroti. Colombo se réjouit de cette rencontre et écrit à son mécène, Côme Ier, que « la chance lui a offert le premier peintre du monde entier pour le seconder ». Michel-Ange, en effet, dispose d'une grande quantité de cadavres qui seront bien utiles à son enquête. Mais il n'a jamais représenté, ni fréquenté d'ailleurs, le sexe féminin. Si dans sa chapelle Sixtine les corps sont dénudés, seuls les sexes masculins y ont droit de cité. Les organes fendus, dessinés suivant les contours des modèles masculins qui se succèdent dans son atelier, sont systématiquement masqués. Seul s'expose celui d'Ève chassée du Paradis, glabre, couvert d'ombre et d'opprobre.

Le principal rival artistique de Michel-Ange, Léonard de Vinci, n'est guère plus avancé sur ce sujet. Si aucun objet terrestre n'échappe à l'œil ni à la main de Léonard, le sexe féminin fait exception. Il a pour cela une bonne excuse car, à ses yeux, ces organes sont si laids que « s'il n'y avait la beauté des visages, la grâce des habits et la pudeur, la nature perdrait l'espèce humaine ». Pugnace, faisant fi de son dégoût, Vinci cherche à en comprendre le fonctionnement, en représentant les deux sexes sur de nombreuses planches anatomiques. Mais s'il s'entoure d'hommes, qu'il décrit et croque avec passion, le sexe féminin bénéficie peu de son génie. Quand il représente la chose de face, il ne fait figurer qu'une large béance sans clitoris ni lèvres. Sur un autre dessin, ces dernières sont au contraire exagérément agrandies, signe pour lui que cet organe est disproportionné. La femme ayant un désir tout à fait opposé à celui de son partenaire, elle veut que « la dimension du membre génital de l'homme soit aussi grande que possible et l'homme désire l'opposé pour le membre génital de la femme, de sorte que ni l'un ni l'autre n'atteint jamais ce qu'il souhaite[60] ». Léonard pressent-il la découverte de Colombo ?

Pour tenter d'expliquer le désir féminin, il établit un lien entre les seins et le clitoris, qu'il relie sur une planche par un petit canal. Lien qu'il est bien le seul à voir…

Colombo est décidé à aller plus loin que ses maîtres. Enfin, après des années d'observations, l'ineffable s'offre à lui. « Si vous le touchez, vous le verrez devenir un peu plus dur et oblong, note-t-il, au point qu'on dirait alors un membre de genre viril[61]. » Il vient d'effleurer une vérité radicalement nouvelle sur le corps de la femme et veut être le premier à la nommer, comme pour mieux se l'approprier. « Puisque nul n'a discerné ces projections et leur ouvrage, s'il m'est permis de donner des noms aux choses que j'ai découvertes, qu'on les appelle donc amour ou *douceur de Vénus*, écrit-il triomphalement. Frottez-le vigoureusement avec un pénis ou même touchez-le avec le petit doigt, la semence jaillit de la sorte plus rapide que l'air, et cela (…) même à leur corps défendant. » Peu importe le nom qu'on lui donne, considère-t-il, la « bouche de la matrice » offre de l'extérieur à vos yeux l'« image d'un chien qui viendrait de voir le jour » et qui « se dilate sous l'effet d'un plaisir extrême ».

Cette découverte le hisse au niveau de son homologue qui, un siècle plus tôt, a lui aussi atteint un monde nouveau. « Je ne peux dire à quel point je suis stupéfait que tant de remarquables anatomistes avant moi n'aient même pas détecté ni tenu compte des si grands avantages que cette si jolie chose forme par son art. » Il est vrai que son prédécesseur – et son professeur à l'université de Padoue –, le grand André Vésale, a préféré nier l'existence de « cette nouvelle et inutile partie[62] ». Realdo Colombo meurt quelques mois avant la

publication de sa découverte, en 1559, persuadé
d'être entré dans l'Histoire comme le découvreur
de la chair du plaisir.

Fallope m'a tromper

Mais son successeur à Padoue ne l'entend pas
ainsi. Gabriel Fallope publie deux ans plus tard
ses propres observations anatomiques, qu'il prétend avoir écrites bien avant celles de Colombo[63].
Il note, à propos du clitoris, qu'il « est tellement
caché que j'ai été le premier à le découvrir (...)
et si d'autres en ont parlé, sachez qu'ils l'ont tiré
de moi, ou d'un de mes étudiants ». La guerre
est ouverte.

Né à Modène, ayant fait ses études de médecine
à l'université de Ferrare, reconnue pour être l'une
des meilleures d'Europe et tenant la dragée haute
à la faculté padouane, Gabriel Fallope est rapidement considéré comme l'un des plus importants
médecins de l'époque. Pour mieux s'approprier
la trouvaille litigieuse, il en fait l'étymologie. Les
Grecs, nous dit-il, ont appelé cette partie *kleitoris*,
« duquel dérive le verbe obscène *kleitorizein*[64] »,
qui signifie « chatouiller le clitoris ». À y regarder de plus près, l'organe en question n'a donc
nullement besoin d'être découvert. Inscrit dans le
corps des femmes depuis toujours, son existence
n'a pas échappé aux Grecs. En 300 avant notre
ère, Hippocrate l'appelle déjà le « serviteur qui
invite les hôtes », avant que son savoir ne dispa-
raisse curieusement au cours des siècles.

Si Fallope ne vient pas d'inventer le clitoris,
il a néanmoins fait une avancée considérable
dans la compréhension de l'anatomie féminine.
Questionnant l'origine de la vie dans le ventre

de la femme, il découvre les ramifications de la « matrice » au-delà de ce que l'œil peut voir de l'extérieur. Fallope nomme les ligaments ronds ayant leur terminaison dans le tissu adipeux du mont de Vénus les « trompes utérines[65] », jusqu'alors confondues avec des cornes d'animaux. Il décrit leur membrane interne « floconneuse, leurs courbures ondoyantes, leur grande ouverture extérieure, et le pavillon par lequel elles embrassent les ovaires ».

Les femmes ont trouvé en Fallope et Colombo l'attention qui leur manquait. Hélas, tous les savants de la Renaissance ne sont guère aussi bien intentionnés.

Les illusions perdues d'Ambroise Paré

« Je suis d'opinion, et ai écrit qu'on coupe cette caroncule, à fin que l'on n'en abuse (...) car pour une femme qui se trouve en avoir, il y en a dix mille qui n'en ont point », écrit celui qui vient d'être, le 1er janvier 1562, nommé par Catherine de Médicis premier chirurgien du roi Charles IX, Ambroise Paré[66]. Pour le médecin royal, le clitoris n'est pas un organe sain, mais une pathologie.

Paré, né en Mayenne dans la première décennie du siècle, a débuté comme apprenti barbier chez le comte de Laval, où son adresse à couper le poil et à arranger les perruques autant qu'à cautériser les ulcères est vite remarquée. Devenu compagnon chirurgien à l'Hôtel-Dieu, à Paris, les guerres d'Italie, les menaces de débarquement anglais en Bretagne et le siège espagnol de Perpignan lui donnent l'occasion de faire ses classes de praticien et d'inventer de nouveaux traitements pour soigner les plaies dues aux armes à feu. Seulement voilà, il a beau réaliser des amputations et des cautérisations plus respectueuses de l'anatomie humaine, il n'empêche qu'il n'éprouve qu'horreur et dégoût pour l'autre sexe, dont la physionomie lui évoque un « prépuce d'homme ». On y trouve des « excroissances de cuir musculeux, qu'on appelle nymphes, lesquelles descendent une de chaque côté de l'os pubis en bas jusqu'à l'orifice du col de la vessie ». Mais ce qui révulse Paré, c'est que ce sexe puisse entrer en érection d'une manière ou d'une autre, privilège réservé aux hommes. Ses lèvres, en effet, « s'érigent pareillement chez toutes les femmes (...) et pour cela ai-je ordonné de les leur couper en jeunesse avec grande discrétion ».

Quant au clitoris, Paré juge que « les récents anatomistes, comme Colombo et Fallope, outre les parties susdites, ont fait mention d'une autre particule qui est tout au haut des parties honteuses », mais il trouve cette idée « trop obscène » pour en parler plus avant. Marié deux fois et père de famille, on ne peut soupçonner Ambroise Paré de méconnaissance. Rien n'y fait : pour celui qui a peut-être trop d'enthousiasme à couper des membres sur le champ de bataille, si l'on n'ampute pas ces nymphes goulues, on prend le risque de voir le sexe insatiable des femmes dévorer ce qui lui passe sous le nez.

Décidément intarissable sur le sujet, Brantôme emboîte le pas à Paré sur la disgrâce du sexe féminin. « L'entrée est si grande, vague et large, nous dit-il, qu'on la prendrait pour l'antre de la Sybille. » La comparaison animale n'est jamais loin. D'aucunes sont affublées d'une telle anatomie qu'on la « leur coud comme celui d'une jument quand elle est en chaleur ». D'autres, ajoute-t-il, « ont des lèvres longues et pendantes plus qu'une crête de coq d'Inde quand il est en colère ». Certaines même « peuvent faire des vents qui sortent par là ». Brantôme est outré, ainsi que toute une génération de médecins, souhaitant comme Ambroise Paré couper court aux sources du plaisir.

Ces parties « en forme de barbe d'écrevisse » intriguent. Que les femmes, en France, aient de si grands lambeaux de chair entre les jambes dérange les esprits. À l'inverse, on attribue aisément aux Éthiopiennes, aux Perses ou aux Égyptiennes cette disgrâce, puisque la nature intime des femmes là-bas « ressemble à je-ne-sais-quoi de membre viril », raison pour laquelle on les circoncit. Brantôme en conclut que si une belle et honnête femme à qui l'on fait l'amour ne vous permet pas de voir ou tâter son animal, c'est qu'elle est affligée de ce genre de tare.

L'affaire se corse au siècle suivant, à la cour de Louis XIV. L'avis du chirurgien royal, Pierre Dionis, qui soigne aussi la reine Marie-Thérèse, est sans appel. Les femmes d'un tempérament amoureux, par « la friction de cette partie, (…) se procurent du plaisir qui supplée au défaut des hommes[67] ». C'est pour cela que Dionis ne propose rien de moins que « l'amputation, pour ôter à ces femmes le sujet d'une lasciveté continuelle », précisant heureusement que cette opération n'est pas dangereuse, « parce que ce n'est qu'une partie superflue ». Nous voilà rassurés. Le clitoris en effet, bestiaire à lui tout seul, est une infirmité « quelques fois si longue qu'elle ressemble à une queue de renard[68] ». Pour l'ablation, ses recommandations sont précises, rien de plus simple, il s'agit de l'extirper « comme les polypes, avec une pince faite en bec de grue ».

Mais peu importe la froideur du scalpel, Colombo a ouvert une brèche que la Renaissance ne peut qu'arpenter. Les énigmes les plus en vogue parmi les élites parisiennes sont dédiées à sa découverte et donnent bien de l'amusement aux esprits cocasses.

« Je ne puis qu'à regret déclarer qui je suis,
Car mon nom, dont aucuns tiennent assez
de conte,
Me fait, en y pensant, quasi rougir de honte,
Tant il ressent cela que dire je ne puis.
À qui veut me toucher je donne assez d'ennuis :
J'ai la bouche fort grande, et si bien peu
je monte.
Ma lèvre, en sa rougeur, le chaud brasier
surmonte,
Et suis noir jusqu'au bord de mon large
pertuis.
La chaleur bien souvent si fièrement m'allume
Qu'elle me fait jeter une baveuse écume,
Blanche, fumeuse, grasse, et coulante au-dehors,
Laquelle, sans cesser, en moi toujours
augmente.
Jusqu'à ce que la dame, ou bien quelque
servante
Me mette un chose dur, roide et long
dans le corps. »

La réponse n'est pas celle que l'on croit : il s'agit du pot-au-feu[69].

4

La révolution sans culottes

Voltaire et le masque de fer

Fontainebleau, château de Saint-Ange, 1714. Le jeune François-Marie Arouet profite de ses vacances forcées chez M. de Caumartin, marquis de son état, pour s'adonner à la lecture et l'écriture[70]. À seulement vingt ans, il a été éloigné de Paris et de ses excès par son père, inquiet de la précocité de ses expériences et de l'ire du Régent qu'il a déjà réussi à s'attirer. Ce Voltaire en devenir fréquente la société du Temple, qui réunit nobles, poètes et bâtards royaux dans l'hôtel de Vendôme où lettrés et libertins boivent sec et s'adonnent aux plaisirs de la chair. Parmi ces amoraux, Voltaire a attrapé une fâcheuse maladie, celle de faire des vers pour tout, ne reculant devant aucun sujet[71].

Dans la retraite choisie par la vigilance paternelle, le jeune homme trouve le loisir de revenir sur un événement de son éducation sentimentale. Alors qu'il entreprenait une de ses premières maîtresses, mystérieusement nommée Mme de B., il est surpris au plus haut point de découvrir une pièce rapportée à laquelle il ne s'attend pas.

> « Je triomphais ; l'Amour était le maître,
> Et je touchais à ces moments trop courts,
> De mon bonheur, et du vôtre peut-être.
> Mais un tyran veut troubler nos beaux jours ;
> C'est votre époux : geôlier sexagénaire,
> Il a fermé le libre sanctuaire,
> De vos appas ; et, trompant nos désirs,
> Il tient la clef du séjour des plaisirs[72]. »

Plein d'ardeur, il se retrouve confronté à une ceinture de chasteté solidement verrouillée autour du corps de sa belle. Outré, il empoigne donc sa plume afin de dénoncer l'instrument de torture du sexe des femmes, que le dieu Pluton aurait inventé pour son infidèle épouse Proserpine. Asservir par la force ce que l'amour souhaite donner librement a de quoi révulser le jeune penseur.

Car loin de rester candide quant aux choses de l'amour, Voltaire s'adonne à des « polissonneries » faites de mots autant que de chair. La philosophie est une expédition vers les cimes de l'âme humaine qui passe par des chemins escarpés.

> « Je cherche un petit bois touffu,
> Que vous portez, Aminthe,
> Qui couvre, s'il n'est pas tondu,
> Un gentil labyrinthe.
> Tous les mois, on voit quelques fleurs
> Colorer le rivage ;
> Laissez-moi verser quelques pleurs
> Dans ce joli bocage[73]. »

Or, pour contrecarrer le libertinage naissant, les jaloux tiennent sous clef la vertu de leur femme. Ce cadenas, que Voltaire pense d'invention italienne, fait des ravages. Les Français seraient bien trop sûrs de leurs qualités d'amants pour s'adonner à de telles inventions, il n'y aurait que ces craintifs de transalpins pour penser de telles trouvailles.

> « *Dans Venise et dans Rome,*
> *il n'est pédant, bourgeois, ni gentilhomme,*
> *Qui, pour garder l'honneur de sa maison,*
> *de cadenas n'ait sa provision.* »

Dans des *Dialogues* attribués à une certaine Luisa Sigea, une victime consentante du cadenas, Tullia confie par quels audacieux arguments son mari l'a décidée à s'en vêtir[74]. « Si tu es vertueuse, tu ne t'en fâcheras pas ; dans le cas contraire, tu conviendras que c'est avec raison que je suis porté à agir de la sorte. » L'homme – touchante attention – craint pour la vertu de sa femme et c'est donc pour lui rendre service qu'il lui propose l'attirail. Honnie soit qui mal y pense. Assurant son mari de n'exister que pour lui, elle accepte de n'être femme que pour lui. Ce dernier, ravi, met son idée à exécution. « À l'aide d'un ruban de soie dont il m'entoura le corps au-dessus des reins, il prit alors la mesure des dimensions que devait avoir la ceinture. » Mais l'homme, décidément trop bon, ajoute que les chaînettes seront en or, tout comme l'ouverture et le grillage seront constellés de pierres précieuses. « Un orfèvre, le plus renommé de notre ville, va s'appliquer à en faire le chef-d'œuvre de son art. Je te ferai donc honneur, tout en semblant te faire injure. »

Ces confessions d'un genre nouveau font sensation dans les salons des Lumières. On y découvre, sous une plume faussement féminine – l'auteur est en réalité un avocat du nom de Nicolas Chorier – destinée à mieux persuader les femmes de laisser leur entrejambe se donner au cadenas, la raison d'un tel instrument de contention. « Nous autres, Italiennes et Espagnoles, nous avons le con plus large que toutes les autres Européennes. » Voilà pourquoi les Latines devraient être maintenues, à cause d'un diamètre injustement réparti entre les femmes. Car « une fois ouverte, il n'y a point de posture ni de mouvement qui puisse diminuer d'un pouce la grandeur de l'embouchure, ni empêcher qu'on y engloutisse tout d'un coup un misérable vit ». Les femmes du Septentrion, précise l'auteur, ne sont pas exposées à cette vilenie, car « le froid leur resserre la partie ».

L'objet du scandale s'invite jusque dans la famille royale, en 1720, pour jeter un froid sur les préparatifs du mariage de Mademoiselle de Valois, Charlotte-Aglaé d'Orléans, avec le duc de Modène. Celle dont la vivacité et le piquant rachètent le manque de beauté, suffisamment pour en faire la maîtresse du duc de Richelieu, n'a aucune intention de se soumettre à la mode italienne. Son entourage tremble, surtout Richelieu, qui a prévu de la retrouver en Italie une fois qu'elle sera mariée, déguisé en colporteur[75]. Heureusement pour l'amant intrépide, si l'imaginaire populaire voit des ceintures de chasteté partout, il n'y a en réalité que quelques centaines de malchanceuses en Europe à en porter.

L'art de se serrer la ceinture !

Le mythe s'est construit quelques siècles plus tôt, lorsque Marie de France, poétesse du XIIᵉ siècle, a fait allusion à une ceinture de cuir posée sur le corps nu d'une femme. Une amante fait un nœud dans le bas de la chemise de son amoureux qui lie une ceinture autour de la taille de sa belle comme symbole de leur serment de fidélité partagée, tous deux se donnant le droit d'aimer celui ou celle qui sera capable de défaire la ceinture ou la chemise sans la couper ni la briser[76]. Ce qui n'est sous la plume d'une femme qu'une image de fidélité entre amants éperdument épris devient peu à peu un instrument de pression morale sur les femmes, entravant réellement leur sexe.

Une habitante de la région nîmoise, la demoiselle Lajon, porte ainsi plainte contre un certain sieur Berlhe, qui recouvre ses arènes intimes d'« un caleçon bordé et maillé de plusieurs fils d'archal réunis par des coutures », sur lesquelles sont apposés des cachets de cire d'Espagne, tandis qu'une serrure commande tout le système. Son avocat, maître Freydier, plaide contre l'objet fabriqué par le jaloux en personne à partir des débris d'une vieille cotte de mailles, qui « laisse à peine un très petit espace, tout hérissé de pointes, le rendant inaccessible[77] ». Le galant force sa belle à s'en parer lorsqu'il s'absente, faisant de son sexe l'enceinte d'une prison dont il est le geôlier. La plaidoirie de l'avocat nîmois inquiète ses contemporains : comment un siècle si éclairé peut-il nourrir de telles pratiques ?

C'est que la maîtrise des ardeurs du sexe féminin et de sa puissance reproductrice est un fantasme harassant les hommes sur tous les continents. Avec la conquête de l'Amérique, les colons anglais, français et espagnols découvrent dès le XVIIe siècle les mœurs des Indiens qu'ils combattent pour établir leur suprématie en terres indigènes. Les Cheyennes, l'une des plus importantes tribus des plaines, originaires du sud de la région des Grands Lacs, sont alors connus pour la vertu et la beauté de leurs compagnes. Sitôt la puberté advenue, la jeune Cheyenne doit ajuster autour de sa taille des cordes et lanières de peau tressées et réunies en une ceinture de chasteté. Deux bandes viennent s'enrouler autour des cuisses, garantissant, même après le mariage, la tranquillité de la tribu lorsque les hommes sont à la chasse[78]. Si un intrus tente de défaire ce lien, les membres de la famille du mari trompé le tueront, et les femmes appliqueront leur vendetta à détruire tous ses biens matériels. Celle qui s'est volontairement laissée déficeler s'expose à un châtiment à la hauteur de son crime. Son mari l'enverra « à la prairie ». Balade hélas fort peu bucolique. Trente jeunes hommes postés sur la route de la traîtresse l'attendent. Lorsqu'elle arrive à leur hauteur, le mari l'interpelle : « Comme je sais que tu aimes les hommes, je t'offre un festin. » Et chacun peut à son tour profiter de l'infidèle dont les cris sont inutiles[79].

Dans la France des Lumières, l'engin infernal choque Diderot, qui lui consacre un article. « Cette ceinture, nous dit-il, est composée de deux lames de fer très flexibles assemblées en croix ; ces lames sont couvertes de velours. L'une fait le tour du corps, au-dessus des reins, l'autre passe entre les cuisses, et son extrémité vient rencontrer les deux extrémités de la première lame ; elles sont toutes trois réunies par un cadenas dont le mari seul a le secret[80]. » Une fente est percée à l'avant, un trou à l'arrière, tous deux bordés de dents métalliques qui font rebrousser chemin à tout impétrant soucieux de ses parties plus que de celles de sa conquête. La ceinture presse les chairs et s'y enfonce, harassant nuit et jour la pauvresse et compliquant toute toilette intime.

L'humiliation, l'irritation et la souffrance sont ainsi le prix à payer pour garantir au propriétaire du sexe d'une femme la jouissance exclusive de son territoire. Ce bouclier génital œuvre alors comme une véritable menace psychologique chez les femmes, semblable au loup dévoreur chez les enfants. Des millions d'Européennes sont invitées à se rappeler l'importance de la chasteté et à laisser la liberté du sexe aux messieurs.

Le « pantalon de fer » révèle l'esprit du siècle où la liberté politique, scientifique et religieuse doit l'emporter sur la tyrannie. Une femme, comme un peuple, n'est fidèle qu'à celui qui le mérite et ne brime pas ses plaisirs.

Diamants sur canapé

La guerre pour la connaissance s'enflamme avec le combat pour l'*Encyclopédie*. Le projet pharaonique de Denis Diderot et Jean Le Rond d'Alembert doit être le témoin des savoirs de son temps, un manifeste politique laïque révolutionnaire bousculant les présupposés de l'Église et remettant en cause les fondements de la légitimité divine du roi. Mais Diderot ne réserve pas sa plume à la seule politique. Son *Encyclopédie* ne craint pas de nommer le clitoris – ce « corps rond et long situé à la partie antérieure des parties naturelles femelles, en qui il est un des principaux organes de la génération » –, auquel elle reconnaît une utilité non négligeable. Diderot vient surtout de publier *Les Bijoux indiscrets*, conte à la mode orientale qui singe la cour du roi Louis XV, et fait parler l'entrejambe des femmes[81].

Le sultan Mangogul s'ennuie ferme. Sa favorite, Mirzoza, est à bout de ressources pour le divertir. Cucufa le génie fait alors au souverain une proposition déroutante : pour se délecter des intrigues de la cour, il lui suffira de tourner en direction d'une femme le chaton d'une bague et elle parlera « par la partie la plus franche qui soit en elle, et la mieux instruite des choses », son sexe. Très vite, cette nouvelle sincérité met de l'animation parmi les sujets. La cour du sultan est pleine de gens prêtant l'oreille « dans l'espérance de surprendre, je ne sais comment, des aveux qu'assurément on n'a nulle envie de leur faire ». Les dames tremblent face à cette calamité qui, pire que tuer, peut déshonorer en faisant à leur sexe tout avouer. Et tandis que l'une d'elles se targue de n'avoir aucun secret à garder, et de ne voir aucun inconvénient à ce que son « autel » parle ou se taise, Mangogul entre dans la pièce et tourne sa bague vers elle. Son bijou s'écrie : « N'en croyez rien ; elle ment. » Le sultan profite de l'hilarité générale pour diriger successivement sa bague vers toutes les femmes, et chaque bijou répond à son tour : « Je suis fréquenté, délabré, délaissé, parfumé, fatigué, mal servi, ennuyé », etc.

Sous la plume de Diderot, le jargon de ces cons bavards, « tantôt sourd et tantôt glapissant », fait exulter le sultan. « Nous sommes trop heureux, se congratule-t-il, que les bijoux veuillent bien parler notre langue, et faire la moitié des frais de la conversation. La société ne peut que gagner infiniment à cette duplication d'organes. » Face à ce babillage terrible qui dévoile qu'à la cour rares sont les épouses fidèles à leur mari, un académicien trouve la parade en inventant « des muselières ou bâillons portatifs, qui ôtent aux bijoux l'usage de la parole, sans gêner leurs fonctions naturelles », pour tout âge et à tout prix. Il faut bien empêcher le sexe des femmes de parler, si l'on ne peut l'empêcher de fauter. Voilà les ceintures de chasteté raillées par le chantre de la liberté.

Mais qu'on ne s'y trompe pas, pour Diderot comme pour nombre de philosophes de son siècle, la femme est assujettie par son sexe, qui influe et dicte sa conduite à sa personnalité[82]. Ainsi elle « porte au-dedans d'elle-même un organe susceptible de spasmes terribles, disposant d'elle et suscitant dans son imagination des fantômes de toute espèce ». C'est de ce même organe que partent « toutes ses idées extraordinaires » et que l'« hystérique dans la jeunesse se fait dévote dans l'âge avancé ». Ses désirs comme ses aspirations spirituelles, tout n'est que l'expression des maux de son entrejambe, son intarissable bijou.

Les Lumières veulent éclairer les idées, mais aussi les corps, et tout particulièrement ceux des femmes. L'enquêteur se faufile dans les gynécées, affirme sa liberté d'agir et de penser en soulevant les draps qui couvrent encore l'anatomie féminine, tel est le libertin. Tout connaître du sexe d'une femme est sa profession de foi. Et quel meilleur moyen que d'en devenir une ? Glisser la plume dans l'imaginaire féminin pour mieux en saisir les secrets, voilà ce qu'entreprend le comte de Mirabeau. L'orateur du peuple, narrativement travesti en Laure, découvre ainsi qu'« un duvet clair ombrageait une jolie motte grasse et rebondie qui, faiblement entrouverte, laissait apercevoir un bout de clitoris semblable à celui d'une langue entre deux lèvres ; il appelait le plaisir et la volupté[83] ». Voilà matière à faire la révolution.

Le pamphlétaire Jean-Baptiste Boyer d'Argens franchit un pas de plus en mettant ses mots au service d'un tabou occidental : l'orgasme féminin en solitaire[84]. La vie sentimentale impétueuse du marquis, orientée vers les actrices de théâtre, lui a certainement donné des exemples criants de vérité pour nourrir son écriture. Alors, celui qui par ses attaques contre le christianisme s'est attiré la sympathie de Frédéric II de Prusse, ami et protecteur de Voltaire, imagine à l'envi les sensations intimes d'une jeune pensionnaire surprise une nuit par la mère supérieure, « la main sur la partie qui nous distingue des hommes ». Le spectacle donné à la religieuse est expliqué par le menu : « Je me cambrai, traversée de tressaillements profonds, agitée de spasmes nés de ma petite fente en émoi, je poussai des soupirs plus semblables à des plaintes, et l'intense plaisir m'éveilla. » La précision fait scandale par ses détails toujours plus précis : « Je me troussai et, m'étant assise sur le bord de mon lit, j'écartai les cuisses de mon mieux et m'attachai à examiner cette partie qui nous fait femme (...). Une petite éminence que je frottai avec mon doigt, et je sentis là, en même temps qu'un gonflement s'y produisait, une exquise sensation chatouilleuse. J'avais sous mon doigt comme un petit être doué de vie indépendante et doté de la possibilité d'augmenter de volume à mesure que la sensation l'enflammait. Jamais, pensais-je, je n'aurais obtenu pareille métamorphose en me frottant le bout du nez avec un doigt ou toute autre partie de mon corps. » Ce n'est pas un simple geste, mais la naissance au plaisir d'une féminité que d'Argens couche sur le papier. « Je ne cessais, tout en me caressant, de contempler la petite merveille qui avait dormi en moi jusqu'alors, et que je venais ainsi d'éveiller. Cela avait une jolie tête ronde et luisante, d'un beau rose saumoné, qui venait au bout d'une courte tige émergeant à la surface de mon sexe. »

Le clitoris fascine plus que jamais par son pouvoir sulfureux qui concentre tous les enjeux de l'époque, liberté politique, connaissance scientifique, mystification religieuse.

Les femmes gouffres

Le docteur Nicolas Venette, professeur d'anatomie royale à La Rochelle, décrit quant à lui dans un livre inaugural à destination du grand public les organes impliqués dans la chose sexuelle[85]. En pédagogue, il ne répugne pas à décrire le sexe des femmes, et ses « quatre petits morceaux de chair de la figure d'une feuille de myrte » qui sont placés après les nymphes, lesquels, « bien qu'ils soient incessamment arrosés, n'éteignent pourtant pas pour cela le feu que la Nature a allumé dans ces parties. Souvent c'est comme de l'eau, qui, tombant sur de la chaux, les excite et les échauffe davantage ».

Au sujet du clitoris, il ajoute prudemment : « Je pourrais le nommer la fougue et la rage de l'amour. C'est là que la Nature a placé les chatouillements excessifs, et qu'elle a établi le lieu de la lasciveté des femmes, car, dans l'action de l'amour, il se remplit d'esprits, et se raidit ensuite comme la verge d'un homme : aussi en a-t-il les parties toutes semblables. On peut y voir des tuyaux, des nerfs, des muscles. » Bref, conclut-il, il ne lui manque rien. Le sexe d'une femme serait une entité complète, et non un substrat raté de sexe d'homme. Mais attention, si le poil est soyeux, la bête n'en est pas moins féroce, et « l'on épuiserait plutôt la mer et prendrait plutôt les astres avec les mains que de rompre les mauvaises inclinations » des femmes.

Laisser à ces êtres assumer librement leurs pulsions serait selon Venette le gage d'une vie conjugale épanouie. Cette évolution radicale est la bienvenue en 1740, lorsque l'impératrice Marie-Thérèse d'Autriche tarde à enfanter un héritier au trône de France. Son médecin personnel lui conseille alors, suivant l'air du temps, un traitement encore honteux quelques années plus tôt : « La vulve de Votre Très Sainte Majesté devrait être titillée pendant un certain temps avant l'acte[86]. »

Ce conseil, le marquis de Sade ne va pas manquer de l'appliquer. Sa philosophie de boudoir fait dire à Mme de Saint-Ange : « *Se branler*, ma mie... se donner du plaisir ; mais, tiens, changeons de posture ; examine mon *con*... c'est ainsi que se nomme le temple de Vénus. Cet antre que la main couvre, examine-le bien : je vais l'entrouvrir. Cette élévation dont tu vois qu'il est couronné s'appelle la *motte* : elle se garnit de poils communément à quatorze ou quinze ans, quand une fille commence à être réglée. Cette languette, qu'on trouve au-dessous, se nomme le *clitoris*. Là gît toute la sensibilité des femmes ; c'est le foyer de toute la mienne ; on ne saurait me chatouiller cette partie sans me voir pâmer de plaisir[87]... » Hélas, Sade n'éprouve pas que du désir pour le sexe féminin : « Voilà donc ce qu'est une femme ! s'exclame un de ses personnages devant un corps dénudé. Eh ! Qu'y a-t-il donc de beau là ? Rien n'est moins joli que ce devant, et par quelle singulière contrariété la nature n'a-t-elle donc point enrichi de toutes ses grâces la partie du corps de la femme qui la différencie de nous ? Car c'est là, sans doute, ce que les hommes recherchent, et que peut-on désirer où l'on ne trouve rien[88] ? »

Ce sexe est encore pour beaucoup, philosophes ou médecins, essentiellement un gouffre, dont les charmes secrets ne peuvent être dissociés de leur profondeur insatiable. La femme a, selon André-Robert Andréa de Nerciat, autre écrivain français accueilli par Frédéric II, le « Diable au corps », pour reprendre le titre d'un de ses romans. Elle révulse autant qu'elle attire avec « la remarquable concavité de ses charmes secrets ombragés d'une fourrure oursine noire comme l'encre, qui s'étendait, en décroissant d'épaisseur, jusqu'à deux doigts des plus volumineux ornements de poitrine ». Mme de Caverny, son héroïne, exprime en quelques mots ramassés l'opinion d'un siècle favorable à la licence des hommes, mais craintif à l'ardeur des femmes : « Ce surcroît de possession m'exalte, me met hors de moi : je ne suis plus une simple femme, je suis un démoniaque en délire, dont Priape et Bacchus brassent le sang ; je sanglote ; je siffle comme un serpent ; je jure ; je mords ; je broie à grands coups de mon croupion convulsif. »

La fureur utérine du samedi soir

Le libertinage est l'apanage des hommes et la maladie des femmes. Celles qui en sont atteintes souffrent de « fureur utérine ». En 1771, le docteur Jean de Bienville, exerçant à La Haye ainsi qu'à Rotterdam, publie un traité sans appel, *La Nymphomanie*[89]. L'auteur destine son ouvrage aux hommes. Les femmes, elles, n'ont pas besoin d'être instruites sur leur sexe. Si l'une d'elles mettait la main dessus, elle ne pourrait que « gémir sur l'assemblage prodigieux [de ses] imperfections » et sur « les causes infiniment multipliées de son dérangement et de son entière destruction ».

Bienville annonce la couleur : le sexe des femmes n'est pas franchement une réussite. « Fallait-il donc que de si brillantes prérogatives la plus belle et la plus intéressante moitié de l'espèce humaine fût asservie à tant de misères ! Fallait-il qu'elle ne fût, pour parler le langage d'Hippocrate, qu'un foyer d'infirmités et de douleurs ! » D'après le médecin, aucune femme n'est à l'abri. La fureur utérine est une maladie, « un délire attribué au sexe qu'un appétit vénérien démesuré porte violemment à se satisfaire, à chercher sans pudeur les moyens de parvenir à ce but, à tenir les propos les plus obscènes, à faire les choses les plus indécentes pour exciter les hommes qui les approchent, à éteindre l'ardeur dont elles sont dévorées (...) jusqu'à forcer ceux qui se refusent aux désirs qu'elles témoignent ». La conclusion laisse peu de place au doute : « Cette folie est donc toujours féminine », et cet infernal flambeau de la lubricité les touche toutes, filles débauchées, femmes mariées, ou jeunes veuves.

Comment diable se manifeste la maladie ? Les symptômes sont clairs. Les femmes atteintes sont « toujours disposées à prêter l'oreille aux compliments flatteurs et séduisants des hommes qui les environnent » et, le mal une fois déclaré, on remarque un changement de personnalité : bannissant les promenades innocentes, elles préfèrent passer « à des tables somptueuses dont les mets âcres, piquants et empoisonnés achèvent de mettre le sang dans un affreux désordre » ; pis encore, elles affectionnent – horreur et décadence – les spiritueux, le café et le chocolat.

La tête dans le carton à chapeau

Le 3 septembre 1792, l'obscurantisme fait retentir ses bruits de bottes devant la porte du Temple où est emprisonnée la famille royale. La Révolution veut libérer la France d'un roi devenu indésirable et de sa reine, Marie-Antoinette, que les gravures représentent exposant son pubis. Les pièces de théâtre imprimées et distribuées sous le manteau fustigent ses « fureurs utérines », arguant que « Toinette dissimule et fête son cocu, elle affecte en public ses soins, la prévenance, Louis, hélas n'a pas sitôt tourné le cul que l'amoureux Charlot fout la reine de France[90] ».

À la prison de la Force, la sauvagerie n'a plus de limites. Deux hommes tirent sur le sol un corps nu, sans tête. Celui de la princesse de Lamballe, une des amies les plus fidèles de la reine, violée, déchiquetée. L'un d'eux se réjouit : « À moi la toison de la Lamballe ! » et s'acharne sur son sexe, dans une soif de vengeance des injustices qui ont touché le pays. Famine, pauvreté et haine d'un peuple pour l'iniquité de ses puissants se trouvent concentrées en ce geste destructeur. L'homme en colère triomphe, détruisant le sexe de la Lamballe « dont il exhibe les parties déchirées, les lambeaux arrachés, ses poils pubiens lui servent de moustache[91] ». La cruauté est poussée jusqu'au Temple où l'on exhibe cette charpie sous les yeux de la reine qui s'évanouit d'horreur.

L'espoir offert aux femmes par les Lumières a été immense, mais malheureusement bien éphémère... Avec la Révolution, la chair interdite s'assombrit, et retrouve la place qui n'a jamais cessé d'être la sienne dans l'Histoire : celle d'un organe banni, conspué.

Deuxième partie

INDOMPTABLE ORGANE

5

La guerre
des boutons de rose

Belle-Amie

« Hystérique, Madame, voilà le grand mot du
jour. Êtes-vous amoureuse ? Vous êtes une hystérique. Êtes-vous indifférente aux passions qui
remuent vos semblables ? Vous êtes une hystérique, mais une hystérique chaste. Trompez-vous
votre mari ? Vous êtes une hystérique, mais une
hystérique sensuelle. Vous volez des coupons de
soie dans un magasin ? Hystérique ! Vous mentez à
tout propos ? Hystérique ! Vous êtes gourmande ?
Hystérique ! Vous êtes nerveuse ? Hystérique !
Vous êtes ceci, vous êtes cela, vous êtes enfin ce
que sont toutes les femmes depuis le commen-
cement du monde ? Hystérique ! Hystérique !
vous dis-je. » Le Tout-Paris découvre le 16 août
1882 la diatribe enflammée d'un certain Guy de
Maupassant dans les pages du quotidien *Gil Blas*.
L'écrivain a choisi cette publication mondaine
et un peu osée, où Émile Zola, Georges Courteline
et Jules Renard égrènent leur prose, pour laisser
éclore sa colère contre l'attaque faite aux femmes
en général et à une en particulier, accusée dans

un retentissant procès pour meurtre, Gabrielle Fenayrou. Mariée à un dénommé Marin, Gabrielle a eu la mauvaise idée de se laisser surprendre par son époux dans les bras d'un de ses anciens employés. Le dindon goûtant peu la farce dont il est le sujet décide, dans un accès de jalousie programmé, d'assassiner celui qui, à défaut de monter en grade, a su allonger l'épouse du patron. Marin menace sa femme de crime passionnel si elle ne l'aide pas à tendre un piège au jouisseur impénitent. Elle use une fois encore de ses charmes pour donner rendez-vous à son amant dans une maison de Chatou. Attirée par la promesse d'un doux tête-à-tête, la proie se montre ponctuelle. Marin l'attend derrière la porte avec un marteau. Quelques jours plus tard, un corps nu et ligoté à un tuyau de plomb est retrouvé sur l'île Corbière, bâillonné par une serviette tenue par deux épingles anglaises. Méticulosité bien féminine. Marin n'échappe pourtant pas à la condamnation à mort. Gabrielle n'écope que de travaux forcés, sa passion ayant fait d'elle une hystérique qui n'agissait pas en toute conscience.

L'affaire Fenayrou est pour Maupassant l'occasion de prendre publiquement position contre les bonnes mœurs de l'époque qui trouvent des hystériques en chaque femme. Il conclut sa tribune en véritable plaidoyer pour la liberté amoureuse du beau sexe : « Nous sommes tous des hystériques », écrit-il, ajoutant qu'il « faut être vraiment bien ordinaire, bien commun, bien raisonnable pour qu'on ne vous classe point aujourd'hui parmi les hystériques ». Soit cette maladie déraisonnable frappe les hommes et les femmes également, soit elle n'est pas. Gabrielle Fenayrou est « tout simplement une femme pareille à beaucoup d'autres.

Nous restons éternellement stupéfaits devant les moindres actions des femmes qui déroutent sans cesse notre logique boiteuse ». La tirade est belle, mais n'en reste pas moins un coup d'épée dans l'eau. Les politiques, eux, ne se sentent pas boiter, bien au contraire. Car les temps sont à la défiance vis-à-vis du sexe des femmes, et à l'affirmation de sa fonction reproductive seule. Contre les utilisations jugées déviantes de cet organe à plaisir, les progrès de la médecine donnent naissance à des traitements radicaux qui s'assureront de son contrôle absolu.

Les grandes masturbatrices

En mars 1804, Bonaparte affirme dans son Code civil l'incapacité juridique de la femme mariée. Passant de la tutelle de son père à celle de son mari, elle a interdiction de signer un contrat, de gérer ses biens, est exclue totalement des droits politiques, des lycées et des universités, et ne peut travailler sans l'autorisation de son époux. Celui-ci a le contrôle de sa correspondance et de ses relations, l'adultère est réprimé par des peines d'emprisonnement allant de trois mois à deux ans, et le divorce possible dans trois cas de figure uniquement : adultère, condamnation à une peine infamante et sévices graves.

Pourtant, Napoléon n'est pas étranger aux vertiges de l'amour. À Vérone, en novembre 1796, loin de celle qu'il désire, il écrit quelques mots à Joséphine avant de se coucher : « Tu sais bien que je n'oublie pas les petites visites ; tu sais bien, la petite forêt noire. Je lui donne mille baisers et j'attends avec impatience le moment d'y être. Tout à toi, la vie, le bonheur, le plaisir ne sont que ce que tu les fais. Vivre dans une Joséphine, c'est vivre dans l'Élysée[92]. » La « petite forêt noire » de Joséphine l'enchante : « Je serai là dans trois jours, ne vous lavez pas. » Les Françaises ne bénéficient pas d'autant de mansuétude de la part de l'empereur. La femme napoléonienne est la propriété de l'homme, car elle lui donne des enfants. Ne faut-il donc pas, pour leur propre bien, prévenir, guérir et punir celles qui pensent trouver liberté et plaisir en dehors des liens conjugaux, afin de ne pas les laisser sombrer dans l'hystérie ?

L'onanisme chez les femmes cause de grands ravages. Voici ce que Pierre Jean Corneille Debreyne, professeur de médecine et prêtre à la Grande-Trappe, enseigne : la masturbation féminine se reconnaît par un « état général de langueur, de faiblesse, de maigreur ; absence de la fraîcheur, de la beauté, du coloris du teint, du vermillon des lèvres et de la blancheur des dents, qui sont remplacés par une figure pâle, amaigrie, bouffie, flasque, plombée ; un cercle bleuâtre autour des yeux, qui sont enfoncés, ternes et sans éclat ; un regard triste, languissant, éteint, toux sèche, oppression, essoufflement au moindre exercice[93] ». De quoi faire passer l'ensemble de la gent féminine pour de ferventes pratiquantes du culte d'Onan ! Ce n'est pas tout. Il « n'est pas rare de voir la taille se dévier ou subir une déformation totale ».

Mais qu'est-ce qui pousse donc les femmes à toucher leur propre sexe ?, s'interrogent alors les médecins. Le docteur Thésée Pouillet esquisse une réponse sur les raisons de ce « crime de lèse-nature qui ronge l'humanité, la menace dans sa vitalité physique et tend à détruire son essence intellectuelle et morale[94] ». Il existe tout d'abord, pense-t-il, des causes physiologiques. Les femmes à tempérament bilieux et colérique sont clairement plus portées à la « manuélisation » que les autres. Vient ensuite la saleté qui laisse s'amasser et s'amonceler en cet endroit sensible trop de matière. Celle-ci, en se putréfiant, « mélangée à des poussières venues de l'extérieur, acquiert une certaine âcreté qui occasionne aux organes de la génération un chatouillement désagréable. Pour le faire cesser, la malpropre se frotte, se gratte, et s'apercevant qu'à cette manœuvre succède un certain plaisir, un germe de volupté, elle recommence une fois, deux fois, dix fois... elle est devenue masturbatrice ». Les hargneuses et les galeuses ne sont pas les seules candidates à cette folie féminine. Toute femme qui consomme des aliments provoquant une congestion sanguine y est sujette. Sont ainsi proscrits poivre, cannelle, clous de girofle, muscade, vanille et truffes, boissons excitantes et spiritueuses, phosphore, safran, absinthe, sabine ainsi que tout parfum de musc, benjoin, patchouli.

Pour ce qui est des causes mécaniques, la danse et l'équitation sont à bannir, car prédisposant à cette déviation morale : la danse en congestionnant l'utérus, l'équitation par les secousses directes sur le siège et le haut des cuisses qu'elle provoque. Certains métiers, comme celui de couturière, sont également visés. La machine à coudre devient une *machina infernale* pour le désir féminin : « L'ébranlement que la pédale, dans son va-et-vient, imprime à la partie inférieure du tronc, le mouvement de frottement des grandes lèvres sur les petites et la chaleur qui en résulte occasionnent fréquemment l'onanisme », assure le docteur Pouillet.

Côté intellectuel, la lecture de romans et les spectacles au théâtre sont à fuir coûte que coûte car ils font naître la passion et, de retour chez elles, les femmes « se font héroïnes, leur cerveau délire : elles aiment, elles sont aimées d'un être idéal qu'elles créent à leur fantaisie. Suivant leur rêve pas à pas, avec ténacité, elles se voient unies, après mille empêchements, à l'objet de leur amour, et, insensiblement, l'imagination aidant, elles se livrent comme sans y penser à quelque manœuvre coupable ». Outre la honte provoquée par un tel comportement et les déconvenues familiales, le sexe ainsi stimulé peut provoquer une grave maladie nerveuse, l'hystérie. Pour s'en assurer, Pouillet a un raisonnement imparable : « L'hystérie est assurément plus fréquente chez les enfants, les veuves et les célibataires que chez les femmes mariées : n'en est-il pas de même de la masturbation ? »

Cette maladie qui fait rugir Maupassant est considérée depuis l'Antiquité comme un dérèglement mental sérieux provoqué par une affection de l'utérus qui, en se mouvant trop vite à l'intérieur du corps, ou en faisant des siennes, dérange l'esprit de la patiente. L'hystérie, ce mot fourretout rempli des symptômes les plus variés, suffit au docteur Charcot pour interner à l'hôpital de la Pitié-Salpêtrière des centaines de patientes. Or personne ne sait alors clairement identifier ce que l'on entend par cette pathologie, et encore moins la traiter.

Ami de Pasteur et médecin à l'hôpital civil d'Arbois, Louis François Étienne Bergeret reçoit ces malades imaginaires. Une femme de trente-quatre ans est sujette à des palpitations et des étouffements alors qu'elle mène une vie chaste.

« Lorsqu'une pensée lascive traverse son esprit, si elle se livre à une lecture qui excite son imagination[95] », note le médecin, le trouble et l'angoisse ressentis sont si violents qu'elle est obligée de se coucher plusieurs heures avant de retrouver son calme. Mais c'est la nuit que le pire survient : « Elle est éveillée fréquemment, par ce même saisissement, lorsqu'un rêve érotique vient aiguillonner ses sens. Alors la douleur est, parfois, d'une intensité telle qu'un cri s'échappe involontairement de sa poitrine. » Bergeret examine son entrejambe pour « ne rien découvrir », et ne s'explique pas l'origine du phénomène.

Vient ensuite une jeune femme de vingt-six ans, fort sensible selon son appréciation, qui, mariée depuis trois ans, n'a pourtant pas d'enfant. Elle attribue sa stérilité à ce qu'elle ne peut sentir les approches de son mari sans souffrir « de battements de cœur intolérables, qui la suffoquent et la troublent tout à fait ». Une patiente de quarante-huit ans ayant mené au contraire une vie que l'on qualifierait sobrement de « galante » souffre de symptômes similaires : « Dès sa jeunesse, l'orgasme vénérien provoquait en elle une si vive surexcitation du cœur que, longtemps même après l'acte accompli, elle avait remarqué une telle fréquence de son pouls qu'il lui était impossible de le compter. » Ne trouvant rien au cœur, le médecin porte son exploration vers le bas-ventre et observe une réaction étrange : « Aussitôt que je presse un peu cette région, la malade est prise d'une palpitation violente et de vertiges très pénibles, tant les impressions que perçoit l'appareil génital, fatigué par quinze ans de fraudes, retentissent rapidement vers l'organe central de la circulation. » Hélas, le plaisir pour une femme est pire que tous les maux, il est une condamnation de facto. Et la patiente meurt d'une affection du cœur sous les yeux de Bergeret.

La jouissance féminine est culpabilisée lorsqu'elle est autonome, dangereuse pour la santé de celle qui la pratique, elle trouble l'ordre moral de la société. Peu importent les causes, il faut d'urgence éteindre ce feu ravageur. Comme la pharmacopée se révèle inefficace, les meilleurs médecins se lancent dans la recherche de traitements radicaux. Ainsi le docteur Marcellin Camboulives recommande, pour guérir les fillettes, de « répandre du camphre dans le lit, leur donner le bromure de potassium, leur prescrire des bains à peine tièdes[96] ». Il combat les tentations par des pommades calmantes, des lavements d'eau salée, et conseille l'usage pour la nuit d'« une longue chemise se fermant au-delà des pieds avec une coulisse ». Au besoin, « la camisole de force, dans laquelle sont emprisonnés les pieds et les mains », donnera de bons résultats. Si ces premières précautions sont vaines, divers appareils sont employés pour empêcher le rapprochement des cuisses et maintenir au contraire leur écartement. Ils se composent d'une ceinture métallique très flexible, fortement rembourrée de laine à l'intérieur, recouverte de peau au-dehors et adaptable exactement aux contours des crêtes iliaques ; au milieu est fixée une plaque en melchior ou en argent destinée à emprisonner le vagin et la vulve. Ces appareils « se dissimulent très bien sous les vêtements », précise le bon docteur, et permettent aux enfants de continuer à jouer. Ils se portent jour et nuit, et « les enfants qui en sont munis ne peuvent, quoi qu'ils fassent, porter leurs mains sur les organes génitaux ».

Marcellin Camboulives est un modéré. Ses confrères vont aller plus loin dans leurs tentatives de sauver les femmes de l'hystérie.

Les patientes anglaises

Le coupable n'est pas à chercher bien loin, c'est l'organe même du plaisir : le clitoris. Qu'à cela ne tienne, il suffira de l'ôter. Le chirurgien viennois Gustav Braun tente alors un « remède héroïque », l'ablation[97]. La technique opératoire est mentionnée dès le haut Moyen Âge par le médecin et philosophe Avicenne, pour traiter celles qui abusent de la facilité d'accès à cette petite chair honnie[98]. La clitoridectomie est supposée non seulement libérer la femme des tentations intimes, mais également la guérir de l'hystérie, l'épilepsie et la nymphomanie.

Braun publiera en 1869 les résultats de ses travaux, pratiqués sur de nombreuses patientes[99]. Parmi elles, une femme de vingt-cinq ans en proie à une masturbation exaltée. Ces « accidents » survenant à tout instant de la journée la rendent hélas incapable de travailler. L'examen local permet à Braun de constater une hypertrophie du clitoris et des petites lèvres. L'amputation est décidée d'un « commun accord » et exécutée à l'aide d'un « couteau galvano-caustique ». Au bout de trois semaines, une « cicatrice unie » est obtenue. Vaincu par l'épée, le clitoris n'est plus le siège d'une quelconque excitation. La malade reprend meilleure mine et, deux mois après l'opération, se déclare « extrêmement satisfaite », aux dires du médecin. Et le bon professeur Braun de recommander l'« amputation du clitoris et des petites lèvres » en cas d'onanisme compulsif...

C'est l'Anglais Isaac Baker Brown qui populari-
sera l'intervention punitive chez les masturbatrices
entêtées[100]. D'éducation et d'obédience puritaines,
Baker Brown a étudié au Guy's Hospital de
Londres et il est devenu une célébrité en son pays.
Au London Surgical Home, il s'attelle au problème
intime qui dévore les femmes de son siècle. Sa
première patiente, une célibataire de vingt-six ans,
est modiste dans le Yorkshire. Après avoir créé
de nombreuses robes destinées aux meilleures
familles alentour, elle ne peut plus travailler. « Sa
physionomie me dit immédiatement la nature du
cas », note le médecin. La jeune femme n'arrive
plus à se nourrir, souffre de terribles maux de
ventre après les repas, elle est si faible qu'elle peut
à peine se lever pour marcher jusqu'à lui et ressent
de grandes douleurs dans le bas du dos. Signe qui
ne trompe pas, elle se montre « mélancolique ».
Trois jours plus tard, la patiente est opérée. « J'ai
divisé le clitoris par voie sous-cutanée », consigne
le chirurgien dans ses papiers, avouant jouer à
l'apprenti sorcier : « Ceci étant ma première opération, je n'avais aucune idée des conséquences
à pratiquer l'opération de cette manière. » Deux
jours durant, la pauvresse souffre d'une hémorragie incontrôlable qui vient presque à bout de
ses quelques forces. On la contraint à dormir par
l'administration d'opiacés. Contre la souffrance, la
prescription est pour le moins surprenante : « J'ai
ordonné qu'on lui masse la poitrine avec de l'huile
d'olive chaque soir », note Baker Brown. Deux
mois plus tard, ce pionnier estime la patiente
guérie, celle-ci ayant repris ses travaux de couture.

C'est ensuite une veuve de trente-trois ans
sans enfant, ayant fait une fausse couche, qui
fait son entrée à la clinique. Durant les années

de son mariage, elle n'a jamais ressenti de plaisir durant l'acte, mais pour le médecin « les pupilles dilatées, la peau chaude et les mains moites ne trompent pas sur l'origine du mal ». Le clitoris et les grandes lèvres sont amputés. « L'opération n'a été un succès que dans la mesure où elle put diminuer la fréquence et l'intensité des crises », qui ne surviennent désormais, note-t-il, que lorsque les pansements de la cicatrice sont changés. Suit une longue liste de cobayes, dont certaines sont opérées pour des motifs fantaisistes.

Ainsi, une célibataire de vingt et un ans est admise à la clinique après s'être fait une déchirure en soulevant une lourde casserole du feu. Depuis, elle souffre grandement du dos, la douleur empirant à la marche. À l'examen, les nerfs pelviens s'avèrent trop excitables, le clitoris est excisé à peine trois jours après. En quelques semaines, les douleurs dorsales se sont envolées. Miracle, la clitoridectomie serait la panacée de tous les maux des femmes !

Baker Brown nous révèle les dessous de cette méthode aux résultats stupéfiants : « Lorsque j'ai décidé que ma patiente est un bon sujet pour un traitement chirurgical, je procède à l'intervention après les mesures préliminaires qui sont un bain chaud et un nettoyage du champ. » La patiente est endormie au chloroforme, puis « le clitoris est excisé indifféremment par des ciseaux ou un couteau, je préfère toujours les ciseaux » – question de goût... La plaie est ensuite bouchée par des compresses de lin, sécurisées par un bandage. Un grain d'opium est introduit par le rectum et la patiente est mise au lit, veillée par une infirmière. Le régime alimentaire « non stimulant » se compose de lait, de mets à base de farine, parfois de poulet. Alcools et liqueurs fermentées sont rigoureusement interdits, le silence le plus strict observé, et la visite des proches évitée. Rien ne doit perturber le processus. Un mois est requis pour une cicatrisation complète des plaies, au bout duquel « il est difficile pour un non-initié, ou n'exerçant pas une profession médicale, de détecter aucune trace de l'opération ».

Mais les méthodes du bon docteur sont bientôt remises en cause. Certaines patientes auraient été mutilées sans leur consentement. Ainsi une femme de cinquante-sept ans confiée à ses soins en 1861 en raison de « pulsions homicides » est-elle opérée, sans présenter de symptômes justifiant son excision. Baker Brown s'explique : « L'opération l'avait guérie de manière préventive d'éventuelles maladies. » Tollé dans le milieu médical car l'argument est loin de faire mouche. La société d'obstétrique vote l'exclusion du practicien. Celui qui rêvait de gloire médicale disparaîtra dans l'anonymat et la faillite personnelle, mourant sans le sou et oublié de tous.

Le gentil oncle Sam

La clitoridectomie disparaît rapidement en Europe, mais la vague de coupeurs de chair interdite sévit sur un autre continent, aux États-Unis, pendant plus de cinquante ans. Au début du XXᵉ siècle, dans les manuels écrits à l'intention des confesseurs catholiques, on recommande encore la cautérisation ou l'amputation de cet organe coupable comme traitement notamment du « vice du lesbianisme[101] ».

Mais le pire est toujours à inventer. À l'été 1872, un chirurgien de quarante-quatre ans habitant à

Rome, en Géorgie, décide d'aller à la source de tous les problèmes féminins et de trancher dans le vif. Robert Battey avait fait ses armes médicales durant la guerre de Sécession. Retirer les ovaires sains d'une patiente dans le but de résoudre ses désordres menstruels ou nerveux ne fait guère trembler sa main. Le 17 août, il inaugure ainsi sa technique sur une célibataire trentenaire lourdement invalidée par son cycle menstruel, alitée depuis seize ans. Un symptôme attire son attention, l'arrivée de cette période du mois provoque chez elle de violentes migraines et même des convulsions. La réponse doit être chirurgicale. La patiente une fois sortie de la septicémie due à l'opération semble guérie, ô miracle[102] ! Elle s'est vue soulagée par la ménopause résultant de l'intervention.

L'expérience semble couronner de succès la logique de Battey. Puisque les problèmes émotionnels sont liés au cycle menstruel, il faut donc retirer de la femme tout ce qui le cause, à savoir les ovaires. De plus, l'hormone du désir, la testostérone, étant fabriquée par les ovaires, la castration féminine éradique de fait la motivation sexuelle. L'intervention est vite nommée en l'honneur de son inventeur « opération de Battey ». Son geste fait bientôt des émules dans tout le pays et l'on dit alors que l'on « battey-ise » une femme lorsqu'on procède à une telle opération. L'heureux remède gagne l'Europe.

L'Écossais Lawson Tait pratique l'ovarectomie avec enthousiasme, et fête en juin 1880 un drôle d'anniversaire, sa millième patiente traitée. Sur les vingt-huit castrées cette année-là, deux le seront pour une épilepsie menstruelle, douze pour de simples « règles douloureuses ». Ne plus souffrir les affres d'être une femme : la promesse de Battey est des plus alléchantes. En juin 1878, une trentenaire se rend chez son gynécologue d'Édimbourg, Alexander Russel Simpson. Se plaignant des proverbiales douleurs mensuelles, elle lui demande s'il peut lui faire « ce que les médecins font en Amérique ». L'opération n'est pas exempte de dangers, la met-il en garde. « Une patiente sur trois en meurt, n'est-ce pas ? », réplique-t-elle pour devancer ses objections. « Oui, et cela pourrait être vous », lui assène-t-il en la congédiant. Mais attirée par cette technique libératrice, la patiente revient deux mois plus tard, plus déterminée que jamais : « Si je me suis défilée la dernière fois, je pense que c'est vous qui vous défilez maintenant. » Le praticien est acculé.

Un chirurgien réputé ne peut que commenter, impuissant, les dérives de l'invention de Battey. Chez certaines patientes, il n'y a « guère plus de raisons de retirer les ovaires que les oreilles ». Difficile de savoir combien de patientes sont ainsi mutilées dans le monde : l'opération étant loin de faire consensus dans la profession médicale, elle se pratique souvent sans registre. À Paris, à l'hôpital de la Pitié-Salpêtrière, le courageux docteur Jacques Lisfranc dénonce les « pratiques honteuses » de ses collègues pour endiguer les hystériques et souffreteuses. Dans les années 1870 et 1880, en Amérique du Nord, environ cent mille femmes sont ainsi stérilisées et l'opération sera pratiquée jusqu'en 1907[103]. Hélas, les complications opératoires conduisent environ 30 % des patientes à la morgue plus qu'à une vie heureuse[104].

Pour couronner le tout, le compatriote de Battey, le docteur et réformateur sanitaire John Harvey Kellogg, inventeur des célèbres corn-flakes, cherche à appliquer en médecine les préceptes de santé de l'Église adventiste du septième jour dont il est membre. À ses yeux, il convient de ne pas dépasser plus d'un rapport intime par mois, et pour s'assurer de la modération des femmes en ce domaine, il préconise l'utilisation de phénol, un acide, sur leur intimité, car « l'application d'acide carbolique pur sur le clitoris est un excellent moyen de calmer toute excitation anormale[105] ».

La France n'est pas en reste. La petite Y., six ans, suivant l'exemple de sa grande sœur, se frotte les parties intimes sur tout objet à sa portée. Incorrigible, elle se confesse au prêtre de sa paroisse mais, bientôt rattrapée par le démon, s'astique sur sa soutane. Le docteur Démétrius Zambaco, chez lequel les parents présentent la demoiselle, est désarmé[106]. Un homologue académicien lui souffle alors une solution : brûler le clitoris au fer rouge. Ainsi le médecin prépare les instruments pour son office, attise les charbons ardents, et y place un énorme fer en hache sur lequel il souffle jusqu'à ce qu'il rougisse. La petite fille tremble à la vue de ces scènes infernales – on le ferait à moins. Le praticien explique le procédé : « J'applique trois points de feu sur chaque grande lèvre et un autre sur le clitoris, pour la punir de sa désobéissance je lui cautérise les fesses et les lombes avec un grand fer. Elle jure qu'elle ne le fera plus. » L'opération, du moins son atroce douleur, semble détourner la fillette de sa manie quelques jours durant. Il faudra néanmoins trois séances de cet acabit pour parvenir à la guérison complète de la patiente.

L'anatomie féminine ne se laisse pas vaincre si facilement et, lorsque sa chair est menacée, elle peut compter sur d'inattendus défenseurs. Car tous les hommes ne sont pas d'avis, loin s'en faut, de détruire ce qu'ils ne maîtrisent pas. Au XVIᵉ siècle, Petrus Forestus, savant et professeur de médecine de Delft, a déjà réfléchi au problème de l'hystérie, qu'il qualifie de *praefocatio matricis*, « suffocation de la matrice », et les conseils du Hollandais sont des plus surprenants[107]. Lorsque les symptômes apparaissent, il est selon lui nécessaire de « masser les organes génitaux d'un doigt enfoncé à l'intérieur, en utilisant de l'huile de lis, de racines de plantes musquées, de crocus, ou d'autre chose similaire ». L'affligée, portée au paroxysme de l'excitation, sera soulagée de ses maux. « Stimulation dactyle » recommandée autant pour les vierges, les veuves ou les femmes mariées, toutes menacées aux yeux du savant par cette maladie qu'est la « fureur provoquée par l'amour fou[108] ».

Mais si Petrus Forestus est l'un des meilleurs médecins de son époque, ses préceptes vont mettre pas moins de trois siècles à être timidement découverts dans le reste de l'Europe. Les médecins répugnent en effet à reconnaître le bénéfice thérapeutique du plaisir féminin, car il contredit le principe selon lequel seul le sexe de l'homme est capable de combler une femme adulte en bonne santé et normalement constituée. Le « traitement » apparaît dès les premiers textes médicaux d'Hippocrate ou Galien, sans retenir l'attention des spécialistes. Il faut dire que le geste requiert du savoir-faire, son succès dépend pour beaucoup de l'adresse du praticien. Le chirurgien anglais Nathaniel Highmore, un pionnier de l'anatomie, remarque en 1660 que la technique « n'est pas différente de celle à laquelle s'adonnent les garçons qui essaient de frotter leur ventre d'une main et de tapoter leur tête de l'autre ». Il est chose bien difficile d'apprendre à donner manuellement du plaisir aux femmes, déplore le médecin.

Au XIXe siècle, Albert Hayes, médecin victorien directeur du Peabody Medical Institute de Boston aux États-Unis, compare, comme nombre de ses confrères, l'appareil génital féminin à un marécage plein de miasmes certes, ajoutant cependant que « la jouissance de la force reproductive des femmes irradie toutes les parties du corps ». Cette force contrariée par une cause quelconque « est capable de semer la confusion dans chaque ministère, où elle se déchaîne en s'abandonnant au délire de ses caprices et de sa furie[109] ». Pour l'Allemand Georg Ludwig Kobelt, aucun doute n'est possible : si une jeune vierge est prise d'une « agitation inconnue[110] », ce n'est rien d'autre que le réveil de l'appétit vénérien ! Seule une « excitation extérieure » libère l'orage qui, une fois passé, ramène les « parties intéressées à la sphère de la vie végétative ». Désireux d'aider les femmes, certains médecins peu académiques entreprennent ainsi les « massages pelviens ».

En France, le docteur Jules Guyot conseille d'obtenir un « spasme complet » afin de maintenir les patientes en bonne santé[111]. L'orgasme médicalement assisté, une méthode simple mais révolutionnaire ! Il convient de « se livrer à des frictions délicatement exercées le long du clitoris car il est le seul siège du sens et du spasme génésique chez la femme ». Et il n'en est pas sans besoins, écrit encore Guyot, mais « il existe un nombre immense d'ignorants, d'égoïstes, de brutaux, qui ne se donnent pas la peine d'étudier l'instrument que Dieu a confié aux femmes ». Hélas, le traitement demande au praticien de la dextérité et… du temps, chacune accédant au « spasme » à son propre rythme. C'est alors toute une profession, compatissante jusqu'à un certain point, qui s'irrite à mesure que les poignets se fatiguent.

Un médecin américain exprime son ras-le-bol : « En une heure de travail minutieux, on obtient un résultat bien moins profond qu'un instrument en obtient sans peine en cinq à dix minutes[112]. » D'aucuns recommandent à leurs patientes de monter à cheval, afin de « renforcer l'irrigation de leur détermination pelvienne », ou d'exécuter de longs voyages en train, le mouvement des wagons offrant les mêmes vertus[113]. Il faut être cependant « assis le buste penché en avant[114] » pour obtenir le meilleur effet. Et pour les femmes au foyer peu désireuses de s'éloigner, « rouler à bicyclette tend, par les mouvements des membres inférieurs et la friction occasionnée, à susciter parfois un état des organes génitaux qui conduit à l'excitation, voire à l'orgasme ».

Mais rien ne remplace la main experte des praticiens. L'activité prend tellement d'ampleur qu'aux États-Unis, elle représente bientôt un tiers du chiffre d'affaires des médecins, une véritable rente. Le temps imparti et la fatigue musculaire induite inciteraient bien les messieurs à déléguer à des sages-femmes, mais ce serait perdre alors une source importante de revenus. L'enjeu est considérable et mobilise l'imagination des médecins occidentaux. Heureusement, l'industrialisation naissante leur apporte une solution en permettant l'invention d'une machine à satisfaire les femmes.

Le Manipulator est la première. Breveté en 1869 par l'Américain George Taylor, cet instrument fonctionne avec un moteur à vapeur muni d'embouts spécialement destinés aux femmes. Mais attention, l'usage doit être exclusivement réalisé sous la surveillance d'un médecin pour éviter aux récipiendaires d'« en abuser[115] ». La vibration, observe son créateur, « peut être comparée aux coups d'un marteau infinitésimal actionné de façon continue et très rapide », et le mouvement « appliqué à la partie affectée et à la région environnante provoque une absorption et une réduction de l'hyperémie à un degré remarquable ». Le Manipulator est également adapté en table au plateau matelassé, avec dans le creux destiné à recevoir le pubis une sphère qui, actionnée par le moteur, masse l'entrejambe par d'intenses rotations.

L'invention fait vibrer nombre de femmes outre-Atlantique, mais c'est en Grande-Bretagne que la modernité industrielle naît véritablement. Le premier vibromasseur électromécanique proposé sur le marché médical international y est dessiné par un jeune médecin, Joseph Mortimer Granville, en 1883. Plus question de vapeur, l'invention fabriquée par la prestigieuse maison Weiss fonctionne avec une pile et des électrodes applicables sur les parties intimes. Vive l'électricité !

C'est en voyant les douleurs paroxystiques et récurrentes dues aux contractions utérines dans le processus de l'accouchement naturel que Mortimer Granville a eu l'intuition qu'il devait être possible d'agir sur le système nerveux par des influences purement mécaniques. Pour son créateur cependant, le Weiss ne doit pas être destiné à traiter les femmes hystériques. Le « marteau de Granville » se veut uniquement destiné au traitement des douleurs musculaires. Son créateur n'a de cesse de crier au détournement : « Jamais je n'ai "percuté" une patiente… J'ai toujours évité, et devrais continuer à le faire, le traitement du sexe féminin par percussion, simplement parce que je ne souhaite pas être leurré, ni tromper les autres, par les caprices des (…) hystériques[116]. » Mais peu importent ses protestations, face à la demande croissante, il n'y a guère de médecins qui s'embarrassent de ces indications d'usage.

La libéralisation de la concurrence met bientôt à mal le monopole des médecins sur les vibromasseurs. Dès 1900, les États-Unis les mettent en vente par correspondance. « Des mains utilisées à bon escient sont tout ce dont vous avez besoin pour économiser trois mille à cinq mille dollars par an », peut-on lire dans *Men and Women*. Il y en a pour tous les goûts. Des modèles à manivelle, comme le Bebout, loué dans le *National Home Journal* en 1908 : « Aux femmes j'adresse mon message de santé et de beauté. » L'article, vendu au prix de cinq dollars, est vanté comme « doux, apaisant, revigorant et rafraîchissant. Inventé par une femme qui connaît les besoins des femmes. La nature tout entière pulse et vibre de vie ». Car « la femme la plus parfaite est celle dont le sang bat et oscille à l'unisson de la loi naturelle de l'être ». L'instrument « apporte la réussite sociale et professionnelle… Si vous avez une mauvaise circulation, son exercice passif et doux envoie le sang courir dans vos veines et vos tissus. Les rides disparaissent, les crevasses se comblent, la fatigue cesse et vous apprenez la véritable joie de vivre ». Des promesses de bonheur difficiles à refuser. Désormais, le sexe de la femme est entré de plain-pied dans l'ère de la modernité.

6

Kâma-Sûtra royal
pour Victoria

Bons baisers de Bénarès

Londres, 1883. Un sulfureux explorateur, diplomate, escrimeur, poète, linguiste et maître soufi jette le gant au visage de la société victorienne et défie la couronne royale en publiant un ouvrage licencieux rapporté d'Inde, le *Kâma-Sûtra*.

Lorsque Richard Francis Burton, ancien capitaine de l'armée de la Compagnie des Indes orientales, a entre ses mains avides de sensations fortes ce recueil compilé entre le IVe et le VIIe siècle par Vatsyayana Mallanaga, un philosophe médiéval hindou alors étudiant à Bénarès, l'Anglais découvre la sexualité humaine comme moyen d'atteindre l'élévation spirituelle. Le plus ancien texte sur l'amour charnel dévoile en effet une méthode complète pour la bonne pratique des activités intimes ! À la fois réflexion sur les buts véritables de l'existence, recueil de conseils pour le citadin, comme le choix d'une épouse, les devoirs et privilèges de celle-ci, et guide pour une sexualité épanouie, l'ouvrage est en outre illustré de miniatures riches et colorées représentant les postures évoquées.

Mais attention, l'œuvre ne doit pas être utilisée « comme un simple instrument pour la satisfaction des désirs », met en garde l'auteur, conscient du pouvoir subversif et occulte qu'il a jeté dans son encre. Car celui qui, « éclairé par les vrais principes de cette science, préserve son Dharma » (sa vertu religieuse), sans devenir esclave de ses passions, obtiendra succès dans tout ce qu'il entreprendra. En s'engageant dans la traduction et la publication de ce livre aux antipodes de la bonne société victorienne, Richard Francis Burton se place sous le coup de la loi sur les publications obscènes, qui donne aux magistrats le droit de détruire les livres estimés contraires à la morale, et à la police de perquisitionner les lieux où ils sont recélés. Il s'expose à des poursuites, et à une lourde peine de prison. Mais peu importe le prix à payer. Du reste, Burton, qui vient d'être nommé consul à Trieste, a tout le loisir de préparer son coup de maître. Il fonde une société d'édition fictive, la Kama Shastra Society, avec un faux lieu d'édition choisi savamment, Bénarès, et préfère pour plus de discrétion ne publier l'ouvrage que sur souscription. Afin de parvenir à choquer ses compatriotes, il doit avancer dans le plus grand secret, brouiller les pistes et empêcher que l'ouvrage ne soit saisi avant sa sortie.

S'il est arrêté et traduit en justice, il a déjà prévu sa défense. Il apparaîtra devant la cour avec dans une main son livre et dans l'autre la Bible, également « libre traduction d'un livre oriental », qui connaissent tous deux un grand succès, à deux endroits différents. Il arguera que ces ouvrages sont au même titre « imprimés à des millions d'exemplaires, et sont même dans les mains d'enfants[117] » en raison de leurs vertus éducatives, dont l'Angleterre aurait tort de se priver. À la porno-graphie, il objectera la pédagogie. C'est en réalité le mélange des deux qui anime Burton, ce qui risque d'être fort peu du goût de la puissante reine du Royaume-Uni de Grande-Bretagne et d'Irlande et impératrice des Indes.

Le sac à main de Victoria

Burton est l'homme d'une époque, celle de l'avè-nement de Victoria. Montée sur le trône en 1837, Victoria est une célibataire à poigne. Sa mère est consignée dans un appartement isolé du palais de Buckingham, et la souveraine cherche le moyen de se soustraire définitivement à cette autorité qu'elle tolère plus qu'elle ne l'accepte. Si le mariage est à ses yeux une alternative « choquante », elle consent néanmoins à convoler trois ans plus tard avec le prince Albert de Saxe-Cobourg-Gotha[118]. « Jamais, jamais je n'oublierai une telle soirée ! Mon très très cher Albert… Sa passion et son affection excessives m'ont offert des sensations d'amour et de bonheur divines que je n'aurais jamais espéré ressentir auparavant. » Loin d'être étrangère aux ressources de son sexe, Victoria n'en est pas moins la souveraine d'une Angleterre dans laquelle la chair intime de la femme est ridicu-lisée, foulée aux pieds.

D'un point de vue juridique, les droits des femmes sont alors comparables à ceux d'un mineur, tout comme en France. Son corps, véri-table temple abritant l'âme d'une mère, ne doit être souillé par aucun plaisir inconvenant. Le seul fait qu'elle soit impure aux yeux de son mari constitue une raison suffisante pour qu'il demande le divorce. La société divise ainsi deux catégories de femmes : celle au sexe chaste – la femme au foyer – et celle au sexe ouvert – la femme fatale. La majorité d'entre elles, « heureusement pour la société, ne sont pas troublées par des sensations sexuelles d'aucune sorte, assure William Acton, l'un des médecins moralistes les plus réputés du pays. J'admets qu'il y a des femmes qui ressentent du désir si fortement qu'il surpasse celui des hommes et choque le public », a-t-il encore l'intelligence de reconnaître, mais que l'on se rassure, « elles ne sont que des exceptions », des « femmes vulgaires[119] ». D'ailleurs, les faits lui donnent raison : « La vanité, l'étourdissement, la gourmandise, l'amour des robes, la détresse et la faim transforment les femmes en prostituées. » Voilà les raffinées comme les pouilleuses rhabillées pour l'hiver ! Des mots qui, de la part d'un gynécologue réputé du Royal College of Surgeons, laissent présager d'une approche peu amicale.

Seules les femmes immorales ressentent donc du désir sexuel, et les hommes, esclaves de leurs appétits incontrôlables, ne peuvent être blâmés d'y répondre positivement. Toute femme évoluant hors de son milieu domestique est suspecte d'être source de corruption. Révolutionnaires, travailleuses et ambitieuses sont catégorisées comme « sexuellement déviantes ». Leurs organes intimes sont ainsi métaphoriquement appelés des « sacs à main », en référence à celui des prostituées qui s'en servent pour appâter les clients éventuels. Et celles qui font usage de ce sac prônent par définition un usage tarifé de leur intimité, et ne peuvent être que des professionnelles.

Burton veut rompre cette conspiration du silence qui pèse sur la vie sexuelle de ses contemporaines en prouvant que, sous d'autres latitudes,

la femme assume librement son anatomie.
« Combien de fois entendons-nous les femmes,
chez nous, se plaindre qu'elles n'ont absolument
aucune connaissance de leur propre physiologie ? » déplore-t-il. Réalité indéniable à la veille
du XXe siècle, la femme ne connaît toujours rien
des détails organiques de sa chair interdite. Être
maintenue dans le noir, pense-t-on, l'empêchera
de s'aventurer en cette terre hostile et dangereuse.
Faux, répond Burton : « Comprendrons-nous un
jour qu'ignorance ne veut pas dire innocence... ?
Voyons ce que la femme anglaise moderne et sa
sœur anglo-américaine sont devenues par l'œuvre
d'une feinte pudeur qui trop souvent occulte (...)
ce que la Nature a fait. Elle a des pieds mais pas
d'orteils, des chevilles mais pas de mollets, des
genoux mais pas de cuisses, un estomac mais
pas de ventre (...), un buste mais pas de derrière
ni de fesses : elle est en fait un monstre, une
image dessinée seulement pour effrayer les cor-
beaux[120]. » Les conséquences de cette ignorance
sont particulièrement cruelles et affligeantes dans
leur vie intime.

Yoni soit qui mal y pense

Notre corsaire des mœurs a confié la traduction du texte originel à deux érudits hindous,
et c'est en 1876 qu'il arrive avec son épouse à
Bombay, pour en découvrir la première version
achevée. Là, dans une maison de campagne des
environs de la ville, Burton reprend, corrige,
annote ces lignes, dans lesquelles le plaisir de la
femme est considéré, estimé, recherché même, et
qui sonneront en Europe comme une détonation.
L'auteur s'adresse aux hommes désireux de bien

se comporter envers le sexe d'une femme, « fleur de lotus, soleil qui éclaire de ses rayons[121] ». Ils doivent adopter le comportement adéquat afin « qu'elle ne se referme pas et répande son parfum ». On y conseille ainsi d'attendre après le mariage au moins dix jours avant de consommer l'union charnelle, que la femme soit prête à recevoir l'époux. « La femme a envie de préliminaires qui soient tendres eux aussi, et quand elle n'acquiesce que du bout des lèvres, parfois ces préliminaires lui rendent haïssable la fusion amoureuse, et haïssable aussi, parfois, le sexe masculin » ; un jeune époux ne doit ainsi pas avoir honte de faire preuve d'humilité devant son épouse, car « aussi pudique ou courroucée que puisse être une femme, elle n'a jamais de mépris et c'est là une règle universelle, pour l'homme qui s'agenouille à ses pieds[122] ». Mais ce n'est guère sur les pieds que l'on s'attarde.

Tandis qu'en Europe une chape de plomb est tombée sur le sexe féminin et son plaisir, devenu tabou et synonyme de corruption des mœurs, l'auteur du *Kâma-Sûtra* conseille à l'amant d'utiliser tous ses membres pour « doubler la volupté de la femme ainsi caressée et hâter son spasme de manière à le faire coïncider avec celui de l'homme ». Car le rôle de celui-ci n'est-il pas de satisfaire pleinement sa partenaire ? Et de « se comporter avec elle de la façon qui lui procure le plus de plaisir » ? Il doit ainsi « toujours presser la partie du corps de la femme vers laquelle elle tourne les yeux ». Gare à l'élève peu assidu et indélicat, l'effarouchée alors « frappe sur le lit avec les mains, ne laisse point l'homme avancer, elle est maussade, mord l'homme, lui donne des coups de pied et continue son mouvement quand l'homme a fini ».

Mais comment diable étudier l'intimité de la femme pour mieux la connaître ? Facile, il suffit d'identifier de quel animal son sexe est l'image. Dans la tradition du *Kâma-Sûtra*, hommes et femmes sont divisés en trois catégories, selon la dimension de leurs organes. Ainsi, « suivant la profondeur de son *yoni* », sa vulve, une femme est soit une gazelle exhalant le doux parfum de la fleur de lotus, soit une jument au parfum de sésame, soit une éléphante au musc de pachyderme. L'homme, de son côté, peut être lièvre, taureau ou cheval. Une union intime réussie dépend dès lors des possibles combinaisons animalières des partenaires, en sachant que pour trouver son bonheur l'homme doit prendre une taille de *yoni* au-dessus de la sienne. Par exemple, un taureau ne peut décemment convoiter une gazelle, et un lièvre ne saurait que faire bâiller d'ennui une éléphante, cela va de soi !

Plus qu'un organe mesurable, le *yoni* est le temple sacré de la féminité. Il permet d'accéder au mystère et à la puissance de la vie, il est en lien avec la spiritualité et les dieux. La *tantrika*, la femme qui pratique le Tantra (l'ensemble de textes issus de cette tradition), est sur terre l'évocatrice du plaisir, la donneuse de vie[123]. Ayant développé tous ses sens, elle approche la forme divine. Sa capacité à l'amour sexuel est plus grande que celle de l'homme et doit être satisfaite pour qu'elle continue de nourrir en son *yoni* la racine de la vie. Le triangle symbolise le sexe féminin réceptacle de la naissance, où les énergies humaines se conjoignent. Source de vénération, il est la « bouche inférieure » de la déesse primordiale avec laquelle le sage, celui qui pratique le yoga, doit s'unir pour parvenir à la fusion avec l'absolu.

Aussi celui qui voudra obtenir pouvoir, puissance et force rendra-t-il grâce au sexe de la déesse Shakti, divinité représentant la puissance féminine créatrice, l'épouse du dieu hindou Shiva, « celui qui porte bonheur », à l'histoire contrariée. Shiva est un dieu puissant dont la danse cosmique règne sur les cycles du monde. Il a connaissance de tout ce qui se passe dans le monde et mène une vie d'initié sur le mont Kailash, dans l'Himalaya, la demeure des neiges. Le père de Shakti organise un jour le sacrifice du feu, en invitant tous les dieux à cette cérémonie, à l'exception de son gendre. Blessée, Shakti s'ôte la vie. Son époux, éperdu de douleur, emporte dans ses bras le corps de sa compagne autour du monde, dans une course folle pour ne jamais la quitter. Mais déjà la mort fait sa triste besogne et décompose la dépouille ; les lambeaux bientôt s'éparpillent au sol. Le vagin de Shakti tombe sur la terre des hommes, où l'on construit un temple pour vénérer sa puissance de fécondité. En l'honneur de la déesse, il convient depuis de pratiquer un culte rituel au sexe béni des femmes, bouche de la révélation, où les ascètes trouvent la sagesse dans l'extase. Ce culte doit être rendu à une femme légère, dont le *yoni* ne doit pas être dépourvu de poils. Le sage doit s'asseoir sur sa cuisse gauche, et enduire son sexe de pâte de santal, lui donner à boire de l'alcool, orner son front d'un croissant rouge et réciter huit cents fois une prière, l'embrasser, puis s'unir à elle. Une variante semble plus facile à réaliser. Celui qui répète sans cesse : « *Yoni, yoni* », telle une incantation, se rendra le sexe de la déesse favorable et sera comblé de bonheurs surnaturels. De quoi, on s'en doute, faire sauter de joie les moralistes anglais.

Exultant de leur exaspération, Richard Burton ne s'arrête pas à cette facétie et publie d'un même geste de forfanterie un autre manuel érotique indien, l'*Ananga Ranga*. Les prudes ont intérêt de déboutonner leur col avant d'en entamer la lecture, sous peine de s'étrangler ! Associant conseils pratiques et descriptions des plus réalistes à l'inverse des mœurs européennes, le texte, écrit au XVe ou XVIe siècle par un mystérieux auteur nommé Kalyana Malla, propose un enseignement poétique à l'attention des époux souhaitant prolonger la durée de l'acte amoureux. De fait, les relations conjugales doivent être le lieu d'une quête sans cesse renouvelée du plaisir. Le secret réside ici encore dans un choix rigoureux du partenaire. C'est au futur marié de bien sélectionner l'élue de son cœur. Comme pour la musique, il y a « de nombreux types d'instruments ou tempéraments de la femme parmi lesquels tu devras choisir celui qui te convient », prévient l'auteur.

La gent féminine se répartit en quatre ordres : la *padmini*, la femme-lotus, « celle que tu pénètres et que tu transformes ainsi en l'essence de Dieu » ; la *chitrini*, la femme-artiste, « celle qui te laisse la pénétrer en croyant que tu es Dieu lui-même » ; la *shankhini*, la femme-conque, « celle qui se donne à toi comme si c'était à Dieu lui-même » ; et enfin la *hastini*, la femme-éléphant, « celle qui se laissera pénétrer par toi comme si tu entrais dans la demeure de Dieu ». Mais comment maîtriser l'art d'identifier l'ordre auquel une femme appartient ? La question est cruciale. C'est par l'observation, nous dit le sage : « Tu apprendras à la regarder, car cela ne suffit pas de rencontrer une femme, il faut aussi la reconnaître, celle qui parmi tant de femmes saura te satisfaire. »

La *padmini* possède donc des qualités facilement décelables à l'œil averti. Son visage « est plaisant comme l'est la pleine lune, son corps est bien en chair et il est doux comme la fleur de moutarde, sa peau est fine, elle est tendre et belle comme le lotus jaune, sa chair n'est jamais noire mais elle est chaude, elle est pleine d'effervescence comme un nuage qui vient d'éclater, ses yeux sont brillants, et ils sont beaux comme les yeux du faon (...) son nez est droit, il est gracieux, j'y vois trois rides dessinées qui se prolongent jusqu'à l'endroit où se cache son ombilic, son *yoni* ressemble à un bouton de lotus, il s'entrouvre, et j'y puis goûter à sa liqueur d'amour, elle est parfumée comme celle du lis épanoui, elle marche avec la noblesse d'un cygne, et sa voix est grave (...) elle est de blanc vêtue, elle porte de fins bijoux et de riches parures, elle mange peu et elle dort avec légèreté, elle est décente et religieuse, en même temps elle est adroite et courtoise ».

Un peu moins gâtée, la *chitrini* n'est « ni grande ni petite, juste ce qu'il faut, ses cheveux sont noirs comme les ailes d'une abeille, elle a le cou fin, il est rond et brillant comme l'écaille, son corps est délicat, sa taille est élancée comme celle du lion, ses seins sont durs et bien remplis, ses cuisses sont rondes comme faites au tour et ses hanches sont divinement saillantes ; son *yoni* est découvert et il est sans poils, son mont de Vénus est doux au toucher, il est proéminent et rond, sa salive d'amour est chaude au goûter, elle est abondante et elle a le parfum du miel, et durant l'acte charnel son vagin produit un son comme une noix que l'on brise, ses yeux sont mobiles, elle marche avec coquetterie comme se balance l'éléphant, sa voix résonne quand elle chante comme celle du paon, elle aime le plaisir et aussi la distraction, elle excelle dans toute sorte d'exercices, elle est experte dans l'usage de ses mains, ses désirs charnels ne sont pas violents, elle aime les perroquets ainsi que tous les oiseaux ».

La *shankhini*, elle, est franchement déclassée. Elle a un tempérament « bilieux, sa peau est toujours chaude et elle est bronzée ou d'un jaune-brun sombre comme la couleur du chocolat, son corps est grand, sa taille est épaisse, ses seins sont petits comme des miches de pain, sa tête, ses mains et ses pieds sont minces et longs, elle regarde du coin des yeux, son *yoni* est moite, sa salive d'amour y suinte toujours, il a la saveur du sel prononcée, sa fente est entourée d'un poil très épais, sa voix est rauque et rude, une voix de basse ou de contralto, sa démarche est précipitée, elle mange avec modération et lui plaisent les habillements, les fleurs et les parures de couleur rouge, elle a des accès de passion amoureuse qui lui échauffent la tête et troublent son cerveau et, au moment de jouir, elle enfonce ses ongles dans ta chair, elle est colérique, elle a le cœur dur, elle est insolente et parfois vicieuse, elle est irascible et toujours disposée à te chercher querelle ».

La *hastini*, enfin, est de petite taille, « son corps est trapu et robuste, elle est blonde, sa peau est d'un blanc mat comme un nuage, ses cheveux sont bronzés comme du charbon, ses lèvres sont fortes, elles sont épaisses et sensuelles, sa voix est rude, sourde et rauque comme le tonnerre, son cou est penché, son allure est lente et elle marche en s'inclinant, elle a les orteils crochus à un pied, sa salive d'amour a la saveur du suc comme au printemps celui qui coule des arbres, ses tempes sont larges comme celles de l'éléphant, elle est paresseuse durant l'acte qui même prolongé ne peut jamais la satisfaire ».

Richard Burton jubile. Son *Kâma-Sûtra*, bien que sous le coup de la loi, s'arrache sous le manteau londonien et devient l'un des ouvrages les plus copiés. Mais rien ne satisfait bien longtemps un homme qui a éreinté tous les interdits, rien ne l'ennuie plus que d'y avoir réussi.

Les mille et une femmes

La récidive est trop tentante pour ne pas y succomber. L'année de la parution de l'*Ananga Ranga*, l'aventurier se lance dans la traduction et la publication d'un conte anonyme écrit en arabe au XIIIᵉ siècle, d'origine persane et indienne, exaltant d'exotiques inconscients érotiques : *Les Mille et Une Nuits*[124].

Le sultan Shahryar a subi, pauvre de lui, le déshonneur d'avoir épousé une femme infidèle. Après avoir fait condamner à mort la fautive comme il se doit, sa vindicte inassouvie le décide à faire exécuter chaque matin la femme qu'il aura épousée la veille. Vaste programme, mais Shéhérazade, la fille du grand vizir, a percé à jour son sombre dessein. Chaque nuit elle distille au sultan une histoire dont la suite ne lui sera révélée que le lendemain. La curiosité grisée par l'art du récit de la jeune femme, le sultan renonce à faire exécuter celle qui a su gagner sa confiance.

Dans ces contes, la femme est une partenaire sensuelle jouant à cache-cache avec son intimité.

Et il ne tient qu'à l'homme vaillant et hardi de la dévoiler car « entre les piliers de ses cuisses, un magnifique arc est niché, lumineux comme une coupe en argent ou une urne de cristal ». L'un des personnages, Badreddine, convoite Sett à la beauté renversante[125]. Cette dernière, pour aiguiser l'appétit de son prétendant – qui n'en a guère besoin –, soulève légèrement sa robe, « à la hauteur de sa vulve, et dévoile ainsi dans toute leur magnificence ses cuisses et ses fesses de jasmin ». Badreddine, par la vue alléché, défait ses vêtements et s'élance sur la belle qui lui tend tout son corps. Pointant son membre « dans la direction du fort, il poussa ce vaillant bélier en l'enfonçant dans la brèche ; et aussitôt la brèche céda ». Le sexe féminin est une citadelle contre laquelle l'homme amoureux doit lancer l'assaut. Badreddine, victorieux, constate que « la perle était imperforée, et que nul bélier avant le sien ne l'avait pénétrée, ni même touchée du bout du nez ! » Ravissant sa virginité, il se délecte à son aise de sa jeunesse.

Point avare de métaphores pour nommer le con des douces, le prince se fait l'écho d'une tradition tout animalière où un sympathique mammifère à longues oreilles a la faveur du sexe des femmes – le lapin. Et il y en a de mille et une couleurs et variétés : « Vous étiez gras, vous étiez ronds, vous étiez dodus, vous étiez blancs, vous étiez comme des dômes, vous étiez gros, vous étiez voûtés, vous étiez hauts, vous étiez unis, vous étiez bombés, vous étiez fermés, vous étiez intacts, vous étiez comme des trônes, vous étiez comme des nids, vous étiez sans oreilles, vous étiez chauds, vous étiez comme des tentes, vous étiez sans poils, vous aviez des museaux, vous étiez fendus, vous étiez sensibles, vous étiez des gouffres, vous étiez secs, vous étiez excellents[126]... »

Ce romantisme imagé du Moyen-Orient ravit Burton. Fasciné par le monde arabe, il décide de faire le *hadj*, le pèlerinage à La Mecque que tout musulman doit effectuer. Déguisé en pachtoun et allant jusqu'à se faire circoncire pour éviter d'être découvert, il revient de ce séjour en terre sainte avec le titre de sage. Mais plus que la dévotion religieuse, ce sont les textes érotiques médiévaux qui attirent son attention. Et tout particulièrement ceux du poète Nabigha Dubyani, qui vivait près de La Mecque au VIe siècle :

> « *Avancez votre main : gras et saillant,*
> *Son sexe généreux emplira toute votre main.*
> *Mais le but est profond ; il est élevé ; il sent bon.*
> *Si vous parvenez à atteindre ce but, votre arme*
> *En se retirant glissera sur des parois*
> *demeurées sèches.*
> *Et pour extraire cette arme vous devrez*
> *vous arc-bouter,*
> *Tel l'enfant qui puise l'eau du puits*[127]. »

Le poète berbère Ahmad al-Tîfâchî a laissé au XIIe siècle une description des plus enjouées d'un organe féminin « aussi ardent que si le feu s'y était mis, avec deux lèvres aussi charnues que celles de la génisse, avec une motte aussi dodue que la bosse de la chamelle, avec un petit tapis fourré qui évoque la laine ivoirine de la queue d'un bélier tondu ras, le tout imprégné de musc et de safran », tel le roi « au milieu de la salle du trône[128] ». Une description à mille et une lieues des idées reçues sur l'appréhension des femmes par les penseurs du Moyen-Orient. On doit à l'avisé poète l'une des toutes premières évocations littéraires de l'orgasme féminin. Il faut le rechercher, conseille-t-il, en se mettant à la place d'une femme, « jusqu'à ce que tu sentes venir à toi comme le zéphir caressant les fleurs de mars, comme les effluves d'un vin, comme cette odeur têtue qu'exhale la boutique du cabaretier, jusqu'à ce que tu en arrives enfin à contempler avec ravissement le tremblement du tendre bourgeon de saule sous la caresse des gouttes de pluie », avant de conclure à l'incommensurabilité des soubresauts féminins. Si les philosophes pouvaient concevoir ce que les femmes ressentent alors, « ils s'envoleraient aussitôt dans les airs ».

Mille exemplaires des *Mille et Une Nuits* sont imprimés par la Kama Shastra Society de Richard Burton et réservés à ses seuls membres. Dès sa publication, le contenu est qualifié de « pornographique ». Mais étonnamment, au lieu de revêtir des bracelets de fer, Burton s'en tire avec les honneurs royaux. Le 5 février 1886, la reine Victoria le fait chevalier de l'ordre de Saint-Michel et Saint-Georges. La politique a ses raisons que la raison ignore parfois. Ce n'en est pourtant pas fini des bravades de Richard Burton, que l'on aurait pu croire rassasié.

Le provocateur persévère et publie la même année un livre écrit par un auteur tunisien au XVᵉ siècle, *Le Jardin parfumé* de Cheikh Nefzaoui[129]. Ce manuel d'érotologie arabe détaille par le menu les différentes pratiques sexuelles pour une vie intime riche en divertissements. Mais encore faut-il trouver chaussure à son pied. La dame parfaite doit être brune, avec de l'embonpoint, les lèvres vermeilles, le cou long, mais surtout « la partie inférieure du ventre sera large, la vulve saillante et riche en chair, depuis l'endroit où croissent les poils jusqu'aux deux fesses. Le conduit en sera étroit, sans aucune humidité, doux au toucher et émettant une forte chaleur, il n'aura pas l'odeur de l'œuf corrompu ». Une telle femme, quand bien même devrait-elle mourir d'abstinence, n'abandonne cet objet rare qu'à son bienheureux mari.

Mais où se situe l'esprit chez la femme ? est-il demandé à Mouarbeda, une femme qui passe pour avoir le plus de sagesse et le plus de science de son époque. « Entre ses cuisses. » Et celui de la jouissance ? « Au même endroit. » On s'empresse de la questionner sur le siège de l'amour des hommes et de leur haine, il est « dans la vulve », répond-elle, avant de s'expliquer : « Celui que nous aimons, nous lui donnons notre vulve, celui que nous détestons, nous l'éloignons d'elle. » Le quêteur s'inquiète alors de savoir où logent la connaissance, l'amour et le goût chez la femme, à quoi Mouarbeda répond : « Dans l'œil, dans le cœur, dans la vulve. » Ici encore, on la presse de développer. « La connaissance a son siège dans l'œil, parce que c'est l'œil de la femme qui apprécie la beauté des formes. Par cet organe, l'amour pénètre jusqu'au cœur, et, lorsqu'il s'en est emparé, il y demeure et l'asservit. La femme, devenue ainsi amoureuse, poursuit l'objet de son amour et lui tend des pièges. Lorsqu'elle a réussi, il se produit une rencontre de l'objet aimé avec sa vulve. Celle-ci le goûte et reconnaît alors sa douceur ou son amertume. C'est, en effet, la vulve qui sait distinguer, par le goût, le mauvais du bon. »

Richard Burton meurt en 1890, soixante-treize ans avant que son *Kâma-Sûtra* ne soit autorisé en Angleterre. Sa veuve Isabel jette alors au feu avec d'autres papiers grivois le manuscrit d'une nouvelle version de son *Jardin parfumé*, s'offrant un autodafé des extravagances de celui qui n'avait que trop parlé du sexe des autres, sans peut-être s'intéresser assez au sien.

7

Des poilus aux poilues

La baronne chauve

New York, avril 1921. Un jeune artiste américain et son ami français s'adonnent à un drôle de
tournage cinématographique. Derrière la caméra,
Marcel Duchamp tient le cadre, tandis que Man
Ray déguisé en barbier tond, face à l'objectif indiscret, le pubis d'une femme nue[130].

La sulfureuse baronne allemande Elsa von
Freytag-Loringhoven s'est installée dans la ville
de tous les possibles après deux mariages ratés.
Elle y a épousé en troisièmes noces un baron.
Le pauvre homme est mort peu après, en tentant
de rejoindre l'Allemagne pour grossir les rangs
des soldats affrontant la France, lors des premières offensives de 1914. Sans ressources, elle a
troqué le confort bourgeois contre l'excentricité.
Elle arbore désormais corbeille à papier ou seau
à charbon en guise de chapeau, se baigne nue
dans les fontaines publiques et agresse sexuellement les écrivains en herbe rencontrés dans les
salons d'avant-garde.

À quarante-sept ans, Elsa ne craint donc plus de se retrouver ainsi en position périlleuse avec deux trentenaires. Tandis que la lame de Man Ray parcourt son intimité, loin de se sentir vulnérable, dépossédée de son statut social autant que de sa toison pubienne, elle transforme son corps, son entrejambe en manifeste. « Avec moi posant ainsi – agressive – extraordinairement virile – revigorante – libérée des stéréotypes, écrit-elle fièrement, il n'est pas étonnant que les idiots dégénérés par nature n'aient pas apprécié – aient été irrités –, cela révèle les réfractaires tout comme le jazz le fait[131]. » Son sexe imberbe devient, sous la caméra de Duchamp et Man Ray, un symbole. Celui d'un mouvement décidé à rompre avec les conventions idéologiques, esthétiques et politiques qui ont mené au conflit mondial laissant une Europe éventrée et des gueules cassées.

En foulant aux pieds les convenances, le dadaïsme souhaite construire un nouveau monde. Le siècle est encore jeune, tout est possible. Certes, les négatifs du court-métrage intitulé *Baronne Elsa von Freytag-Lohringhoven rasant ses poils pubiens* seront vite détruits, mais l'acte est fondateur. Un poilu d'un genre nouveau vient d'apparaître dans l'espace artistique, et compte bien y faire sa place.

Jardin à la française

Signe d'esclavage dans l'Antiquité égyptienne, l'épilation intime marque dès la Renaissance une liberté, un signe d'émancipation qui taraude les hommes. En matière de pubis, les femmes mobilisent des trésors d'imagination, pour le plaisir ou l'outrage de leurs contemporains. Certaines, nous confie l'écrivain Brantôme, stupéfait, « ont le poil nullement frisé mais si long et pendant que vous diriez que ce sont des moustaches d'un Sarrasin, et pourtant elles n'en ôtent jamais la toison », crinière agrémentée de décorations qu'elles entortillent « avec des cordons ou rubans de soie cramoisie ou autre couleur[132] ». Véritable art intime du pubis ! Les dames vont jusqu'à « se les friser comme des frisons de perruques » et Brantôme reste coi devant la logistique nécessaire à un tel usage. Un gentilhomme ayant ainsi entrepris une dame tout ce qu'il y a de convenable lui trouve en cette partie quelques poils si piquants que l'amant, tâtant ce qui l'a agacé, découvre « une demi-douzaine de certains fils garnis de ces poils si aigus, longs, raides et piquants qu'ils en eussent servi aux cordonniers à faire des rivets comme de ceux des pourceaux, et les voulut voir ». La découverte est digne des joyaux de la couronne : des fils entourent la pièce de diamants et rubis. D'autres femmes se plaisent au contraire à porter leur entrejambe « ras, comme la barbe d'un prêtre ». Et l'entretien de cette barbe devient une préoccupation majeure des courtisanes comme des femmes de bien.

Ces dernières profitent des savoirs venus d'Italie, des recettes d'épilation à la chaux et à la cire consignées dans un ouvrage indispensable du XIIIᵉ siècle, l'*Ornatus mulierum* (*L'Ornement des dames*). Une demi-écuelle de chaux vive bien sèche est nécessaire, tenue propre et tamisée dans une étoffe. On y verse de l'eau bouillante, prenant soin de mélanger la préparation harmonieusement. Puis on y trempe une aile d'oiseau : si les plumes tombent, c'est que la cuisson est optimale. L'onguent prêt à l'emploi est ensuite étendu à la main sur les poils intimes, puis essuyé. Pour les plus timorées : « Prenez cinq parties de colophane et une de cire et faites-les fondre dans un pot de terre, étalez ensuite sur un morceau de toile de lin et, dès que vous pouvez le supporter, appliquez sur les poils. » Pour les plus radicales, une crème composée d'un demi-litre d'arsenic est recommandée. À Venise, on s'arrache les secrets de beauté d'une certaine Isabella Cortese, qui recommande quant à elle de mélanger aux morceaux de cire froide de la térébenthine[133]. Plus recherchées encore sont les confidences de la fille du puissant duc de Milan au xve siècle. Caterina Sforza confie pas moins de neuf recettes à base de graisse de porc, de moutarde et de genévrier portés à ébullition et à laisser reposer huit jours entiers. Avec la promesse intemporelle de « faire tomber les poils qui plus jamais ne repousseront[134] ».

Mais qu'on ne s'y fie pas, ce soudain engouement pour le jardinage intime à la française n'a rien de superficiel. Il est le signe d'une libération politique du corps de la femme, le symbole de l'appropriation d'un organe qui, chauve ou tournicoté comme celui des courtisanes, n'appartient plus aux hommes. Désormais la femme elle aussi est dotée de l'esprit de jouissance. Alors que l'Italie est en guerre et que le duc de Sforza s'oppose aux Borgia qui ont fait main basse sur le Vatican, Caterina est – selon la légende – la seule à résister à César Borgia, qui mène campagne pour étendre ses possessions. Soutenant le siège de sa ville et voyant depuis les remparts l'ennemi menacer son fils, elle soulève ses jupons et montre son sexe pour le tenir en joug : « Tuez-le, j'ai encore le moule pour en faire un autre[135] ! »

Le 14 juillet 1921, lassé de New York qui a selon lui fini de l'instruire, Man Ray débarque au Havre, puis à la gare Saint-Lazare à Paris, où l'attend Marcel Duchamp. Les deux hommes semblent étrangement partager une même aversion pour les pubis à poils. Sous la plume de Rrose Sélavy, personnage fictif qu'il a créé l'année précédente, Duchamp dénonce les « abominables fourrures abdominales » des femmes et se pose une sérieuse question d'hygiène intime[136] : « Faut-il mettre la moelle de l'épée dans le poil de l'aimée ? » Ce maraîchage est à ses yeux un chou-fleur dont on ne sait s'il est ouvert sur le monde ou refermé sur l'inconscient.

Rejet du corporatisme ou du corps lui-même, Duchamp ne rase pas que ses modèles. Celle qui est quelques mois durant son épouse est aussi victime de cette manie. Rencontrée au début de l'année 1927, Lydie Sarazin-Levassor emménage avec l'artiste dans son petit appartement parisien situé sur le toit d'un immeuble de la rue Larrey. L'« horreur presque maladive de tout poil » de son époux la marque d'emblée[137]. Il l'invite à procéder à une épilation totale. Pourquoi pas, se dit-elle, regrettant l'instant d'après d'avoir cédé si vite. « Ce fut une séance mémorable, car le produit employé, très efficace, à base de soufre, dégageait une odeur caractéristique qui me poursuivit au moins quarante-huit heures ! J'avais beau me baigner, m'inonder de parfum, on aurait pu me suivre à la trace. Lucifer arrivant tout droit des Enfers n'aurait pas été plus décelable que moi ! » Ce poilu-là est pour Duchamp et Man Ray un bien grossier rappel du fait que la femme, au même titre que l'homme, n'est qu'une bête peu évoluée. Le poil est le vestige d'une animalité qu'il excite en se montrant, et que l'on tient habituellement cachée. Mais la profanation de la tonte émancipe ce sexe des attentes de la nature comme de la bonne société.

À l'arrivée de Man Ray à Paris, son ami français lui présente un groupe d'artistes qui ont eux aussi envie de rompre les codes. Louis Aragon, André Breton, Paul Éluard, tous questionnent à leur manière la matrice originelle, la source du plaisir. Mais c'est d'abord une jeune femme du quartier de Montparnasse, « de la tête aux pieds au physique irréprochable », qui retient l'attention du photographe : Kiki[138]. Elle a à peine vingt ans et semble déjà la reine des artistes. Kiki ne se lasse pas de cet Américain qui fait de jolies photos. « Je vais poser pour lui. Il a un accent qui me plaît et un petit air mystérieux. Il me dit : "Kiki ! Ne me regardez pas comme ça ! Vous me troublez !..." » Il l'invite au cinéma, mais le film ne présente que peu d'intérêt. « Je cherchais la main de Kiki dans le noir[139] », avoue Man Ray.

Le noir ne suffit pas, il veut mettre en lumière ce brin de femme et lui demande de poser pour les séries de photographies très dénudées qui feront sa réputation. Des femmes dévêtues, exposées sans honte ni malice, dans leur plus simple appareil. Mais Kiki hésite. Et si les clichés révélaient sa « tare physique », cette infirmité des plus dramatiques pour une modèle... l'absence quasi totale de poils pubiens ! Elle a tout essayé, confie-t-elle à Man Ray avec un sérieux confinant au désarroi, rien n'y fait, ni onguents ni massages.

Pragmatique, le photographe lui répond : « Tant mieux, vous passerez la censure. »

Puisque les poils pubiens sont interdits dans l'espace public ou artistique, une maîtresse glabre est une aubaine. L'argument fait mouche. Kiki entreprend de s'effeuiller. « Tandis qu'elle se déshabillait, je m'assis au bord du lit avec l'appareil devant moi. Lorsqu'elle sortit de derrière le paravent, je la fis venir à côté de moi sur le lit. Je la pris dans mes bras, elle fit de même. Nos lèvres se rencontrèrent et nous nous étendîmes. Nous ne prîmes aucune photo cet après-midi-là. » D'autres séances plus fructueuses suivront, et les poils épars de Kiki entreront dans l'Histoire. Sous toutes les coutures, elle affichera sa tonsure comme une rébellion du réel sur le figuré. La réalité d'un corps de femme, avec son animalité, ses imperfections, ses poils que des siècles de représentations idéalisées ont voulu gommer. Car depuis l'Antiquité, sur la toile des peintres, jamais un poil ne s'est glissé.

Mon critique chez les nudistes

Du reste, la confrontation avec la réalité peut s'avérer dramatique. Lorsque le 10 avril 1848, à Perth, en Écosse, le poète et critique d'art John Ruskin s'apprête à épouser Euphemia Gray, vingt ans, il ne se doute pas de la surprise qu'elle lui réserve. Les parents du marié n'ont pas daigné faire le déplacement. Bien que la mère se soit évertuée à donner à son fils une éducation évangélique des plus strictes, lui faisant lire de longs passages de la Bible dès l'âge de trois ans, celui-ci passe son temps à contempler des peintures sensuelles aux corps dénudés. Hélas, au-delà de ces pigments osés, Ruskin n'a pas eu l'occasion de beaucoup se confronter à la chair même.

Nuit de noces à Blair Atholl. Le château a beau jouxter une distillerie de whisky, la suite des événements désenivre les jeunes mariés. En découvrant le corps nu de sa femme, Ruskin est pris d'un mouvement de recul et renonce à l'honorer. Dans une lettre à son père, Euphemia expose la scène à mots couverts : « Il faisait valoir diverses raisons, sa haine pour les enfants, des motifs religieux, le désir de préserver ma beauté, et c'est cette année qu'il m'a dit au bout du compte sa véritable raison... C'est qu'il avait imaginé les femmes tout à fait différentes de ce qu'il a vu que j'étais, et s'il n'a pas fait de moi sa femme, c'est qu'il s'est senti dégoûté de ma personne le premier soir[140]. » L'œil de l'artiste, trop longtemps habitué aux peintures de nus, ne supporte-t-il pas la vue d'un sexe poilu, imparfait, de chair et d'os ? « On peut trouver étrange, dira-t-il à son avocat pour tenter de justifier la procédure d'annulation du mariage, que j'aie pu m'abstenir d'une femme qui pour la plupart des gens était tellement attirante. Mais si son visage était beau, sa personne n'était pas formée pour exciter la passion. Au contraire[141]. » Tragique découverte : les véritables femmes ne sont pas des Vénus impubères au sexe lisse...

Jusqu'au XVIᵉ siècle en effet, seules des Ève pécheresses, affublées de la pomme et du serpent bibliques pour marquer du sceau de la honte leur nudité, osent se présenter dévêtues dans la peinture. Dans *Adam et Ève chassés du Paradis* de Masaccio, ces deux personnages marchent nus côte à côte. Adam est libéré de toute pudeur tandis qu'Ève cache de sa main son puits à péché.

Car depuis le début du christianisme, les poils pubiens déclenchent l'hostilité générale. Seule la Renaissance italienne ose libérer partiellement le sexe fendu de sa malédiction. Ève la tentatrice laisse place à Vénus, divinité païenne synonyme de luxure.

Un premier pas est franchi lorsque le Florentin Sandro Botticelli peint sa *Naissance de Vénus*. Abordant le rivage sur un coquillage, une femme à la peau de nacre amène le sexe des femmes sur la toile, dont il était banni. Pourtant, Botticelli n'a nullement l'âme d'un pornographe, le Florentin est plus habitué aux pieuses madones qu'aux sulfureuses anatomies. Sa Vénus dévoile un corps parfait, ses longs cheveux roux masquant à demi la lisière d'un pubis imberbe, image de pureté. Sous l'influence de Botticelli et de ses contemporains, le corps d'une femme n'est plus le symbole de la faute originelle, mais son sexe se conçoit lisse. Il doit être idéalisé pour être digne d'être représenté.

La réticence au poil, renvoi à l'animalité tapie dans l'être humain, traverse ainsi les siècles jusqu'à l'aube du XIXᵉ, où la tyrannie de la perfection semble enfin s'essouffler : sur *La Maja nue* de Goya, un poil ! Cette anodine coquetterie pileuse est une révolution, une première en Occident. Et l'audacieuse sourit : cette beauté n'a pas honte de provoquer le désir ! Ce duvet annonce toute sa nubilité. Goya n'a pas eu recours au thème mythologique pour cacher la vérité. Mais, en 1814, l'Inquisition fait soustraire l'œuvre obscène aux yeux du public. Un procès est engagé contre le peintre et *La Maja nue* condamnée. Les Européens ne sont pas encore habitués à mirer la réalité d'un sexe féminin, qui ne doit avoir ni poils ni fente, signes d'une faille originelle.

En ce XIXe siècle, les écrivains français ne détourneraient-ils plus le regard de la nature réelle ? Nana, sortie de l'imaginaire d'Émile Zola et de son roman éponyme, se produit sur scène devant mille cinq cents personnes. Enveloppée d'une simple gaze révélant « ses larges hanches qui roulaient dans un balancement voluptueux, ses cuisses de blonde grasse », telle Vénus naissant des flots, l'audacieuse est « certaine de la toute-puissance de sa chair » ! Nana lève les bras et dévoile les poils d'or de son anatomie. Les applaudissements cessent. « Personne ne riait plus, les faces des hommes, sérieuses, se tendaient, avec le nez aminci, la bouche irritée et sans salive. » Une sourde menace semble fondre sur la salle. Tout à coup, Nana se dresse, « inquiétante, apportant le coup de folie de son sexe, ouvrant l'inconnu du désir ».

Zola, lui, se garde bien de croquer cette bête de feu, de peur de la rendre trop vivante : « Nana était toute velue, un duvet de rousse faisait de son corps un velours ; tandis que, dans sa croupe et ses cuisses de cavale, dans les renflements charnus creusés de plis profonds, qui donnaient au sexe le voile troublant de leur ombre, il y avait de la bête (...) dont l'odeur seule gâtait le monde. » Dans la salle, l'amant de la demoiselle l'observe, possédé par cet animal, détourne les yeux pour ne plus voir « ce fond des ténèbres, grandi, terrible ». Les feux de la rampe une fois éteints, la réalité du sexe féminin et de ses fonctions fait déchanter Zola. Après avoir eu le malheur d'assister à un accouchement, il écrit : « À la grande clarté brutale le mystère troublant s'en était allé de la peau si délicate aux endroits secrets, de la toison frisant en petites mèches blondes ; et il ne restait que l'humanité douloureuse, l'enfantement dans le sang et dans l'ordure[142]... »

Pour Charles Baudelaire, « la femme est *naturelle*, c'est-à-dire abominable[143] ». Soumise aux instincts physiques, son activité vise à les satisfaire : « La femme a faim et elle veut manger. Soif et elle veut boire. Elle est en rut et elle veut être foutue. » La modernité doit renverser les aspirations à l'harmonie, Charles Baudelaire en fait sa profession de foi et appelle à la libération charnelle du pubis :

> « *Tu trouveras au bout de deux beaux seins*
> *bien lourds,*
> *Deux larges médailles de bronze,*
> *Et sous un ventre uni, doux comme du velours,*
> *Bistré comme la peau d'un bonze,*
> *Une riche toison qui, vraiment, est la sœur*
> *De cette énorme chevelure,*
> *Souple et frisée, et qui t'égale en épaisseur,*
> *Nuit sans étoiles, nuit obscure[144] ! »*

Les mots de Baudelaire font forte impression sur un jeune homme nommé Paul Verlaine. Il n'est pas encore l'amant infernal d'Arthur Rimbaud, mais un amoureux éconduit par une certaine Mathilde qu'il n'a pas su aimer. Et c'est l'anatomie des femmes qui dicte à Verlaine les poèmes les plus réalistes, pour décrire leurs « cons dont la vue et le goût et l'odeur/Et le toucher font des élus de vos dévots,/Tabernacles et saints des saints de l'impudeur[145] », où sa plume s'attarde.

> « Et j'y fais le diable et j'y flaire
> Et j'y farfouille et j'y bafouille
> Et j'y renifle et oh ! j'y bave
> Dans ton con à l'odeur cochonne
> Que surplombe une motte flave
> Et qu'un duvet roux environne
> Qui mène au trou miraculeux,
> Où je farfouille, où je bafouille,
> Où je renifle et où je bave
> Avec le soin méticuleux
> Et l'âpre ferveur d'un esclave
> Affranchi de tout préjugé[146]. »

L'organe du plaisir est le premier à devoir s'exprimer dans la modernité que cette intelligentsia subversive appelle de ses vœux. Stéphane Mallarmé ose faire les éloges d'une Négresse entre les jambes de laquelle « Levant une peau noire ouverte sous le crin,/Avance le palais de cette étrange bouche/Pâle et rose comme un coquillage marin[147] ».

Pierre Louÿs, poète bibliophile et amateur de grivoiseries, amorce le tournant de cette fin de siècle en dédiant un poème à ce sujet de méprise et de suspicion :

> « Un rayon du soleil levant caresse et dore
> Sa chair marmoréenne et les poils flavescents
> Ô que vous énervez mes doigts adolescents
> Grands poils blonds qui vibrez dans un frisson
> d'aurore.
> Quand son corps fatigué fait fléchir les coussins
> La touffe délicate éclaire sa peau blanche
> Et je crois voir briller d'une clarté moins franche
> Sous des cheveux moins blonds la chasteté
> des seins,
> Et sous des cils moins longs les yeux
> dans leur cernure.
> Car ses poils ont grandi dans leur odeur impure

La mousse en est légère et faite d'or vivant
Et j'y vois les reflets du crépuscule jaune ;
Aussi je veux prier en silence devant
Comme une Byzantine aux pieds d'un saint
icône[148]. »

Pour l'écrivain, le sexe féminin « qui fleurit dans les poils roses[149] » est « une fleur étrange et rare, une orchidée/Mystérieuse, à peine encore en floraison/(...) Damasquinée d'or rouge et d'ivoire éclatant[150] ».

Cette « fauve toison dressée en auréole[151] » que les artistes veulent voir libérée, nul ne la loue mieux que Théophile Gautier, qui ne craint nullement de se retrouver face au « gazon où s'assied Éros » :

« Des déesses et des mortelles
Quand ils font voir les charmes nus
Les sculpteurs grecs plument les ailes
De la colombe de Vénus.
Sous leur ciseau s'envole et tombe
Le doux manteau qui la revêt
Et sur son nid froid la colombe
Tremble sans plume et sans duvet. (...)
Au soleil tirant sans vergogne
Le drap de la blonde qui dort,
Comme Philippe de Bourgogne
Vous trouveriez la toison d'or,
Et la brune est toujours certaine
D'amener autour de son doigt
Pour le diable de La Fontaine
Le cheveu que rien ne rend droit. (...)
Une touffe d'ombre soyeuse
Veloute, sur leur flanc poli
Cette envergure harmonieuse
Que trace l'aine avec son pli.
Et l'on voit sous leurs doigts d'ivoire

Naïf détail que nous aimons
Germer la mousse blonde ou noire
Dont Cypris tapisse ses monts. (...)
Sur ta laine annelée et fine
Que l'art toujours voulut raser
Ô douce barbe féminine
Reçois mon vers comme un baiser[152]. »

Le blé en herbe

Tandis qu'en littérature ce scandaleux poilu relègue le sexe éthéré au passé, en glorifiant ce qui le rend si imparfait, soudain quelque chose se met à pousser sur la toile d'un artiste de Vienne. Le XXe siècle a dix ans lorsque Egon Schiele, au 39 de l'Alserbachstrasse dans le 9e district, peint une femme nue, sans jambes ni bras, mais au sexe velu, largement visible et exposé[153]. Vienne, aux apparences si policées, est la ville où bouillonne le sexe, l'endroit d'Europe qui abrite le plus grand nombre de prostituées par habitant. L'image fatale de ces grisettes imprègne le regard des artistes ; la femme aisée, elle, est cantonnée au rôle de mère, emprisonnée dans un système de règles sociales qui lui interdit de profiter des joies de sa chair, à l'opposé des prolétaires efflanquées libérées que Schiele va tenter de percer à jour.

Irrésistiblement attiré par le mystère du sexe féminin, il se rend dans la clinique du gynécologue Erwin von Graf pour mieux y cerner l'anatomie intime qu'il souhaite représenter. En 1911, dans *Vue en rêve* (*Die Traumbeschaute*), il expose de manière inaugurale, frontalement, une femme nue, un œil fermé et l'autre couvert d'une écharpe, qui écarte les lèvres de sa géographie première. Geste choquant et inédit. Sept ans plus tard, le chevalet d'Egon Schiele demeure silencieux. Son dernier tableau y trône, inachevé. Le corps nu d'une jeune fille qui écarte les jambes, s'exhibant avec indécence. Partout dans l'atelier, sous les pas de ses chats, des centaines de dessins érotiques déchirés par l'artiste jonchent le sol, trace de sa révolte permanente contre la censure et l'hypocrisie de la bonne société qui veut alors cacher cette partie de l'humanité qu'il aime tant.

La voie est percée, et la vague grondant depuis Vienne déferle bientôt à Paris. Kiki s'installe avec Man Ray à l'hôtel des Écoles, où l'artiste s'apprête à publier ses photos coquines. Ernest Hemingway rédige une préface pour l'édition américaine du livre, qui sera censuré aux États-Unis en raison de son style jugé trop leste.

Mais déjà Man Ray se détache de son petit buisson ardent. Tout entier à son œuvre, il dessine *Pouvoir*, où des doigts crispés et démesurés enserrent avec violence le bassin d'une femme totalement nue. Les détails du poignet se mêlent au pubis exposé de la proie, saisie. Le centre de la composition converge vers le sexe, devenu un enjeu du renouveau artistique. Les belles des Années folles ont tôt fait de couper leurs cheveux à la garçonne et d'exposer leur pubis, sur papier glacé comme sur toile huilée.

Que recherchent ces modèles qui s'offrent ainsi au spectateur ? N'ont-elles donc aucune pudeur à se faire épiler, agrémenter, photographier ou dessiner l'entrejambe ? Dans les années 1920, si l'épouse possède une carte d'identité, voire un compte en banque, c'est le mari qui conserve les droits liés à la résidence et à l'autorité paternelle, et peut s'opposer à l'exercice d'une profession. Mais sous la pression de ces femmes dont la Première Guerre mondiale a transformé les aspirations, les pubis libérés revendiquent leur droit au plaisir, jusqu'alors désavoué. En un mot, leur émancipation.

En 1928, Louis Aragon, l'un des animateurs du mouvement Dada, publie sous le pseudonyme d'Albert de Routisie un hymne poétique, *Le Con d'Irène*. Il y salue ce « palais rose, écrin pâle, alcôve un peu défaite par la joie grave de l'amour, vulve dans son ampleur à l'instant apparue ». Si petit et si grand, il est l'endroit où l'homme se trouve à son aise. Ce cher abîme vertigineux, tel un phare, le guide : « C'est dans ce sillage humain que les navires enfin perdus, leur machinerie désormais inutilisable, revenant à l'enfance des voyages, dressent à un mât de fortune la voilure du désespoir. » Et la pilosité y joue un rôle des plus dignes : cette « Minerve devinée sous l'étoffe », entre « les poils frisés comme la chair, est belle sous cette broderie bien partagée par la hache amoureuse, amoureusement la peau apparaît pure, écumeuse, lactée » ; tel un visage, le sexe féminin offre un « sourire merveilleux[154] ».

C'est ce sourire même qui rapproche Aragon d'André Breton, rencontré durant la Première Guerre mondiale, alors qu'ils étaient affectés à l'hôpital du Val-de-Grâce à Paris. Tous deux adorateurs de ce qu'ils nomment, amusés, entre deux tours de garde, le « sardinet ». Il faut dire que Breton, envoyé en janvier 1915 à Pontivy, dans l'artillerie, a connu l'atrocité des combats, le vrai « cloaque de sang, de sottise et de boue ». Pris dès lors d'un besoin vital de poésie, il dédie au corps de sa femme Simone, « au sexe de glaïeul », les mots qui donnent sens au monde :

« *Ma femme au sexe de placer*
et d'ornithorynque
Ma femme au sexe d'algue
et de bonbons anciens
Ma femme au sexe de miroir
Ma femme aux yeux pleins de larmes
Aux yeux de panoplie violette
et d'aiguille aimantée
Ma femme aux yeux de savane
Ma femme aux yeux d'eau pour boire en prison
Ma femme aux yeux de bois toujours
sous la hache
Aux yeux de niveau d'eau de niveau d'air
de terre et de feu[155]. »

Pour lui, la femme est l'indispensable médiateur sans qui toute la terre se tait. Son sexe lui confère un pouvoir bienveillant du fait qu'il « plonge ses racines aux sources de la vie », et il tend vers l'homme, dont la faillite des idées et la brutalité se sont consommées dans le conflit mondial, un sourire vertical pacificateur.

Dans l'œil du cyclone

Mais les artistes de l'entre-deux-guerres ne sont pas tous conquis par le sexe qui cultive sa pilosité. Georges Bataille, l'écrivain français de l'érotisme et de la transgression, publie en 1928 sous le pseudonyme de lord Auch un livre coup de poing, *Histoire de l'œil*. Un été, un adolescent rencontre sur la plage Simone, à la nymphomanie goulue et perverse. Dans le couloir de la villa familiale où on les a laissés seuls, Simone, vêtue d'un tablier noir, installe l'assiette de lait destinée au chat sur un banc et s'assoit dessus. Se relevant, elle dévoile au jeune homme pour la première fois « sa chair rose et noire », sa fourrure trempée, cet « œil de chat », avant de s'essuyer. La vision n'évoque pas en lui la découverte d'un simple plaisir, mais « le sang, la terreur subite, le crime, tout ce qui ruine sans fin la béatitude et la bonne conscience ». S'ensuivent des ébats débridés et publics, aux tendances scatophiles, menés sous l'impulsion de Simone. La « région marécageuse », à laquelle ne ressemblent que « les jours de crue et d'orage ou les émanations suffocantes des volcans », annonce le désastre et appelle la violence, le viol. Un meurtre est commis, signe que la jouissance a quelque chose d'atroce, la belle fourrure des femmes conduit à l'anéantissement :

« Je l'adore comme le ciel
je le vénère comme un feu
je bois dans ta déchirure
j'étale tes jambes nues
je les ouvre comme un livre
où je lis ce qui me tue[156]*. »*

Un autre personnage de Bataille, Mme Edwarda, confirmera quelques années plus tard la sombre découverte, avec ses nymphes « velues et roses, pleines de vie comme une pieuvre répugnante » qui ne cesse de fixer celui qui ose les regarder. Le pubis d'une femme est un animal, et c'est la bestialité du corps qui conduit Bataille à écrire que la beauté de la femme annonce ses parties honteuses. L'instinct inscrit en nous le désir de ses parties. La sensualité, liée au poil intime, est marquée par la souillure et le bestial, et renvoie à l'animalité hideuse des organes féminins. « Rien de plus déprimant pour l'homme », écrit encore Bataille. On aurait mille autres exemples à lui suggérer.

Là où Breton laisse un imaginaire exalté produire librement des images, Bataille préconise la dissection des aspects les plus sordides du réel. Le sexe des femmes est merveilleux pour l'un, monstrueux pour l'autre. Les deux écrivains s'opposent par articles interposés, et c'est au moment où la polémique fait rage, à l'été 1929, qu'un peintre catalan de génie, Salvador Dalí, arrive à Paris, son dernier tableau sous le bras, *Jeu lugubre*. La toile représente des pierres molles auxquelles une vulve a été ajoutée, à côté d'autres animaux. Une main tient un membre viril ensanglanté, tandis qu'une femme se touche la tête. Pourquoi les personnages sont-ils souillés d'excréments ? demande Breton. Dalí lui répond que les surréalistes ne sont que des « révolutionnaires au papier hygiénique » qui ont « peur de la merde[157] ». Étonnamment, le tableau offre aux deux hommes de quoi se mettre d'accord : Dalí lui aussi éprouve un certain dégoût pour le sexe des femmes. Il vient pourtant de rencontrer Gala, venue lui rendre visite durant l'été avec son mari, Paul Éluard.

Entre Dalí et Gala, le coup de foudre est immédiat. Elle devient bientôt le seul modèle féminin de l'artiste, pour lequel elle incarne tout un monde. « Je veux que vous me fassiez crever[158] ! » lui dit-elle après leur premier baiser. Il va faire tout le contraire. « J'astiquais Gala pour la faire briller, la rendant la plus heureuse possible, la soignant mieux encore que moi-même, car sans elle tout était fini[159]. » Mais si auprès de cette femme excentrique Paul Éluard loue sa

> *« grappe sans peau grappe-mère en travail*
> *Grappe servile et luisante de sang*
> *Entre les seins les cuisses et les fesses*

Régentant l'ombre et creusant la chaleur
Lèvre étendue à l'horizon du lit[160] »,

Dalí, lui, ne perd pas une occasion d'exprimer par les mots ou les images sa phobie du sexe féminin :

> « *Tous nous sommes nés*
> *Par le tunnel horrible !*
> *Vase immonde !*
> *Puits mort !*
> *Creusé près du cloaque mou*
> *Triste sépulture des dards ! (...)*
> *L'homme naît d'une caverne puante[161].* »

C'est pourtant auprès de la caverne de Gala que Dalí finira ses jours.

Quoi qu'il en soit, ces audaces génitales surréalistes marquent un tournant. La toison n'est plus réservée à une élite clandestine. Tableaux surréalistes et cartes postales Belle Époque avec leurs matrones adipeuses et pileuses se passent sous le manteau : le monde vient de changer.

8
Les suffragettes
s'en tamponnent

Haute couture pour dames

Face à sa machine à coudre, Gertrude Tenderich redouble d'ardeur. La femme d'affaires accomplie sait mettre la main à la pâte quand il le faut. Nulle robe à confectionner, nulle chaussette à repriser, elle assemble avec soin des bandes de coton chirurgical enroulées sur elles-mêmes. Elle les façonne délicatement en forme de cylindre, avec une petite ficelle au bout. L'entreprise est délicate, chaque exemplaire doit être parfait, millimétré. Née en Allemagne et émigrée à Denver, dans le Colorado, l'ambitieuse Gertrude vient de fonder la Tampax Inc., compagnie dont elle est la première présidente, après avoir racheté, en 1933, le brevet des « tampons féminins » à un généraliste de la ville pour la somme rondelette de trente-deux mille dollars. L'investissement en vaut la chandelle, Gertrude tient entre ses mains une invention révolutionnaire au potentiel incommensurable. Elle redouble d'efforts, la vie de millions d'Américaines pourrait être transformée, et peut-être même, qui sait ?, celle des Européennes.

Les femmes bricolent jusqu'alors, dans le secret de leur salle de bains, de quoi supporter l'incommodante période du mois qui les rendrait infréquentables si elles n'avaient l'astuce de fabriquer linges, couches ou artefacts pour se dissimuler. Quelques-unes achètent des éponges naturelles dans des magasins de fournitures d'art ou de cosmétiques, et s'en servent comme tampons réutilisables. Mais il s'agit d'actrices, de cocottes ou de prostituées, bien loin des ménagères comme il faut[162].

Certains grands industriels ont à ce sujet bien fait quelques essais, vite voués à l'échec. Au début des années 1920, John Williamson, un jeune employé de la puissante entreprise Kimberly-Clark, qui commercialise un mouchoir à base de cellulose, le Kleenex, élabore un surprenant objet destiné aux femmes : un préservatif, dans lequel il fait nombre de petits trous, rempli d'un rembourrage de crêpe[163]. Quelle n'est pas sa fierté de montrer le fruit de son ingéniosité à son père, consultant médical du groupe ! L'homme est atterré : « Je ne mettrai jamais un article aussi étrange dans une femme, s'étrangle-t-il. On serait tellement assaillis de poursuites judiciaires que l'on ne sortirait plus jamais du tribunal. Ne parle jamais de cela à personne, parce que quelque sombre idiot voudra le mettre sur le marché et tu auras des problèmes. » Et c'est ainsi qu'est abandonné l'espoir de fabriquer le premier tampon industriel.

Ainsi, personne, à part Gertrude, n'est encore prêt à parier sur ce marché inexistant qu'est l'hygiène intime pour dames. Car les menstruations sont encore, au début du siècle, un sujet honni, signe de l'opprobre du sexe des femmes.

Ce sang honteux questionne pourtant depuis toujours les plus éminents savants. Au IIe siècle, Galien imagine que « le sexe féminin contient une grande quantité d'humeurs en vivant continuellement à la maison, et sans être usé par les dures tâches du travail ou exposé au soleil, doit trouver un moyen de décharger son trop-plein ». Et c'est par le bas que l'abondance d'hémoglobine s'évacue, car cet organe est le plus faible et le dernier formé chez la femme, nous dit Avicenne[164]. Le sang fuit par la partie frêle des femmes comme « la bière ou le vin en fermentation s'échappe par les parties défectueuses du tonneau[165] » ! Heureusement, pense-t-on, puisque les menstruations sont un poison dans lequel la femme purge les humeurs néfastes et nauséabondes de son sexe. Personne ne fait encore le lien entre cycle et fécondité, et il en va de ce mal mensuel comme d'une loterie. Certaines représentantes de la gent féminine en seraient affligées, d'autres, plus pures, en seraient prémunies.

C'est que les scientifiques reprennent à leur compte les préceptes du Livre[166]. Car l'Éternel, parlant à Moïse, est sans complaisance : la femme qui aura « un flux de sang en sa chair » restera sept jours dans son impureté ; quiconque la touchera sera impur jusqu'au soir. La calamité ne s'arrête pas là : « Tout lit sur lequel elle couchera pendant son impureté sera impur, et tout objet sur lequel elle s'assiéra sera impur. » De plus, la contamination est hautement volatile, puisque « quiconque touchera un objet sur lequel elle s'est assise lavera ses vêtements, se lavera dans l'eau et

131

sera impur jusqu'au soir. S'il y a quelque chose sur le lit ou sur l'objet sur lequel elle s'est assise, celui qui la touchera sera impur jusqu'au soir ». Lorsque enfin la malheureuse sera débarrassée de son flux, il lui faudra attendre pas moins de sept jours pour être de nouveau pure. Le huitième jour, « elle prendra deux tourterelles ou deux jeunes pigeons, et elle les apportera au sacrificateur, à l'entrée de la tente d'assignation », afin d'être totalement certaine que tout risque est écarté. On n'ose imaginer le malheur des femmes indisposées en cas de pénurie de pigeons...

Pour le Coran également, les menstrues sont source de préoccupations, d'interdits et de prescriptions. Aïcha, l'une des quatre épouses du Prophète, est indisposée alors qu'elle est en route pour le pèlerinage de La Mecque. Mahomet, la trouvant en larmes chez elle, la questionne sur l'origine de son chagrin : « As-tu tes menstrues ? C'est là une chose que Dieu a décidée à l'égard des filles d'Adam. Accomplis donc tout ce que fait un pèlerin, sans toutefois exécuter la tournée processionnelle. » Sur ces mots, le Prophète immole des bœufs au nom de ses femmes. Si l'indisposée ne peut faire un pèlerinage avant le retour de sa pureté et doit cesser d'observer le jeûne, elle n'est cependant pas exclue du voyage, ni de la proximité de son mari. Aïcha rapporte des gestes de tendresse envers son époux durant la période indélicate. « Je peignais la tête de l'Envoyé de Dieu alors que j'avais mes menstrues », nous dit-elle, indiquant même que le Prophète ne se détourne pas intimement d'elle à ce moment. La question est d'une importance suffisante pour qu'une femme vienne un jour demander à Mahomet comment se laver durant son incommodité. Ce dernier lui conseille de prendre un chiffon parfumé de musc et de faire l'ablution trois fois[167]. Si le Coran régit dans les moindres détails le comportement de la femme durant sa période d'impureté mensuelle, il ne pousse pas ses lecteurs au dégoût ni au rejet de leur moitié.

Au Moyen Âge, pour l'illustre médecin et mage Pietro d'Abano, officiant au XIIIe siècle dans la ville de Padoue, centre intellectuel majeur de l'Europe, les menstrues sont un venin à ranger parmi les plus redoutables, tels que l'arsenic et la cervelle de chat[168]. Il propose une médication des plus abouties dans l'espoir de soigner les femmes atteintes de cette calamité. La malade doit prendre avec de l'eau de mélisse quelques grammes de marguerites pulvérisées. La première étape semble aisée, la suite l'est moins... Elle doit converser uniquement avec des jeunes pucelles. Le point d'orgue de la cure est de « manger des serpents de la longueur d'une paume, desquels la queue et la tête ont été coupées ». Le sang menstruel n'est rien de moins que lépreux, « il fait l'homme lunatique, obvieux, et comme ensorcelé », et à l'approche de l'indisposée « les liqueurs s'aigrissent, les grains qu'elle touche perdent leur fécondité, les essaims d'abeilles meurent, le cuivre et le fer rouillent sur-le-champ et prennent une odeur repoussante ».

Son compatriote de la Renaissance, Giordano Bruno, philosophe célèbre pour avoir développé la théorie de l'héliocentrisme et montré l'infinité de l'univers, partage la même hantise pour le poison des femmes[169]. Il lance une diatribe féroce contre « cette petite moue, cette fenêtre veuve, ce soleil éclipsé, ce remue-ménage, ce dégoût, cette puanteur, ce sépulcre, cette latrine, ces menstrues, cette charogne, cette fièvre quarte » qui donne l'illusion de la beauté. Car au-dedans, la femme « ne contient de vrai et de durable qu'une cargaison, un magasin, un entrepôt, un marché de toutes les malpropretés, toxiques et poisons qu'a jamais pu engendrer cette marâtre nature ». Sans commentaire.

Ma sorcière bien-aimée

Mais que l'on se rassure, cette terrible malédiction ne touche pas, selon les médecins de l'époque, les femmes barbues, velues, aux aisselles puantes[170] ! Avis aux amateurs. Car n'y a-t-il pas de la magie, de l'occulte dans cet écoulement que l'on pense tout sauf naturel ? Le sang ne peut-il guérir un homme trop porté sur le sexe féminin ? Face à cette pathologie immémoriale, il suffit de trouver une vieille femme particulièrement repoussante, aux grandes dents, pouilleuse et ivre. Qu'elle se présente devant l'homme avide de chair, avec sous « son giron un drapeau menstrueux », et ce linge souillé sous sa robe guérira l'homme de ses pulsions effrénées[171].

Bien d'autres pouvoirs plus ou moins utiles sont attribués à la femme indisposée. Pour Aristote, elle ternit les miroirs d'un « nuage de vapeur sanguine[172] ». Dans la Chine ancienne, les règles attirant le mauvais œil, la femme indisposée doit se marquer au front d'une tache rouge pour signaler à tous son impureté temporaire et ne peut participer aux rites de la famille[173]. En revanche, pour le savant ésotérique du XVe siècle Henri Corneille Agrippa de Nettesheim, le sang menstruel est doué de vertus[174]. « Ce rouge tribut que la femme paie tous les mois à la lune et qui mériterait l'éloge (...) guérit de la fièvre quarte, de la rage, du mal caduc, des impressions mélancoliques, de la manie » et d'une multitude d'autres maladies. Recueilli et donné à boire à l'amant, il offre une fidélité éternelle. Mais attention à celui qui s'unit à son épouse pendant cette période : dix jours de pénitence au pain et à l'eau. Même punition que pour l'accouplement à l'image des chiens, par-derrière[175]. Un enfant né d'une telle union ne pourra qu'être roux. L'animal qui absorbe ce liquide contractera la rage. Les arbres qui en sont touchés perdront leurs fruits. Il fait encore rouiller le fer, noircir les métaux, dissout le ciment et l'asphalte, déclenche rien de moins que la lèpre. Son pouvoir destructeur se porte donc sur toute chose terrestre.

Professeur réputé de chimie à Oxford, en Angleterre, au début du XVIIIe siècle, John Freind compte appliquer les idées de Pythagore sur les nombres... aux menstrues ! À ses yeux, celles-ci débutent chez les femmes à l'âge de quatorze ans, et ne les quitteront qu'à l'âge de quarante-neuf, précisément. Les chiffres ont leur importance. Car les pythagoriciens croient en la perfection du chiffre 7. « La purgation menstruelle (...) inaugure le Second Septenaire, et se termine au carré du nombre sept[176]. » Mais s'il est placé sous les auspices du chiffre parfait, le sang menstruel ne peut être maléfique. Il est aussi sain, clair et parfumé que celui jaillissant d'une jeune veine.

De telles croyances traversent le temps, se souciant peu des avancées de la science et de la raison. Au début du XXe siècle, dans bien des régions de France, on pense encore que la femme possède le pouvoir de faire pourrir la viande, notamment la chair du cochon. Certains jours par mois, c'est donc le mari qui est envoyé au saloir[177].

L'indisposée ne peut pas non plus, en Limousin, approcher les ruches de peur de tuer d'un seul regard un essaim entier. Ni entrer, dans le Nord, dans une raffinerie de sucre car le précieux produit pourrait noircir...

Curieusement, les affirmations médicales renforcent les croyances populaires sur le sexe indisposé. Pour le chercheur américain Pye Henry Chavasse, tout est une question de climat. Dans les pays chauds, les filles deviennent femmes à l'âge de dix ans, tandis que le froid russe retarderait la survenue des règles à l'âge de trente ans ! Après avoir offert un dispendieux bouquet de roses à une demoiselle indisposée, lesquelles sont fanées le lendemain, le docteur Bela Schick n'hésite pas à conclure que la peau d'une femme ayant ses règles émet des ménotoxines, substances nocives coupables de cette fanaison précoce[178]. Il est donc hors de question de prendre en sympathie cet aspect des femmes, et encore moins d'investir du temps et de l'argent à leur rendre cette période du mois plus agréable !

Les langes de Madame
sont-elles sèches, archisèches ?

Guère surprenant dès lors qu'aucun entrepreneur ne se soit encore penché sur l'hygiène féminine. Dans les filatures de coton, on recouvre les planchers de paille pour que le flux menstruel des travailleuses, debout de longues heures, puisse être facilement ramassé à la fin de leur temps de travail. Lorsque des suffragettes, interdites face à cette appréhension archaïque, suggèrent aux ouvrières d'utiliser des serviettes hygiéniques, elles se heurtent à une opposition ; l'odeur du sang

136

séduirait les maris, malheur à celle qui veut y contrevenir ! De fait, les travailleuses saignent dans leurs chemises, qu'elles gardent sur le dos quatre à huit heures par jour[179]. Et face au développement de la théorie des germes, il est plus que temps de proposer des dispositifs mensuels appropriés.

Le naturopathe de Saxe, Friedrich Eduard Bilz, se rend compte de l'urgence et du caractère dramatique de la situation[180]. Non seulement aucun objet absorbant n'est offert aux femmes, mais on leur enseigne encore qu'il serait préjudiciable pour leur santé de changer trop souvent leur linge souillé : elles pourraient mettre fin au cycle ou provoquer des hémorragies. Fadaises, assure Bilz : « Se changer pour de nouveaux sous-vêtements propres durant cette période est sans danger. » Dans les meilleurs cas de figure, remarque-t-il, les femmes se protègent avec un vêtement enroulé autour de leurs hanches et sexe, un linge de maison ou de lit, ou un vieux torchon, le tout attaché au moyen d'épingles à nourrice ou d'aiguilles. Les Européennes ne sont guère plus avancées que les Égyptiennes de l'Antiquité qui utilisaient la moelle de papyrus comme garniture, ou les Japonaises qui fabriquent des protections à base de papier, maintenues par un bandage ajusté, ou encore les Hawaiiennes qui utilisent la partie touffue d'une fougère locale[181].

Mais avec la généralisation de l'économie de marché et l'explosion de l'industrie, nombreux sont les hommes à voir en cette manifestation honteuse une possibilité d'immenses bénéfices. Subitement, cette incommodité devient tout à fait acceptable, voire bienvenue. La première serviette à être commercialisée est manufacturée en 1896 par la firme américaine Johnson & Johnson, et baptisée du nom de lord Joseph Lister, baron et chirurgien britannique, pionnier dans la promotion de l'antisepsie dans le cadre chirurgical. Hélas, comment faire connaître la Lister aux femmes dès lors que toute publicité sur le sujet serait jugée inconvenante au plus haut point ? L'essai se solde par un échec[182]. Quelque temps plus tard, l'entreprise Kimberly-Clark lance une gamme d'hygiène féminine à partir de papier transformé. Reprenant à bon compte les observations des infirmières françaises sur le pouvoir particulièrement absorbant de la cellulose – bien plus efficace que le tissu – qu'elles utilisent dans les bandages pour les soldats blessés au front, la serviette Kotex apparaît sur le marché en 1921. Celles qui en ont les moyens délaissent vite leurs couches faites maison et la firme se frotte les mains.

Mais comment convaincre toutes les Américaines d'adhérer au produit de consommation jetable ? C'est un nouveau mode de vie qu'il faut inventer. Une vie où être une femme n'est plus un supplice, où l'on peut avoir des activités extérieures au foyer en toute indépendance. Sauf que de nombreux magasins refusent de vendre le produit, et les journaux ferment toujours leurs colonnes à de telles publicités. Kimberly-Clark ne jette pas l'éponge. Il faut en premier lieu assurer à la femme la plus grande discrétion. L'entreprise encourage ainsi les distributeurs à disposer les confections sur des comptoirs spéciaux, des présentoirs mis en évidence, afin que la consommatrice puisse s'en saisir seule, sans avoir à solliciter un vendeur. Face aux premiers succès de la Kotex, Johnson & Johnson revient dans la course et lui emboîte le pas en créant la serviette Modess. En moins d'une décennie, une centaine de marques rivales tentent de séduire les femmes.

Dès lors, comment diable se démarquer des autres ? Par la publicité ! Kotex crée la surprise en insérant des annonces révolutionnairement provocantes dans les magazines conservateurs destinés aux femmes au foyer. Le mannequin Lee Miller incarne sur papier la femme Kotex. En coupe garçonne et robe de soirée, elle avertit celles qui s'apprêtent à revêtir une belle robe de ne pas négliger l'apparence de leur entrejambe et de recourir à la discrète serviette, invisible sous les plus fins tissus. La publicité choque les Américains, et la première intéressée quitte New York pour Paris, où elle devient la maîtresse et l'élève photographe de Man Ray. Un tabou vient néanmoins d'être brisé.

Les femmes doivent retrouver dans la marque une amie, une confidente. Un visage ne suffit pas, il faut un nom, une plume. Kimberly-Clark engage l'écrivain irlandais Mary Pauline Callender pour enseigner aux jeunes filles, par l'intermédiaire d'un livret distribué avec les boîtes de serviettes, comment et pourquoi utiliser les Kotex. *Marjorie May's Twelfth Birthday* (« Le douzième anniversaire de Marjorie May ») est bientôt la lecture obligatoire de toutes les pubères au début des années 1930. En quelques pages, une mère explique à sa fille qu'elle va faire l'expérience d'une purification. « Il est aussi important d'être propre à l'intérieur qu'à l'extérieur », lui dit-elle, l'incitant à ne plus craindre ce phénomène, car « en t'envoyant ce nouveau développement physique, la Nature trouve nécessaire d'employer un moyen de soulager le corps d'une substance non nécessaire (...) quand cela arrivera, tu prendras dans ton placard une de ces serviettes Kotex et la mettras grâce à son tissu élastique qui la maintiendra ». C'est un franc succès. Les ventes dépassent les dix millions de dollars par an.

Johnson & Johnson ne s'avoue pas pour autant vaincu et réplique en commandant un rapport sur la serviette parfaite à la psychologue et ingénieure Lillian Gilbreth. Première femme ingénieure à obtenir un doctorat, elle a pour tâche d'identifier ce qu'aime et déteste le beau sexe en ce domaine. Des questionnaires sont distribués aux étudiantes, lycéennes et femmes d'affaires. Gilbreth recueille plus de mille témoignages. L'enquête est une première. Jamais la parole n'a été donnée aux principales intéressées en ce domaine. Une étudiante décrit sa serviette idéale : plus courte – environ soixante centimètres alors – et plus fine. « La femme moderne ne peut pas être ennuyée par de telles choses si encombrantes », consigne Lillian.

Nombre de sondées lui font le récit du moment le plus embarrassant de leur vie. L'une d'elles, dînant chez ses futurs beaux-parents, est victime de la taille imposante de sa garniture. Le père de famille, remarquant une tache se formant sur le plafond de la salle à manger où la famille est à table, monte pour mener l'enquête. Découvrant une fuite importante, il finit par appeler un plombier, qui débusque immédiatement dans les canalisations la serviette fautive. La pauvrette encore inexpérimentée avait pensé s'en débarrasser en la jetant dans les toilettes.

La principale recommandation du docteur Gilbreth semble d'une simplicité enfantine : associer une femme au personnel de Johnson & Johnson, et soumettre les produits à l'approbation de celles qui seront amenées à les acheter. Idée qu'aucun homme n'avait eue. La firme prend acte des revendications de ses consommatrices et modifie à la hâte ses produits.

Mais une fois encore, Kotex prend l'avantage et marque la distance. À celles qui maudissent le ciel d'être nées femmes, Kimberly-Clark donne une réponse : « Vous arrive-t-il d'être en colère contre le monde ? Contre l'injustice de votre sort ? Vous demandez-vous parfois pourquoi certaines filles ont toujours l'air souriantes, peu importe le jour du mois ? Si seulement vous pouviez connaître leurs secrets ! Eh bien, vous n'êtes pas trop vieille pour apprendre. Ce dont vous avez besoin c'est d'une leçon de confiance en soi, comment être joyeuse, sans souci ! Arrêtez de vous morfondre. Rappelez-vous surtout (...) qu'une once de confiance en soi vaut une livre de maquillage[183]. »

Bref, la serviette hygiénique se voit attribuer la plus grande des vertus : résoudre les problèmes existentiels ! Kotex fait rêver les femmes d'une vie plus libre, plus belle, plus active. « Les rêves sont aussi importants que les diplômes ! Accrochez-vous aux vôtres. Qui sait... un jour vous tiendrez peut-être un théâtre en haleine tandis que vous jouerez une grande scène d'amour. Ou vous serez un auteur célébré, un créateur de mode, ou une star à la radio (...) ou vous prendrez le nom d'un homme qui vous est encore inconnu... Un homme qui vous chérira pour toujours. » Mais encore faut-il porter Kotex pour avoir accès à ce paradis pour jeunes filles en fleur, auxquelles la marque promet « des garçons, des vêtements, des fêtes, des rendez-vous[184] ».

C'est alors qu'un outsider débarque dans la course. Earle Haas est un homme courtois portant chaque jour une chemise blanche impeccable, sans cesse en quête de nouvelles inventions[185]. Après avoir conçu un diaphragme contraceptif dont il a vendu la licence pour cinquante mille dollars, ce diplômé en ostéopathie est devenu médecin généraliste. Et ni le rachat d'immeubles ni d'autres opportunités financières que la Grande Dépression lui offre n'ont ses faveurs ni son intérêt : Earle s'intéresse aux femmes et cherche une solution plus digne que ces « chiffons » que son épouse utilise chaque mois.

Il trouve son inspiration dans la gêne ressentie par sa femme et ses patientes à porter encore d'importantes serviettes bombées. C'est à la source qu'il faut agir. Une serviette intérieure, voilà l'idée. À Denver, dans son garage, il travaille étape par étape, commençant par apprendre à étirer le coton, puis à le compresser. Il faut ensuite coudre ensemble les fibres et trouver un moyen de faire ressortir l'objet une fois inséré. La solution lui est soufflée par une amie de Californie qui met pendant ses règles une éponge dans son vagin. Ainsi développe-t-il, avec une machine à compresser, un cylindre de coton placé dans deux tubes de plastique servant d'applicateurs. Pour des raisons aseptiques, il ne veut pas que la femme ait à se toucher, au risque de corrompre le coton.

Au début de l'année 1929, Haas dépose le brevet qui fait sortir le tampon de la préhistoire. Il pourrait être fabriqué et distribué au plus grand nombre. Hélas, personne ne s'y intéresse. Le directeur de Kimberly-Clark se voit offrir la possibilité de racheter le brevet, mais décline la proposition, arguant que les sept mille deux cents dollars demandés reviendraient à jeter de l'argent par les fenêtres. Surtout, les membres de l'Église comme les gynécologues se montrent inquiets de ce nouvel objet intime que les femmes devront s'introduire sans surveillance. En tireront-elles du plaisir ? Seront-elles déflorées ?

Voilà comment, malgré les difficultés, l'immigrée allemande Gertrude Tenderich achète la création de Haas le 16 octobre 1933. Depuis sa machine à coudre, la petite entreprise prend de l'ampleur. Mais malgré l'essor des ventes, le manque de liquidités se fait sentir, et Gertrude doit vendre rapidement.

Retournement de situation. En octobre 1934, Charles Pearce fait faire à sa firme ses propres essais et propose aux femmes travaillant pour la compagnie à Neenah, dans le Wisconsin, de tester ses produits. Le résultat n'est pas celui escompté. La plupart trouvent leurs tampons inconfortables. « Je suis sûre que de ma propre volonté je n'envisagerais jamais d'utiliser un objet avec une telle apparence inamicale, si épais et si incroyablement long », témoigne l'une d'elles. Une autre se dit très effrayée : « Quand j'ai dû enlever le tampon, j'ai eu l'impression de tirer sur mes organes. » Face à Tampax Inc., Kimberly-Clark perd la bataille. De nouvelles machines pour imprégner, tisser, couper le coton sont construites, et les dirigeants convainquent même trois représentantes de Kotex faisant du porte-à-porte de distribuer gracieusement leurs produits à toute femme semblant exprimer un intérêt pour les tampons. Les résultats ne sont guère plus probants.

Mais loin s'en faut que les tampons, vantés eux aussi dans les publicités pour leur discrétion et leur propreté, ne soient acceptés. La presse new-yorkaise rapporte la dangerosité de la chose, qui peut être oubliée à l'intérieur. Le cas est fréquent selon les médecins[186]. Contre toute attente, un rapport officiel du docteur Robert L. Dickinson explique dans le *Journal of American Medical Association* que « mois après mois la malédiction pèse sur un septième de la vie d'une femme active. (…) Même avec quatre grossesses, poursuit-il, il reste encore quatre cents menstruations pendant lesquelles certaines usent chaque fois jusqu'à dix garnitures, c'est-à-dire quatre mille nuisances en tout ». Promotion inattendue de l'objet du délit. Car c'est surtout la serviette qui est nuisible : « Elle se compresse entre les cuisses, dans une fente si étroite qu'elle ne lui laisse que peu de place », chaque pas produit une friction, et chaque mouvement une « pression de la chair contre la vulve ». Il y aurait donc excitabilité avec une serviette plus qu'avec un tampon. « Toute garnison externe, en plus d'ajouter quelques degrés de chaleur dans un espace confiné, est responsable de pressions sur une surface sujette aux sensations érotiques ». De plus, cette région, comme celle des aisselles, insiste le médecin, est spécialement riche en glandes qui donnent une forte odeur de transpiration, désagrément dont seront libérées les utilisatrices de tampons. Le médecin décrit comme s'il la vivait l'appréhension de la première insertion, car « l'hymen peut, au toucher, paraître tendre comme la paroi de la paupière », tandis qu'il est « solide comme la peau de la bouche ».

L'éclatement de la Seconde Guerre mondiale fait taire cette guerre fratricide où les belligérants visent la suprématie commerciale sur le sexe des femmes. Les bandages et pansements nécessaires à l'armée américaine se produisent à côté des chaînes de fabrication des tampons. Mais en 1941, tandis que les Japonais lancent l'attaque sur Pearl Harbor, l'usine louée par Tampax Inc., dans le New Jersey, est rachetée par Johnson & Johnson, le concurrent direct de la firme. Les tampons ont six mois pour remballer leurs effets et libérer les lieux. Face à l'expulsion immédiate, l'usine est délocalisée dans un autre État. La production, loin de chuter, peine à satisfaire la demande. Le rêve d'une vie loin du foyer et des tâches ménagères que Kotex proposait aux femmes en temps de paix, c'est la guerre qui va le réaliser. Des milliers d'Américaines participent à l'effort de guerre, délaissent leurs cuisines et rejoignent les usines de fabrication d'armes. « Soyez la femme que vous rêvez d'être », promettent les premières serviettes intimes. Il faudra néanmoins attendre que les hommes daignent faire taire les canons.

9

Le petit caporal
de Marie Bonaparte

Sous le signe du bicorne

Vienne, mars 1938. L'annexion de l'Autriche a
commencé. Dans la capitale impériale, la Gestapo
procède à des perquisitions et arrestations à tout-
va. Alors que partout en Europe ses amis et disciples le pressent de fuir tant qu'il en est encore
temps, Sigmund Freud, père de cette nouvelle discipline d'étude de l'âme humaine qu'est la psychanalyse, préfère laisser l'Histoire à sa folie et se
pencher sur un problème qui le hante depuis plusieurs décennies : l'obscure sexualité de la femme.
« À aucun moment du travail analytique on ne
souffre davantage de sentir de manière oppres-
sante la vanité d'efforts répétés (...) que lorsqu'on
veut inciter les femmes à abandonner leur désir
de pénis[187] », explique-t-il, tandis que le Reich est
à sa porte.

Freud écrit, mais ne se rend pas. Pas plus
aujourd'hui, en 1938, que le 11 mai 1933, lorsque à
Berlin, la capitale allemande, on brûlait sur la place
publique les livres des auteurs juifs dans un sinistre
autodafé. Freud commentait avec un certain déta-

chement le progrès de cette incurie : « Au Moyen
Âge on m'aurait brûlé, aujourd'hui on se contente
de brûler mes livres. » Mais avec l'avancée militaire
en Autriche, le temps n'est plus aux traits d'esprit.
Il faut fuir. Une amie parisienne trouve in extre-
mis les financements nécessaires à l'exfiltration du
médecin en usant de ses relations et de son nom
qui, un siècle plus tôt, a régné sur l'Europe. Elle
s'appelle Marie Bonaparte, celle-là même qui, une
décennie auparavant, avait défié Sigmund Freud.
Le sujet de leur affrontement ? Freud n'avait pas
réussi à donner du plaisir à la princesse.

À la fin de l'année 1919, Marie Bonaparte
enrage dans son appartement de Saint-Cloud : son
amant, Aristide Briand, l'un des hommes les plus
connus du pays, aime depuis plusieurs mois déjà
une autre femme. Marie a alors trente-sept ans.
Enfant unique, elle a grandi entourée de solitude
dans le vaste hôtel particulier familial de l'avenue
d'Iéna, où elle a reçu une éducation très stricte
qui ne laissait que peu de place aux sentiments.
Son mari, Georges de Grèce et de Danemark, lui
a donné deux enfants, mais la sensualité n'a toujours pas avivé sa chair. Dans les bras de l'homme
fort de la France, la jouissance tant attendue se
refuse à elle et vient à bout des ardeurs de son
amant. Le ressentiment se mêle aux reproches
et à la culpabilité, et émaille leurs échanges :
« Tu souffres de me voir glacée (…). J'ai au cœur
contre toi un désir de vengeance[188]. » Aristide
desserre définitivement l'étreinte. Les combats
ont cessé, la France est libérée, mais pour Marie
Bonaparte, la guerre ne fait que commencer.

La princesse frigide vient de découvrir les
écrits d'un certain Sigmund Freud. Et ses mots
retiennent toute son attention. Pour le Viennois en

effet, « la femme possède dans son appareil génital un petit membre semblable à la verge de l'homme, et ce petit membre, le clitoris, joue dans l'enfance et dans l'âge qui précède les rapports sexuels le même rôle que le pénis masculin[189] ». Alors qu'elle peine à apprivoiser cet organe méconnu et ses subtilités, se voir ainsi réduite à un vestige d'organe masculin est des plus vexants. Marie se sent personnellement visée. C'est l'histoire de sa vie, de ses échecs intimes en tant que femme que l'Autrichien semble minimiser.

Freud ne s'arrête pas en si bon chemin. Parlant de la petite fille, il écrit qu'« elle considère comme un signe de son infériorité l'absence d'un pénis long et visible, elle envie le garçon parce qu'il possède cet organe », que de cette envie naît chez elle « le désir d'être un homme et ce désir se trouve plus tard impliqué dans la névrose provoquée par les échecs qu'elle a éprouvés dans l'accomplissement de sa mission de femme ». Non contente d'être un homme raté, la femme frigide est de plus comme bloquée dans un état de minorité infantile. Si le clitoris est aux yeux de Freud, chez la toute petite fille, « le siège d'une excitabilité particulière, l'organe qui procure la satisfaction autoérotique », la transformation en femme est caractérisée par le fait que cette sensibilité « se déplace en temps voulu et totalement du clitoris à l'entrée du vagin ».

Ainsi, dans les cas d'insensibilité aux rapports amoureux, la faute revient au clitoris qui a conservé « intacte sa sensibilité ». La femme incapable d'éprouver du plaisir dans l'acte sexuel avec un homme n'est donc pas une femme à part entière, mais une fillette figée dans l'enfance comme une statue de sel. C'en est trop pour la princesse frondeuse.

La Berezina du docteur Freud

Le clitoris apparaît à Freud dès le début du siècle comme un « organe vestigial », un « prototype de l'organe inférieur », un reste de pénis embryonnaire qui n'aurait plus sa place parmi les hommes, et encore moins les femmes[190]. Ses organes reproducteurs semblent au bon docteur Sigmund pire qu'atrophiés : châtrés. Et toute femme digne de ce nom doit admettre sa « castration » et avec cela « la supériorité de l'homme et sa propre infériorité, mais elle se révolte aussi contre cet état de choses désagréable[191] ». Étonnamment, certaines se rebellent contre cette assertion et persistent à conserver le siège de leur volupté dans leur clitoris, rendant leur intérieur insensible à l'ardeur de l'homme. Le corps des femmes est ainsi fait qu'il appelle très tôt une exploration : « Les petits doigts féminins ne peuvent éviter (...) de glisser dans le petit abîme à côté du clitoris, et de plus ou moins s'en réjouir ou s'en effrayer, suivant que l'orifice vaginal est plus ou moins d'avance érotisé, suivant que la petite fille est plus ou moins constitutionnellement femelle, ou proteste plus ou moins virilement, vitalement, contre cette blessure, ce trou[192]. » Le bout de chair peut bien aider la petite fille à trouver, dans la solitude de sa chambre, le chemin du plaisir, admet Freud, mais une fois le seuil de l'église passé, la femme qu'elle est devenue doit transférer son plaisir du clitoris au vagin, pour la plus grande satisfaction de son époux. Et si l'ardeur de monsieur ne lui donne pas de plaisir, la psychanalyse la réparera. Car quelque chose doit bien être cassé.

Pour Marie Bonaparte, la culpabilisation du sexe féminin a assez duré. L'insensibilité de son entrejambe est un défaut anatomique, dont elle n'est pas la cause et contre lequel elle ne peut rien. Hélas, les médecins souffrent d'une « répugnance intellectuelle à supposer que d'innombrables femmes puissent être anatomiquement et donc irrémédiablement mal construites pour un acte aussi important que l'acte sexuel[193] », déplore-t-elle. La dominante religieuse qui a jusqu'alors guidé les questionnements scientifiques a inhibé les recherches dans les domaines de l'anatomie féminine. La représentation du plaisir et de la jouissance s'en trouve alors extrêmement partiale. Surtout, l'orgasme féminin, non nécessaire à la reproduction de l'espèce, a moins d'importance que celui de l'homme, et l'on ne se bouscule pas pour mieux le comprendre[194]. Ces messieurs s'en préoccupent bien peu, de l'avis de la princesse, « satisfaits de la facilité de leur propre plaisir, satisfaits de croire au mensonge des femmes qui les dispense du soin fastidieux, quand eux sont assouvis, de supplémentaires caresses[195] ». La question est vitale pour la Bonaparte : est-ce elle ou une fatalité anatomique qui a poussé Aristide dans les bras d'une autre ?

La chair au bois dormant

En avril 1924, l'impétueuse Bonaparte a trouvé son mode de représailles. Sous le nom d'emprunt de Narjani, elle se fend d'un article incendiaire dans la très sérieuse revue *Bruxelles médical*. Dans ces « Considérations sur les causes anatomiques de la frigidité chez la femme », la princesse masquée se fait le porte-parole de celles « que l'amour, par sa suprême caresse, ne parvient pas à assouvir » et qui envient celles dont le « gémissement monte de toutes parts et de tous temps ». En quelques mots, elle brosse le portrait d'une partie inaudible de la population, les femmes qui, « tout en étant très passionnées, très portées vers l'amour de l'homme, et susceptibles, par ses diverses caresses, des plus grands plaisirs, restent implacablement insensibles pendant le coït ». Celles qui, selon elle, sont incapables du grand abandon au bonheur parce que leur exquise sensibilité est prisonnière d'un clitoris mal placé, trop en avant, ou trop haut, mal embouché. Mais une chose est de le penser, une autre de le démontrer.

Épinglant deux cents femmes au hasard de la population parisienne, Marie mesure leur « petite région triangulaire » au compas et au décimètre. Elle tient la preuve scientifique de son cas : les mensurations, prises au millimètre près, révèlent que chez les dames aussi la taille compte ! Quelques centimètres de différence peuvent les rendre insensibles à l'objet du désir masculin. Un rapport constant existerait entre le diamètre des parties intimes et la réaction de la femme pendant les relations. Mais les deux cents sujets féminins de l'expérimentation n'ont jamais existé ailleurs que dans l'imagination de Marie. Elles ne sont que le reflet de sa détermination à provoquer Freud pour le confondre. Afin de dissiper toute équivoque, elle prend soin de nommer son adversaire : « Qu'on lise Freud ou d'autres, la confusion en cette matière reste la loi. » Le gant est jeté.

Le clitoris est l'organe central du plaisir chez toute femme, aucune ne peut se passer de sa volupté pendant l'acte : cela, Marie compte bien le faire avouer au psychanalyste. Encore faut-il avoir accès au maître. Car, à Vienne, son nom impérial ne suffit pas. Elle se rend chez un des premiers psychiatres de France en correspondance avec sa cible, prenant soin de lui tirer les vers du nez afin d'en apprendre plus sur celui qui dévoile les âmes mais s'entoure de secret, le suppliant enfin de plaider sa cause auprès de lui.

Ses efforts finissent par payer. Marie apprend que Freud est atteint d'un cancer de la mâchoire et vient de subir la première des trente-trois opérations qui rendront son élocution difficile, et qu'il nourrit un intérêt particulier pour Napoléon. Ainsi, dans une lettre à l'auteur allemand Thomas Mann, Freud applique sa lecture des comportements humains au plus petit des grands Français, arguant : « Napoléon est tendrement lié à sa mère et s'efforce de remplacer son père, mort trop tôt (...). À peine est-il devenu général qu'on lui suggère d'épouser une veuve, plus âgée que lui et possédant, à la fois, de l'influence et un rang. (...) Elle ne l'aime pas, le traite mal, le trompe, mais lui, le despote, d'habitude d'une froideur cynique à l'égard des femmes, lui est passionnément attaché, lui pardonne tout ; il n'arrive pas à lui en vouloir[196]. » Selon Freud, c'est la passion de Napoléon pour Joséphine qui l'aura perdu.

Marie Bonaparte compte bien jouer de son patronyme. Au début de l'été 1925, faisant fi de ses refus, elle écrit personnellement à Freud. Vaincu par tant d'obstination, le maître lui fait répondre qu'il l'attend chez lui, au 19 de la rue Berggasse. Elle part, conquérante, chercher la « normalité orgastique ». Une seule rencontre ne lui suffit pas, c'est une attention particulière et quotidienne qu'elle exige. Il devra la recevoir chaque jour à onze heures et faire d'elle la preuve vivante que le plaisir peut migrer du clitoris vers le vagin comme il le prétend. S'il échoue, il devra se rallier à ses vues et accepter que le clitoris participe à l'orgasme féminin. Le cas échéant, elle se fera opérer de cet organe inerte. À Freud de lui donner du plaisir, ou le bistouri le fera, marquant de son sceau l'échec de sa théorie. De retour à l'hôtel Bristol, elle rapporte au psychanalyste français ayant servi d'entremetteur la vive impression que le docteur Freud lui a faite, évoquant « d'abord cette grande douceur qui est en lui, alliée à tant de puissance. On le sent en sympathie avec toute l'humanité qu'il sut comprendre et dont on n'est qu'un imperceptible morceau[197] ». La défiance des premiers instants est vite balayée.

Freud parle de sa maladie et la met en garde : « J'ai soixante-dix ans. J'ai une bonne santé mais il y a quelques petites choses qui ne vont plus... C'est pour cela que je vous préviens : vous ne devez pas trop vous attacher[198]. » Tant de sincérité transporte Marie qui, oubliant la morgue qui l'avait animée, lui déclare son amour. Et Freud, soudain ragaillardi, lui confesse : « Je ne suis pas un connaisseur en êtres humains (...). Je ne m'y connais pas. J'offre ma confiance et ensuite je suis déçu. » Une faille qu'ils partagent et arpentent lors de leurs séances privées. Très bientôt elle devient pour lui « princesse », plus par affection que par égard pour son rang – ainsi appelait-il autrefois son épouse.

Le grand exciseur

Celui que l'on nomme le « grand exciseur » pose à Marie la question qui le taraude depuis plusieurs décennies : « Malgré mes trente années d'étude de l'âme féminine (...), que veut la femme[199] ? » Freud n'a de cesse de se confronter au sexe de la femme, « continent noir », qu'il compare à une tête de Méduse coupée[200]. La théorie de Freud promet de transformer les femmes « phalliques », masculines, désireuses d'un plaisir indépendant, et donc d'une vie à part entière, en femmes « normales », appréciant les relations intimes et maritales. L'enjeu en ce début de siècle est considérable et dépasse le simple cas de la princesse.

Pour mieux comprendre le bien-fondé de son hypothèse, le maître lui offre un livre sur l'excision chez les Nandi, ethnie d'Afrique orientale[201]. L'opération destinée à priver les jeunes filles de leur clitoris est pratiquée à l'âge de la pleine nubilité, vers dix-sept ou dix-huit ans, par une vieille femme qui brûle ledit organe avec une pierre chauffée au rouge. Les Nandi, selon l'auteur ethnologue, cherchent par là à « féminiser au maximum leurs compagnes en leur supprimant ce dernier vestige pénien », et cela pour favoriser le transfert de la sensibilité de la zone érogène infantile à la zone érogène adulte. Devant les interrogations et les accusations de la princesse, Freud se justifie : l'opération ne doit pas supprimer les possibilités érotiques, orgastiques des femmes, les Nandi ne l'auraient pas admise sinon. Mais Marie ne s'en laisse pas conter. Pour avoir pratiqué la simulation toute sa vie durant, elle ne sait que trop bien que « l'homme, en de pareils moments, est peu apte à l'observation réaliste froide, on sait jusqu'à quel point l'homme de toute couleur peut, en pareille matière, être leurré par la femme. Sa vanité l'y aide, et sa paresse aussi[202] ».

154

Freud doit renoncer à sa théorie. À Berlin, Marie apprend qu'une jeune Allemande souffrant de masturbation compulsionnelle et ayant eu recours à toutes les opérations chirurgicales possibles pour s'en délivrer séjourne dans une clinique psychiatrique de Leipzig. La rencontrer devient une priorité. La patiente a trente-six ans, elle est blonde, belle et d'aspect distingué. « Dans l'acte sexuel avec son mari, cette femme restait totalement frigide, étant de type clitoridien exclusif. Peut-être deux fois, se trouvant un peu ivre, éprouva-t-elle dans le coït quelque sensation vaginale[203] », note Marie sobrement. Sans avoir accès au dossier médical, elle talonne le médecin pour qu'il lui décrive le traitement : « Paratomie avec résection des nerfs. Opération d'Alexander-Adam. Résection du clitoris et castration (ablation des deux trompes et des ovaires) », le tout sans le moindre succès. « Le mari est apparemment maladroit dans les rapports, il accomplit le coït sans préliminaires[204] », relate encore le médecin chargé de son cas, mais cela semble bien sûr n'avoir aucun rapport avec le fait que son épouse se masturbe, pas plus qu'avec le fait qu'elle ait perdu un enfant illégitime trois jours après la naissance. Marie Bonaparte veut en avoir le cœur net et demande à pouvoir observer la patiente en position gynécologique, ne distinguant dans son entrejambe plus que des plaies. Triste sort réservé à celles qui ne parviennent pas à transférer leur zone érogène comme toute femme « normale ».

La princesse fait la connaissance d'une autre patiente, Mme B., âgée de trente ans. Malgré la résistance des hommes de sa famille, sa mère et sa tante ont décidé, sa puberté venue, de la faire exciser. « Sans cela, disait-on, lors d'un accouchement, le clitoris grossit démesurément et cela dégoûterait un mari ! rapporte Marie Bonaparte. À sa naissance, comme il est de coutume, on avait traité son clitoris avec de l'alcool très fort, soi-disant pour l'empêcher de grossir, un gros clitoris étant considéré comme une chose laide et, de plus, le signe d'un appétit sexuel excessif. » Tout comme les Nandi parlent avec une répugnance profonde de « ce qui pend » entre les jambes de la femme, « les hommes très virils semblent en effet répugner à tout ce qui n'est pas féminin dans la femme, et cette attitude se rencontre aussi chez nombre d'Européens ». Or Mme B. se trouvait justement avoir un organe que l'on qualifierait de petit. L'opératrice, une femme provenant d'Afrique centrale, en a enlevé plus qu'il ne convenait, provoquant une grave hémorragie.

Mme B. évoque sa rancœur contre sa mère pour l'avoir livrée à la tortionnaire maladroite. Elle lui en veut comme de l'avoir privée de quelque chose de précieux en lui faisant subir un injuste et obscur dommage. Elle ne se rappelle pas s'être jamais masturbée clitoridiennement, ni dans l'enfance ni plus tard, ni avant ni après sa « circoncision ». Il n'y a donc pas de faute originelle. Mme B. fait sans ambages le récit de sa vie intime. « Au bout de trois mois, rapporte Marie, elle atteignit à l'orgasme dans l'acte normal, mais elle est toujours restée très lente et n'atteint en général à l'orgasme qu'une fois sur trois. L'acte pour elle a toujours besoin d'être long. Plutôt vingt minutes à une demi-heure que cinq minutes, mais elle n'a jamais regardé la montre ! » La conclusion semble faire triompher les idées de la princesse, la sensibilité érogène est demeurée sur le clitoris, fût-il cicatrice. « Si elle est chatouillée à cet endroit par l'homme, elle en éprouve du plaisir, mais comme local, à fleur de peau, bien que pouvant aller jusqu'à l'orgasme final. Mais l'ensemble de l'être reste en dehors, et elle attribue cette incomplétude à sa mutilation. » Surtout, durant les rapports intimes, Mme B. éprouve des satisfactions pleines et entières. La princesse en est certaine, l'expression du clitoris n'interdit pas une vie maritale saine, « elle apparaît comme l'expression (...) de quelque chose en plus, plutôt que de quelque chose en moins ».

Sainte-Hélène pour un Viennois

Freud est devenu un ami, un confident, un maître. Toutefois, après des mois de séances, il n'est pas parvenu à guérir Marie. La disciple n'oublie pas leur pacte et prend clairement position. Puisque le blocage des femmes frigides est anatomique, il doit être opérable et traitable chirurgicalement. « La simple section des ligaments suspenseurs du clitoris permet déjà la libération et un certain abaissement du genou clitoridien. Qui sait si une greffe adipeuse placée dans la cavité sus-clitoridienne ainsi créée ne fixerait pas le clitoris dans sa nouvelle position sans en modifier l'érectilité ! » Pour les femmes les moins avantagées, précise Marie, une opération complémentaire sur le squelette est « indispensable ». Ces interventions jamais tentées seraient « à conseiller avant le mariage ».

En 1927, la princesse met sa menace à exécution. Elle intègre la clinique Loew, où l'opération est pratiquée sous anesthésie locale et ne dure que vingt-deux minutes, comme elle l'écrit à Freud. Le maître la félicite pour son courage, mais répond ne pas avoir le temps de lui rendre visite. Hélas, le plaisir n'est toujours pas au rendez-vous. Marie confie à nouveau son corps à deux reprises au chirurgien, espérant le salut de son âme. Le scalpel a trempé dans la plaie, c'en est fini de la lune de miel intellectuelle avec Freud.

Convertie à la psychanalyse malgré l'échec de la discipline qui a concentré tous ses espoirs, Marie Bonaparte fera désormais cavalier seul. Le 4 septembre 1932, au congrès international de Wiesbaden, elle affirme que « des femmes qui n'ont pas renoncé à leur virilité gardent le plus souvent l'organisation phallique quant aux zones érogènes ». Freud donne la même année une conférence sur la féminité et conseille : « Si vous voulez en apprendre davantage sur la féminité, interrogez votre propre expérience, adressez-vous aux poètes ou attendez que la science soit en état de vous donner des renseignements plus approfondis et mieux coordonnés. »

Le 5 juin 1938, à Paris, l'amazone accueille en grande toilette à la gare de l'Est un Sigmund Freud à bout de forces, laissant derrière lui un pays bientôt en guerre. Freud retrouve celle qu'il n'a pas réussi à guérir, celle qui selon sa théorie n'est pas une vraie femme mais l'a sauvé de la barbarie, qui partout en Europe s'apprête à asservir hommes et femmes dans une même tragédie.

10

Les aiguilles de Cherbourg

Ascenseur pour l'échafaud

Paris, juin 1943. L'époque est à la délation. Une simple dénonciation anonyme a suffi pour mettre les enquêteurs sur la trace de Marie-Louise Giraud. Accusée d'avoir pratiqué vingt-six avortements, elle est jugée pour « crime contre la nation ». Dans le tribunal, ses yeux fixent les magistrats en attendant le verdict[205]. Nombre de regards masculins se sont posés sur elle par le passé, mais jamais avec une telle hargne.

Née le 17 novembre 1903 à Barneville, dans le Nord-Cotentin, d'une fratrie de dix enfants, Marie-Louise a épousé en secondes noces un quartier-maître de la marine nationale, sans doute plus attirée par la sécurité de sa paie que par son charme naturel. Muté à Cherbourg quelques années plus tard, le matelot y emmène son épouse. Marie-Louise trouve un emploi de blanchisseuse. Cinq enfants naissent de cette union de raison et de chagrin, dont deux seulement survivront. La mort de ces trois enfants moissonne le

159

peu de joie que la misère et la guerre ont laissée derrière elles.

La voisine de palier du couple, Gisèle Lagrange, frappe à leur porte un jour de décembre 1940. Désespérée par une grossesse dont elle ne veut pas, peu encline à « se toucher par elle-même[206] », elle espère trouver en Marie-Louise une oreille compatissante et une main adroite. La blanchisseuse allonge Gisèle sur le sol de la cuisine et enfonce sous sa jupe une canule reliée à une poire en caoutchouc contenant de l'eau savonneuse. Après une nuit d'atroces douleurs, Gisèle, soulagée de son malheur, offre à sa « bienfaitrice » un phonographe avec une vingtaine de disques en guise de remerciement.

Bientôt attirées par le bouche à oreille, des femmes dans l'embarras lui succèdent. La plupart ont moins de trente ans. Face à cette demande croissante, Marie-Louise comprend que ses services peuvent se monnayer et que son nouveau pouvoir lui autorise toutes les largesses dont elle s'est toujours privée. Ses prestations coûtent entre deux cents et deux mille francs, selon la situation sociale. Le commerce est prospère, et la blanchisseuse de Cherbourg occupe désormais un spacieux immeuble dont elle sous-loue les chambres à des prostituées. Le 44 de la rue Grande-Vallée abrite bientôt amours adultères et filles de noces. Marie-Louise compte bien profiter de l'espace de liberté qu'elle offre aux autres. Son amant Émile s'installe à demeure, rejoint par un second camarade de jeu, Gustave. Plus on est de fous, plus on jouit. Pour prendre soin de ce petit monde, Mme Giraud engage une domestique, Alexandrine, qu'elle incite à coucher avec son mari, par souci d'équité probablement.

En quelques gestes bien huilés, Marie-Louise a acquis un savoir-faire, un cérémonial que le procès décortique minutieusement. Les pièces à conviction sont présentées à des juges hostiles à la défense : une poire en caoutchouc de « type à lavements », une canule en os, deux aiguilles à tricoter en galalithe blanche et des boules noires dont l'une « présente des traces suspectes pouvant être du sang[207] ». Marie-Louise tente de se justifier. Elle souhaite uniquement « rendre service à des personnes embarrassées », qu'elles soient jeunes filles ou mariées avec des prisonniers. Elle explique les détails de son commerce, qui lui rapporte en une intervention ce que gagne une femme de ménage en trois mois : « J'injectais de l'eau savonneuse tiède dans la matrice de mes clientes et il était rare qu'au bout d'une ou deux fois la femme ne soit pas débarrassée. (…) En général, lorsque la chambre du premier était libre, j'opérais sur le plancher, je faisais coucher la femme sur une couverture à repasser et lui mettais un oreiller sous la nuque. » Le crime était presque parfait.

Marie-Louise est l'antithèse du modèle féminin que Pétain veut instaurer. Elle est tout ce que le régime de Vichy déteste chez la femme : frivole et mauvaise mère, menant une vie de plaisirs dans une époque où la restriction s'impose à tous. Le 22 juin 1940, en effet, l'armistice a été signé entre le Troisième Reich d'Hitler et le gouvernement français du maréchal Pétain, mettant fin aux hostilités ouvertes par la déclaration de guerre du 3 septembre 1939. Les conditions de l'occupation de la France par l'Allemagne ont été établies, le pays sera divisé en deux, entre zone libre et zone occupée. À peine deux jours plus tard, Pétain tonne : « Trop peu d'enfants, trop peu d'armes, trop peu d'alliés, voilà les causes de notre défaite[208] ! » La supériorité militaire de l'Allemagne hitlérienne ne pouvait seule être à l'origine de notre échec, c'est le ventre des femmes qui ne produisait pas assez de fils à envoyer au combat. Voilà le coupable tout désigné.

La malédiction du pharaon

L'avortement n'a pas attendu l'aube du XXᵉ siècle et ses nations assoiffées d'expansion pour être un enjeu crucial des relations entre les sexes, le sujet de forces désireuses de s'approprier le pouvoir reproducteur des femmes. Dans l'Égypte antique du pharaon Amenhotep Iᵉʳ, au XVIᵉ siècle avant notre ère, l'un des plus anciens traités médicaux du monde, le *Papyrus Ebers*, consacre dans ses vingt mètres de long, chargés de tous les savoirs médicaux de l'époque, quelques parcelles aux problèmes liés à l'enfantement[209]. Ainsi, pour avorter, le remède tiré des sept cents substances de la pharmacopée égyptienne est prescrit : « Mélanger des dattes, des oignons et le fruit d'une acanthe écrasés dans un récipient avec du miel, répandre sur un linge, et appliquer sur la vulve. Cela assure un avortement également dans la première, seconde ou troisième période de grossesse. » La menthe poivrée, appliquée sur un postérieur nu, constitue un autre remède supposé hâter la délivrance et faire que « tout ce qui est dans le corps de la femme tombe ».

Mais ce que la médecine tolère, la loi l'interdit bientôt. Cicéron, avocat et orateur romain du Iᵉʳ siècle avant J.-C., contemporain de César et de Pompée, se souvient d'une de ses plaidoiries concernant une femme de Milet qui, après avoir reçu des héritiers de son mari une coquette somme d'argent pour mettre un terme à sa grossesse, avait avorté en usant de drogues, et de sa condamnation à la peine capitale à laquelle il n'est pas étranger : « Rien n'était plus juste, puisqu'elle avait anéanti les espoirs d'un père, le souvenir d'un nom, le soutien d'une race, un citoyen destiné à la République[210]. » La verve de Cicéron a trouvé un chef d'accusation des plus clairs : la femme n'avait certes pas commis d'homicide, mais elle avait privé un homme d'une descendance. Pour les Gréco-Romains, en effet, l'avortement n'est pas un crime en soi et les philosophes stoïciens, comme Sénèque, n'attribuent une âme à l'enfant qu'à partir de sa première inspiration. Il y a cependant préjudice contre les maris, dès lors que le père en est lésé. « Cette femme, conclut Cicéron, en attentant sur son corps, n'a fait que se torturer elle-même. »

Déjà, les philosophes s'emparent du sujet. Dans sa *République*, Platon considère l'avortement comme un moyen efficace de contrôle des naissances[211]. Quant aux parents qui ne sont plus dans la tranche d'âge jugée idéale pour procréer, ils devraient y recourir d'office. « Après quarante ans chez la femme et cinquante-cinq ans chez l'homme, l'acte générateur est impie, dit Platon. Les enfants engendrés par ces personnes, de même que ceux qui ont été engendrés dans un moment d'incontinence, seront déclarés bâtards, illégitimes, sacrilèges. Lors de telles grossesses, nous recommandons les plus grands soins pour qu'aucun fœtus n'arrive à la lumière et que dans le cas d'accouchement, cet enfant n'ait aucune existence. »

Sur le sujet, Aristote prône lui aussi de recourir à l'avortement, qu'il est d'avis d'autoriser si l'on soupçonne l'enfant à naître de quelque malformation[212]. « Il doit y avoir sur le sort des nouveau-nés une loi qui décide ceux qu'on exposera et ceux qu'on élèvera ; qu'il ne soit jamais permis d'en élever aucun de ceux qui naissent mutilés, c'est-à-dire privés de quelques-uns de leurs membres ; qu'on détermine au moins (...) jusqu'à quel chiffre on en aura et qu'on fasse avorter les mères avant que leurs fruits aient sentiment et vie. » Le caractère « respectable ou abominable de la pratique » n'est garanti à ses yeux ni par le philosophe ni par le juriste, mais par le fait que l'acte « soit pratiqué avant que vie et sensibilité surviennent dans l'embryon », c'est-à-dire avant le troisième mois.

Mais les législateurs romains, qui tolèrent l'avortement sous le consentement du mari, préfèrent suivre les préceptes d'Hippocrate, le père de la médecine grecque : « Je ne remettrai à personne, même sur sa demande, une drogue mortelle, ni ne prendrai l'initiative d'une telle suggestion. De même, je ne remettrai pas non plus à une femme de pessaire abortif[213]. » Le pessaire est un suppositoire vaginal constitué de drogues abortives irritantes telles que du jus de figue sauvage, largement utilisé à l'époque. Seulement voilà, Hippocrate lui-même nous donne la recette pour la concoction : du safran mélangé avec de la graisse d'oie, le tout tamisé puis mis dans l'utérus le plus longtemps possible, ou deux figues et demie mélangées à 0,71 gramme de carbonate de sodium[214]. L'avantage du pessaire est sa discrétion. La femme peut le prendre seule, dans le secret de sa maison. Mais attention, la concentration de drogues peut causer des ulcères, des inflammations ou des fièvres, et surtout mener vers la stérilité ou la mort. Les livres d'Hippocrate ne mentionnent pas moins de vingt-sept cas d'avortements thérapeutiques, dont celui pour le moins inattendu d'une jeune prostituée : « Il ne fallait pas qu'elle devînt enceinte, pour ne pas perdre de sa valeur. (…) Et moi, je l'invitai à sauter en faisant aller ses talons jusqu'à ses fesses. »

Le poète Juvénal préfère dénoncer l'hypocrisie relative au traitement de l'avortement[215]. Les gens des classes sociales supérieures, dit-il, ont les moyens d'acheter les médecins et « sur un lit doré on ne voit guère de femmes en couches » car, dans ce milieu, on connaît bien « les drogues qui rendent les femmes stériles et tuent à prix fait les enfants dans le sein de leur mère ». Et nombreuses sont, décidément, les drogues pour y parvenir. Hippocrate, encore lui, écrit que du trèfle mélangé avec du vin blanc serait un produit abortif, ainsi qu'un poireau en purée avec de la myrrhe et du vin doux, ou des racines de fenouil dans de l'huile, du vin et du miel ; le lait de chienne, la racine du cyclamen, l'odeur de la serpentaire en fin de floraison tout comme l'aubépine auraient les mêmes propriétés. Pline mentionne, quant à lui, que la prise orale de fougère ou, plus étonnant, l'odeur d'une lampe qui vient de s'éteindre font avorter une femme enceinte. On peut aussi porter sur soi, contenus dans une peau de cerf, une araignée avec deux petits vers aux pouvoirs magiques, et ce avant le lever du soleil[216].

Si les philosophes, médecins et juristes de l'Antiquité trouvent peu de points d'achoppement autour de l'avortement, tous partagent une même précaution dont ils prennent soin de détourner les générations suivantes par leurs écrits : l'aiguille de bronze, menace réelle pour la vie de la femme, comme tout objet permettant un traitement chirurgical incisif, doit à tout prix être évitée.

Madame est servie

Entre interdiction juridique, tolérance pratique et culpabilisation morale, la situation n'a guère changé pour les femmes lorsque à New York, au matin du 1ᵉʳ avril 1878, la femme de ménage découvre Mme Restell dans sa baignoire, noyée dans son propre sang. L'avorteuse la plus en vogue du XIXᵉ siècle américain vient de se trancher la gorge, préférant s'éviter par la mort le procès retentissant que l'on s'apprête à lui livrer.

Le 23 février en effet, l'arrestation de cette Anglaise, de son vrai nom Ann Trow, fait les choux gras de la presse. Le *New York Illustrated Times* titre : « La plus mauvaise des femmes de New York : Mme Restell, l'avorteuse », avec un croquis représentant la criminelle dans son intérieur richement meublé de la 5ᵉ Avenue, face au croisé moraliste à l'origine de son arrestation, Anthony Comstock, fondateur de la Société pour la suppression du vice à New York. Censée chapeauter la bienséance et la moralité des citoyens, cette dernière jugule l'obscène à coups de censure et de condamnation, et vient de trouver une criminelle de choix à châtier.

Ann travaille comme domestique dès l'âge de quinze ans, avant d'épouser un tailleur qui lui fait quitter le Gloucestershire pour New York. L'idylle sera de courte durée, le veuvage s'invitant à la fête de ses vingt ans. Seule en cette terre étrangère avec une petite fille à charge et sans le sou, Ann gagne sa vie comme couturière avant de rencontrer un émigré russe de vingt-sept ans. Charles R. Lohman est un habitué d'une librairie sur Chatham Street, où les libres penseurs de la ville se retrouvent pour discuter, et il écrit des tracts sur la contraception et l'avortement. Le couple vite marié se lance dans la vente de produits contraceptifs sous forme de pilules et de poudre, ainsi que de mixtures destinées à provoquer l'avortement. Leur entreprise, baptisée Madame Restell, est lancée le 18 mars 1839 par une publicité dans le très diffusé *New York Sun* : « Aux femmes mariées. Il n'est que trop courant dans les familles que les couples mariés se multiplient au-delà de ce que le bonheur leur dicterait. Est-il normal pour des parents de mettre au monde tous ces enfants, en dépit des conséquences pour eux-mêmes, ou du bien-être de ces enfants à venir, quand un remède simple et facile est à leur portée ? » La réclame fait l'effet d'une bombe. Les clientes affluent dans le cabinet de Greenwich Street de neuf heures du matin à dix heures du soir. Et pour celles qui habitent trop loin, il est possible de passer commande par courrier. Les « poudres préventives de Madame Restell » sont disponibles sur commande postale dans tout le pays, à partir de cinq dollars, ainsi que sa « pilule féminine » à prendre lorsqu'il est trop tard. Mais alors que l'avortement était au début du siècle, à New York, une offense mineure passible de un an de prison tout au plus, les mentalités ont évolué nettement et les lois se sont durcies. Vente, promotion ou fabrication de drogues abortives peuvent conduire à deux ans de travaux forcés, et l'acte lui-même à vingt ans[217]. Malgré les interdictions, Ann continue d'acheter des encarts publicitaires dans les grands quotidiens.

En cas de besoin discret, mais urgent, de remédier à une grossesse indésirable, les femmes peuvent confier leur secret aux époux Lohman et opter pour une opération chirurgicale. Vingt dollars pour les plus démunies, cent pour les mieux loties. La technique consiste à percer la poche amniotique avec un objet pointu, provoquant une fausse couche. Face à la demande, Ann ouvre bientôt quatre dépendances dans la ville, qui fournissent des soins et permettent également à des femmes de venir accoucher sous la supervision d'un médecin ou de confier leur enfant à adopter. Mais ces obstétriciens amateurs deviennent gênants pour la nouvelle politique de la ville. Leurs détracteurs les accusent de libérer les femmes des conséquences de leurs infidélités et de promouvoir l'émancipation sexuelle.

Hélas, en 1841, une cliente, Maria Purdy, trouve la force d'avouer à son mari, sur son lit de mort, une faute passée. Elle s'était fait avorter quelques mois auparavant par Mme Restell après avoir mis au clou une montre en or pour se payer ses services. La presse crie à l'assassin, la justice condamne la faiseuse d'anges. Un vice de procédure concernant la déclaration de la défunte libère Ann, qui parade en ville, vêtue de soie et de diamants, dans une voiture tirée par quatre chevaux. Mais le veuvage sonne parfois deux fois et, lorsque son époux décède en 1877, il laisse Ann vulnérable aux attaques qu'elle avait su éviter avec morgue jusqu'à présent. Au début de l'année suivante, Anthony Comstock se présente dans l'officine de celle qu'il surveille depuis longtemps. Il prétend être un époux usé par de trop nombreux enfants et lui demande son aide. Le jour suivant, Comstock revient avec des hommes en armes et des journalistes. La grande Mme Restell est acculée. À la lecture des charges retenues contre elle, la veuve de soixante-six ans ne répond que d'un silence. Relâchée avant le début du procès, elle choisit le jour du Seigneur pour se faire couler un dernier bain. « Une fin sanglante pour une vie sanglante », conclura Anthony Comstock.

Chantons sous l'Occupation

En France, dès l'entre-deux-guerres, certaines voix s'élèvent contre la pression mise sur le ventre des femmes pour satisfaire les volontés revanchardes de l'armée. Eugène et Jeanne Humbert, militants pacifistes et libertaires, apposent sur les réverbères de Paris de petits papillons sur lesquels on peut lire : « Femme, apprends à n'être mère qu'à ton gré. » L'effet papillon ne se fait pas attendre, leur appartement est rapidement perquisitionné. « Ils ont pu trouver tout ce qu'ils voulaient, écrira Jeanne, contraceptifs, brochures antinatalistes. J'ai connu la prison, deux ans à Saint-Lazare, puis à Fresnes, avec le droit commun[218]. » Libérée, à peine a-t-elle le temps de serrer sa fille dans ses bras qu'elle est traînée en cour d'assises et condamnée à une nouvelle peine de deux ans pour complicité d'avortement. « Ils avaient réussi à savoir que j'avais fourni une canule à un ami dans le besoin. Ils voulaient me briser, les imbéciles ! »

Nelly Roussel, penseur féministe et anarchiste, refuse que les femmes soient transformées en « femelles pondeuses » travaillant pour engraisser les champs de bataille et se dévouant pour la patrie : « Comprenez-vous bien, messieurs, ce qu'il y a pour nous, femmes, d'ironie dans ces mots ? Eh quoi ! Vraiment la patrie se croit des droits à notre dévouement ? Une patrie qui, depuis des siècles, nous méconnaît, nous néglige, nous opprime, qui n'a jamais payé nos peines que de beaucoup d'ingratitude, qui nous a traitées toujours en bêtes de somme ou en bibelots de luxe, et qui aujourd'hui encore, sous la IIIe République, dans le pays de la Révolution, nous relègue au rang des fous, des enfants, des malfaiteurs ! Et elle ose nous dire : "Soyez mères[219] !" »

En Belgique, les quotidiens se font le relais de publicités alléchantes pour femmes dans le besoin. Dans le journal *Le Soir* du mercredi 5 août 1914, on trouve déjà l'annonce suivante : « Retards Remède du Dr Carlos. La boîte fr. 10 : la ½ boîte fr. 5.50 – envoi discret contre bon poste. Pharmacie populaire du Sud, 126, Brederode. Anvers 5536 » ou : « Mme Vve Devisscher : Accoucheuse dipl. 1re classe, cinquante ans pratique, reçoit pens. toute époque. Consultations discrétion-retards. Prix modéré. 91, rue de la Victoire, Porte de Hal. Bruxel ». Près d'une dizaine de publicités pour une seule publication du jour !

La France n'a décidément pas la décontraction des Belges. Le 15 février 1942, une nouvelle loi hautement symbolique fait de l'avortement un crime de haute trahison. « Victoire de la famille[220] » ! Les avorteuses « tuent un petit Français sur trois. Ceux qui les protègent trahissent la France au profit de l'Étranger. Une seule place pour eux tous : au poteau ! » Telles sont les bandes-annonces de propagande diffusées dans les cinémas[221]. La loi permet aux préfets d'ordonner l'internement judiciaire des « avorteurs d'habitude » jugés « dangereux pour la défense nationale et la sécurité publique ». Une circulaire du ministère de l'Intérieur datée du 17 mars les sensibilise au problème : «Votre rôle consiste à rechercher activement les médecins, pharmaciens, sages-femmes, faiseuses d'anges ou tous autres qui, soit habituellement, soit occasionnellement mais dans un but de lucre, auront pratiqué ou favorisé l'avortement, que leurs victimes soient enceintes ou simplement supposées l'être. Vous n'avez pas à vous préoccuper de savoir si les preuves judiciaires (...) sont réunies ; il s'agit d'interner des individus nuisibles à la société et non d'intenter une action pénale[222]. »

Les coupables, essentiellement des femmes, sont désormais présentés devant le tribunal d'État, qui ne peut prononcer des peines inférieures à cinq ans d'emprisonnement[223]. L'arsenal répressif contre les avorteuses comprend les travaux forcés à perpétuité, la déportation, la mort. Et nombreux sont ceux qui réclament toujours plus de moyens coercitifs contre ces femmes au ventre plat. Jean-Édouard Roy, professeur à l'école de médecine de Tours, n'hésite pas à déclarer l'avortement « fléau national » et à demander la création d'un tribunal spécial, composé de magistrats assistés de représentants des mouvements familiaux et d'une mère décorée de la médaille de la Famille française[224].

Fernand Boverat, président de l'Alliance nationale contre la dépopulation et vice-président du Conseil supérieur de la natalité, s'élève quant à lui contre le secret médical en matière d'avortement et édite un appel public à la délation dans une brochure intitulée *Le Massacre des innocents*[225]. Il y donne la liste des procureurs généraux, ainsi que des brigades régionales de police, à contacter en toute discrétion. À l'égard des « tricoteuses »,

Boverat exige le passage par les armes sans délai. Sa campagne met pleinement à contribution le sexe des femmes, qui permettra à la France de retrouver sa place parmi les grandes nations d'Europe, arguant qu'en Autriche « l'internement des avorteurs a fait augmenter le nombre des naissances de 20 % en sept mois[226] ».

Avec le régime de Vichy et la loi de 1942 faisant de l'avortement un crime, une trahison d'État, l'idée qu'une femme soit seule maîtresse de son corps et qu'il n'appartienne qu'à elle seule d'être mère ou pas devient non seulement immorale, mais surtout hors la loi. Nommé par Pétain à la tête de la Fondation française pour l'étude des problèmes humains, l'éminent chirurgien et biologiste Alexis Carrel, prix Nobel de médecine, aide à la promotion de brochures de Fernand Boverat et entreprend des enquêtes en province sur l'efficacité des méthodes de répression, afin d'affiner le dispositif de punition. À ses yeux, le mal vient de ce que la femme, cette rebelle, a « cessé d'obéir à la loi de la propagation de la race ». Libérée de toute contraception, du travail ou de la scolarité, elle seule peut garantir le retour d'un État où les lois physiologiques fondent les lois sociales. Pour le docteur Carrel, la maternité est la seule identité féminine légitime.

La guerre favorise pourtant les grossesses illégitimes autant qu'indésirables. Les condamnations ne cessent d'augmenter, car on avorte plus que jamais au temps de Vichy la moraliste. Une infirmière d'Arcachon est condamnée à vingt ans de travaux forcés ; une sage-femme de Trilport écope quant à elle de la perpétuité. À Paris, sous les projecteurs allemands, le tribunal d'État prononce deux peines de mort et quinze condamnations à perpétuité en presque deux ans d'office. Le sort de Marie-Louise Giraud ne fait dès lors plus aucun doute.

Tricoteuse au pays des soviets

La France n'est pas la seule à scruter l'entrejambe des femmes à des fins natalistes. En Espagne, Franco annonce : « Nous avons besoin de mères fortes et prolifiques qui nous donnent des enfants sains et nombreux. » La peine de mort y est également requise contre les contrevenants. Mais il n'est pas le premier chef d'État à se confronter au problème de l'avortement. Quelques décennies plus tôt, dans les cours d'assises de la Russie nouvellement communiste, les condamnations pour avortement ne cessent d'augmenter. Les médecins parlent d'une véritable épidémie et font part de leurs inquiétudes aux autorités. Lénine, qui a pris le pouvoir à la suite de la Révolution bolchevique en 1917, doit réagir. Le communisme soviétique entreprend de libérer le peuple de l'ère des tsars, et les femmes de l'interdiction de jouir de leur corps. « L'acte sexuel ne doit plus être vu comme quelque chose de honteux ou comme un péché mais comme quelque besoin naturel que tout organisme sain réclame au même titre que la faim et la soif », dit la chef de file du féminisme soviétique Alexandra Kollontaï, qui ne propose rien de moins qu'un « communisme sexuel ».

Mais l'amour est un jeu dangereux. Dans les années 1910, dans les cliniques de Saint-Pétersbourg, les trois quarts des maladies liées à la grossesse résultent de complications induites par un avortement pratiqué dans des conditions aléatoires. Les médecins réclament qu'aucune action pénale ne soit intentée à l'encontre des patientes, et que leur propre profession ne puisse être punie que dans le cas d'avortements exercés dans un « but lucratif[227] ». Aucun praticien ne doit s'enrichir sur le sexe des femmes. Les journaux se passionnent pour le sujet et enflamment l'opinion. En Russie comme en France, l'enjeu politique est de taille, et les considérations natalistes jamais bien loin[228]. Contre toute attente, Lénine légalise l'avortement le 18 novembre 1920. Il est le premier au monde à accéder à la requête des femmes. Car il considère l'avortement non comme un choix volontaire, mais comme une conséquence de la pauvreté, qui disparaîtra naturellement dans le nouvel État socialiste, dès lors qu'il aura pourvu à l'amélioration des conditions de vie des travailleurs. Mais pour combattre son ennemi, encore faut-il le connaître.

Lénine légalise l'avortement pour mieux le contrôler, l'étudier dans ses causes, afin de l'éliminer de la société. Une grande collecte nationale de données est donc lancée. Chaque femme qui souhaite obtenir l'autorisation d'avorter devra dûment remplir une fiche de renseignements. Ce que Lénine découvre est loin de l'image d'Épinal. À Moscou, contrairement aux croyances, les avortées ne sont pas de jeunes célibataires inconscientes, mais à 82 % des femmes mariées. Elles ne sont ni chômeuses, ni à la rue, ni même mères de famille nombreuse. L'avortement, ô surprise, n'est pas lié à l'extrême misère sociale d'une population exploitée, la révolution socialiste ne le fera donc pas disparaître. Pis, depuis la loi offrant aux femmes la possibilité d'interrompre leur grossesse, le nombre d'interventions a plus que doublé en un an[229].

L'arrivée au pouvoir de Staline change la donne. La volte-face a lieu dans le quotidien *La Pravda* en date du 28 mai 1935. En URSS, désormais, « la femme mère est un des personnages les plus respectables. Des conditions d'enfantement très favorables sont réservées à nos mères, à nos kolkhoziennes, et cela à une époque où la barbarie capitaliste enlève à la femme ce qui lui est le plus cher : son droit à l'enfantement[230] ». D'avortement, il n'est plus question. L'État socialiste donne tout ce qu'il faut à la femme pour enfanter dans des conditions idylliques. « Nous avons besoin d'hommes. L'avortement détruit la vie. La femme soviétique est mère. » La vérité du ventre des femmes est dictée par Staline, et personne d'autre.

Les Françaises doivent elles aussi être des mères. Celles qui contreviennent à cette volonté politique en subiront les conséquences. La peine capitale est prononcée contre Marie-Louise Giraud. Hélas, l'une de ses clientes est décédée des suites de son intervention. La septicémie est au bout de l'aiguille, les moyens du bord de la blanchisseuse ne garantissant pas l'asepsie. Ce terrible décès est venu alourdir le dossier de l'accusée. L'avocat, maître Constant, est sans ressources. Tout accable sa cliente. Il n'a qu'un recours : tenter de faire commuer la peine de mort en peine d'emprisonnement. Il rencontre dans ce but le cardinal de Paris, qui lui assure que le Maréchal ne fera pas exécuter une femme. Or Pétain lui refuse audience. Il doit œuvrer au relèvement moral de la France, et Marie-Louise incarne le vice, glissant ses doigts dans le vagin de ses « clientes » pour y introduire un liquide et y semer la mort. Le rapport du commissaire du gouvernement près le tribunal d'État estime que « la femme Giraud ne mérite aucune pitié[231] ».

30 juillet 1943, six heures du matin. Dans la cour de la prison de la Petite Roquette, le bourreau vérifie une dernière fois son installation. La guillotine retentit, l'aube se fait rouge. C'en est fini de la tête de Marie-Louise Giraud. Un morne fourgon tiré par deux chevaux mène le corps sans tête et sans honneur jusqu'au carré des suppliciés du cimetière d'Ivry[232]. Les Françaises devront attendre la loi Veil de 1975 pour que leur sang cesse de couler.

11

Demain on rase gratis

Tif et tondues

Nîmes, 2 octobre 1944. Marcelle espère encore, dans sa cellule de la maison centrale, un délai pour l'exécution de sa peine, un report ou, qui sait, un miracle. Son crime ? Il est impardonnable aux yeux des libérateurs d'une France humiliée par l'Occupation ; elle s'est donnée à un Boche – le commandant de Nîmes, qui arbore avec audace un patronyme à la sonorité française, Saint-Paul. Par amour ou nécessité de monnayer quelques ravitaillements, Marcelle Polge, née en 1907, a comme beaucoup de Françaises cédé à l'ennemi son entrejambe et a été arrêtée. C'est qu'en cette période de privations, alors que tout manque, le train de vie luxueux de la blonde « à la silhouette bien connue[233] » ne pouvait passer inaperçu. Elle a même une certaine notoriété dans la ville où Marcelle, à l'âge de dix-sept ans, avait déposé ses vêtements dans l'atelier d'un sculpteur ami de Jean Moulin, pour lui servir de modèle nue. *La Jeune Fille au chevreau* la représentait en nymphe lisse et imberbe, face à un animal tout autant inoffensif, tous deux ornant un des jardins municipaux. Mais pendant l'Occupation, la statue est mystérieusement amputée d'un bras. Le comportement de la modèle n'a, semble-t-il, pas plu à tout le monde. Le journal *Le Populaire* du Bas-Languedoc, du Rouergue et du Roussillon rapporte alors les terribles méfaits : « Sait-on que Mme Polge a avoué recevoir tous les jours de Mme G., bouchère à La Placette, un kilo de viande, recevoir régulièrement deux, trois litres de lait par jour, recevoir du commandant boche Saint-Paul, très régulièrement, et ceci deux ou trois fois par semaine, du gibier, se faire chausser, se faire coiffer sans qu'il lui en coûte un centime ? Tout cela en récompense de certains services[234]. » Pendant ce temps, conclut le journal, la classe ouvrière et ses enfants crèvent de faim.

Le 23 septembre 1944, la cour martiale juge l'effrontée qui a osé faire un usage libre de son sexe dans un pays occupé. La salle est archicomble lorsque le commandant Audibert déclare la séance ouverte. À l'extérieur, plus d'un millier de personnes déferlent depuis les grilles jusqu'à l'esplanade. La rumeur monte à l'arrivée dans le prétoire des deux vedettes de la journée, Mme Polge et son mari, footballeur de son état. Même dépouillée de sa longue chevelure platine et sous le coup de l'accusation d'intelligence avec l'ennemi, elle en impose encore par sa prestance. Derrière elle, son époux, effacé, timide, fait office de complice.

Audibert mène l'interrogatoire, Marcelle répond avec précision et sang-froid. C'est à l'occasion d'une levée de réquisition sur un appartement qu'elle convoitait qu'elle rencontre l'homme par lequel le scandale s'est emparé de sa vie. Leurs relations deviennent alors plus « amicales », et elle concède s'être servie de lui pour rendre service à de nombreuses personnes. Les témoignages des habitantes de la ville sont accablants. Mme Dugas, bouchère de métier, a connu l'accusée au salon de coiffure de son beau-frère. La traîtresse aurait vendu sa sœur à l'Allemand, obligeant la pauvre Mme Dugas à lui fournir un kilo de viande pour tenter de gagner sa clémence. La sœur en question est appelée à témoigner. Elle affirme à son tour qu'elle a la certitude que Mme Polge est bien la maîtresse du commandant, mais avoue lui être reconnaissante d'avoir entrepris des démarches en faveur de son fils pour lui éviter le départ en Allemagne, ce service lui ayant été rétribué, précise-t-elle, par des soins de beauté donnés gracieusement[235].

Des applaudissements éclatent dans l'assistance, le président menace de faire évacuer la salle. Il prend la parole et dénonce les agissements obscènes de cette femme prétendument vertueuse, feignant l'ignorance, dont les dépenses ne correspondent pas aux biens et dont les fautes sont supérieures aux bienfaits. Au nom des souffrances endurées par la Patrie, il réclame le châtiment suprême pour celle qui, pour un peu d'or ou de viande, a trahi la France. D'autres se relayent encore à la barre et, face à tant d'éléments irréfutables, la cour martiale de Nîmes condamne la traîtresse à mort. Le 2 octobre, entièrement tondue, Marcelle Polge est promenée dans la ville jusqu'à la potence, où elle subit les derniers outrages à l'aide d'un manche à balai, victime expiatrice de ce que l'écrivain américain Henry Miller, ayant alors fait de Paris son terrain de jeu, appelle la « porte du vagin toujours sans loquet, (...) prête comme la tombe[236] ».

L'été 1944 est le temps de l'épuration. Le sexe des femmes est en première ligne. Il ne relève plus de l'intime, il appartient au public, aux hommes opprimés par l'ennemi. Il est l'honneur de la nation. Les libérateurs traquent jusque entre les jambes des femmes les souillures de l'Occupation et du plaisir. Et souvent, ce ne sont pas seulement les têtes des supposées fautives que l'on tond, dès lors que la colère et la vengeance populaires ne sont plus encadrées. Jacques Lantier, alors haut fonctionnaire au ministère de l'Intérieur et cité à l'ordre de la nation pour ses hauts faits de résistance, rapporte des scènes de tonte où des femmes traquées, affolées, sont maintenues par la force pendant qu'on leur rase le pubis[237]. « Au passage, des hommes s'emparaient d'elles, les faisaient asseoir sur des chaises et leur rasaient les cheveux. Quelques-uns entreprirent de couper les poils du pubis d'une jeune femme qui se débattait par terre, dans la boue, mais elle fut blessée par les ciseaux », tandis que « l'eau des lances des pompiers est projetée entre les jambes ». Le phénomène se répète un peu partout dans le pays. Près de Dinan, dans la nuit du 22 au 23 juillet 1944, quatre fermes sont attaquées par une dizaine d'hommes en armes, et deux jeunes femmes se retrouvent le pubis comme la tête tondus, avant d'être marquées au fer rouge.

L'exutoire de la peur et de la souffrance passe par la destruction ou l'humiliation de la source de la féminité. « Quand la tondeuse vengeresse la privera-t-elle d'un de ses moyens de séduction[238] ? » s'interroge l'éditorialiste de *La Libération de l'Aunis et de la Saintonge*. Les « poules à Boches » qui, pendant au moins quelques instants, n'ont pas souffert autant que les autres doivent être punies.

Leur chair dénudée est mise en avant dans des cérémonies expiatoires où l'on détruit l'image de leur féminité, leur sexualisation. Les poils pubiens, synonymes de nubilité, de maturité sexuelle, sont le support, le signe de la trahison. En temps de guerre, les corps des ennemis s'unissent dans le sang et les larmes, leur râle est celui de la mort, non du plaisir. Arletty est bien la seule du pays à pouvoir dire : « Mon cœur appartient à la France, mais mon cul est à moi. »

Les « grandes garces » peuvent compter sur la compassion de Paul Éluard qui leur dédie un poème :

> « *En ce temps-là, pour ne pas châtier*
> *les coupables, on maltraitait les filles.*
> *On allait même jusqu'à les tondre.*
>
> *Comprenne qui voudra*
> *Moi mon remords ce fut*
> *La malheureuse qui resta*
> *Sur le pavé*
> *La victime raisonnable*
> *À la robe déchirée*
> *Au regard d'enfant perdue*
> *Découronnée défigurée*
> *Celle qui ressemble aux morts*
> *Qui sont morts pour être aimés...*[239] »

Dans la revue *Combat*, Jean-Paul Sartre publie un article à la défense de ces femmes : « La victime était-elle coupable ? L'était-elle plus que ceux qui l'avaient dénoncée, que ceux qui l'insultaient ? Eût-elle été criminelle, ce sadisme moyenâgeux n'en eût pas moins mérité le dégoût[240]. » Il faut dire que dans ces années de guerre, Sartre n'est pas encore le philosophe de *L'Être et le Néant*, pour lequel l'« obscénité du sexe féminin » est celle de toute « chose béante », comme d'ailleurs « tous les trous », qui appelle en soi une « chair étrangère qui doive la transformer en plénitude d'être[241] ». Le sexe de la femme n'est-il que *néant* avant qu'un homme ne le fasse *être* ?

Derniers coups de ciseaux

La punition de la trahison féminine par la tonte intime n'est pas une idée neuve. Dans l'actuel Irak, entre le cours de l'Euphrate et le lit du Tigre, au temps de la domination de Babylone, en 1500 avant J.-C., un mari rentre inopinément chez lui et trouve son épouse, Ishtar-ummi, affairée avec un autre homme – décidément les histoires de cocus font recette depuis les temps immémoriaux. Désireux de prouver légalement l'adultère et de lui infliger une punition digne de ce nom, il attache d'une corde les deux infidèles à la couche du délit, et les traîne à bout de bras jusqu'à l'assemblée de la ville de Nippur, réunie pour un procès. Pour convaincre les juges des turpitudes morales de son épouse, il accuse cette dernière de s'être fau-filée dans sa réserve de grains, pourtant fermée à clé, pour voler le contenu d'une précieuse jarre d'huile de graines de sésame à l'intention de son amant. La charge d'adultère ne fait qu'enfoncer le clou, les magistrats sont gagnés à la cause du plaignant. Cette mauvaise femme, non satisfaite d'avoir détroussé son mari, prenait en plus du plaisir avec un autre. La mort apparaît trop clé-mente. L'humiliation seule peut être cathartique. Ishtar-ummi est condamnée à avoir le pubis entiè-rement rasé en public, signe de la perte de son statut de femme libre et nubile. Elle sera désormais une esclave dans la maison de son mari. On lui perce le nez d'un anneau et on la promène à travers la ville, traînée par une chaîne, pour exposer son sexe imberbe[242].

Et de l'Orient antique jusqu'à l'Europe du XXe siècle, la punition fait son chemin, sans avoir rien perdu de sa violence. Tandis que la guerre civile espagnole sévit de juillet 1936 à mars 1939, les femmes sont les principales victimes de cette répression à coups de ciseaux. Les fidèles à la nouvelle République proclamée cinq ans plus tôt sont la cible de groupes armés rebelles putschistes, nationalistes et catholiques, menés par le général Francisco Franco. Aux yeux de ces phalangistes, la tonte est le châtiment approprié pour punir les mères dont « le vagin a engendré de la pourriture républicaine[243] ». Ne sont-elles pas coupables d'avoir donné à leurs enfants une « éducation marxiste, athée, pornographique » ? Pour être montées au front, elles sont poursuivies et torturées. Leur pubis est tondu, acte cathartique pour l'imaginaire nationaliste supposé leur signifier leur place, loin des rêves de liberté. La propagande fait d'elles des prostituées hystériques par essence, mues par l'idée d'émancipation féminine autant que par celle de révolution.

À l'été incendiaire de 1936, les provinces d'Andalousie infiltrées par les troupes rebelles sont le théâtre de cet usage vengeur des ciseaux. Deux policiers et deux phalangistes sévillans obligent une jeune fille à se déshabiller et s'allonger au sol, afin qu'ils puissent raser son entrejambe puis sa tête[244]. Près de Cadix, environ quarante femmes sont abusées, à Motril une vingtaine. Dans chaque ville, des dizaines subissent les mêmes traitements, comme si le sort du pays et l'honneur de la nation en dépendaient. Le général Queipo de Llano, commandant l'Andalousie, fait alors une allocution radiophonique : « Nos braves légionnaires, s'enorgueillit-il, ont montré à cette racaille rouge ce que cela veut dire d'être un homme. Et aux femmes des rouges également. Ces femmes anarchistes et communistes, après tout, sont elles-mêmes entrées dans l'arène, avec leur doctrine d'amour libre. Et maintenant, elles ont au moins rencontré de vrais hommes[245]. »

La dictature s'installe en 1938, sans laisser au sang le temps de sécher, et Franco dote l'Espagne d'une des législations les plus archaïques d'Europe envers les femmes. Plus de droit de vote ni de droit au divorce, et encore moins à l'avortement. Le Caudillo tient entre ses mains le sort des Espagnoles. Sa doctrine politique se construit autour d'un idéal de femme qui participe à la construction de l'État nouveau : disciplinée, d'une austérité digne, assumant sa vocation naturelle de mère, dépouillée de tout défaut et de tout vice, dévouée au foyer, elle vise uniquement le privilège du sacrement du mariage et de l'enfantement ; sa virginité sexuelle autant que politique est la clé de voûte du modèle de famille franquiste.

À la mort d'un des rebelles phalangistes, on trouvera dissimulé chez lui un petit sac dans lequel il conservait soigneusement les toisons intimes de toutes les « putes rouges » qu'il avait pu ainsi humilier[246].

Derrière les barbelés

Si Franco parvient à maintenir l'Espagne hors des affres de la Seconde Guerre mondiale, le conflit met, plus au nord, le sexe des femmes à rude épreuve. Lorsque les prisonnières politiques arrivent au camp de Ravensbrück, une inspection humiliante les attend. Ginette Lion, agent de liaison française, est arrêtée à la gare de Rennes par la milice le 31 mai 1944 et transférée le 1er septembre. Tout commence par une ignoble découverte. « Conduites dans une très grande salle, déshabillées, nues comme des vers, on nous rase les poils, on nous douche, puis, allongées sur un lit, c'est la visite vaginale, horrible épreuve pour une jeune fille. Toute pudeur s'est envolée pour ces femmes nues et grelottantes[247]. »

Le rasage du pubis, comme de la chevelure, est systématique à l'arrivée dans les camps allemands. À Auschwitz-Birkenau, l'écrivain Elisa Springer, juive d'origine hongroise naturalisée italienne, se souvient de cette première violation de l'intime : « Dans une dernière tentative pour me défendre d'une telle violence physique et morale, je serrai les jambes, cherchant à me couvrir la poitrine avec les bras. Un nazi me frappa avec le canon de son fusil et cria brutalement : "Écarte les jambes et laisse-toi raser !"[248] »

Dans un lieu fait pour la mort, la féminité n'a plus lieu d'être. La résistante Charlotte Delbo, assistante de Louis Jouvet au théâtre de l'Athénée, est arrêtée et conduite à Auschwitz en 1942 : « Nous entrions dans une pièce où une prisonnière nous coupait les cheveux aux ciseaux. Court. Au ras du crâne. Une autre nous tondait le pubis. Une autre nous badigeonnait la tête et le pubis avec un chiffon trempé dans un seau de pétrole[249]. » Nue et tondue, précise-t-elle, « aucune n'était plus elle ». La Hongroise Judith Magyar-Isaacson échoue dans cet enfer à l'âge de dix-neuf ans. « Une femme m'a attaquée avec des ciseaux, se souvient-elle, un rasoir se déplaça sur mon pubis. Une douche de désinfectant fondit sur mes aisselles et mon crâne. Un spray me brûla soudain la vulve[250]. » Laura Hillman, née en Allemagne, évoque les « mornes lames » déchirant sa peau, avant de voir « le sang couler le long de ses jambes ». Les soixante-trois membres de sa famille seront exécutés, Laura ne devra sa survie qu'à un certain Schindler qui sauvera de l'enfer des camps plus de mille juifs grâce à sa liste. « Cela ne dérangeait pas les "barbiers" de couper les poils si près de la peau avec des ciseaux rouillés, au point d'être atrocement douloureux[251] », note une autre prisonnière. Toutes le reconnaissent : « La tonte de nos têtes et de nos vulves (…) nous prit les dernières traces de ce que nous avions été[252] ».

Tout signe de féminité doit disparaître, y compris les menstrues. Celles qui les ont encore sont obligées de subir en public le sang coulant entre leurs jambes, car on ne distribue en aucune manière du linge approprié.

Le journal très intime d'Anne Frank

C'est le même sort qui attend la jeune Anne Frank à son arrivée à Auschwitz, en septembre 1944, où les hommes d'Hitler pressent des convois surchargés. À seulement quinze ans, elle a eu à peine le temps de découvrir un sexe déjà muselé.

La famille Frank a quitté Francfort pour Amsterdam à la fin de l'année 1933, dans l'espoir d'échapper aux persécutions nazies. Alors que la ville est occupée par les soldats du Reich, qui étendent hors de leurs frontières leur pouvoir en mai 1940, elle se cache dans un appartement secret aménagé dans l'annexe de l'entreprise paternelle. Derrière une porte-bibliothèque pivotante, plusieurs familles se terrent presque deux ans durant, le temps pour Anne de vivre les débuts d'une puberté amoureuse avec Peter Van Pels, le fils de l'associé de son père. À la maison ou à l'école, consigne-t-elle dans son journal, « on parlait toujours des questions sexuelles en faisant des mystères ou de manière répugnante ». Quand elle cherche auprès de sa mère des explications sur l'excroissance qui se trouve entre ses jambes, elle se heurte à un refus : « Elle m'a dit qu'elle ne savait pas, pas étonnant, elle a toujours de ces réactions stupides. » Mais face à Peter, elle veut faire tomber le masque et partager la vérité de ce qu'est un corps féminin. « Je voudrais lui demander s'il sait comment une fille est faite. Un garçon n'est pas aussi compliqué d'en bas qu'une fille, je crois. Sur les photos ou les reproductions d'hommes nus, on voit quand même très bien comment ils sont faits, mais pas les femmes. » Et de noter que si la chose est très bien organisée, elle ne laisse rien voir puisque tout se trouve à l'intérieur.

Dès lors, c'est une enquête sur elle-même qu'Anne compte entreprendre au printemps 1944, face à Peter, cherchant par tous les moyens à lui décrire l'« installation » : « Devant, quand on est debout, écrit-elle, on ne voit rien que des poils, entre les jambes se trouvent ensuite des espèces de coussinets, des choses molles, elles aussi couvertes de poils, qui se touchent quand on se met debout, à ce moment-là, on ne peut voir ce qui se trouve à l'intérieur. » Voilà la première approche faite. « Quand on s'assoit, poursuit-elle, elles se séparent, et dedans c'est très rouge, vilain et charnu », avant d'expliquer le fond de sa pensée :

« Dans la partie supérieure, entre les grandes lèvres, en haut, il y a un repli de peau qui, si l'on observe mieux, est une sorte de petite poche, c'est le clitoris. » Véritable géographe de son intimité, Anne ne s'arrête pas en si bon chemin : « Puis il y a les petites lèvres, elles se touchent elles aussi (…). Quand elles s'ouvrent, on trouve à l'intérieur un petit bout de chair, pas plus grand que l'extrémité de mon pouce. Le haut de ce bout de chair est poreux (…), le bas ne semble que de la peau, mais c'est là que se trouve le vagin. Des replis de peau le recouvrent complètement, on a beaucoup de mal à le dénicher. » Si les organes n'ont plus de secrets pour elle, l'utilisation que l'on peut en faire est encore empreinte de mystère : « Le trou en dedans est si minuscule que je n'arrive presque pas à m'imaginer comment un homme peut y entrer. » Mais à treize ans, Anne Frank pressent une immuable vérité humaine : « Voilà tout, et pourtant cela joue un si grand rôle ! »

C'est en effet parce qu'il joue un grand rôle que le sexe des femmes est l'objet de tant d'attentions de la part du régime nazi. L'idéologie de la féminité a alors pour but de favoriser le contrôle et l'unité raciale de la société allemande. L'État se donne pour mandat de faire de la maternité et des tâches inhérentes au foyer le destin des Aryennes. Hitler au pouvoir, l'accès aux centres d'avortement est interdit par le Reich. Dès 1935, médecins et sages-femmes doivent rapporter au bureau régional de la Santé d'État toute fausse couche. La police enquête ensuite sur les femmes soupçonnées d'avoir avorté. En quelques années, c'est la peine de mort qui menace bientôt les contrevenantes, avec la loi sur la protection du mariage promulguée au début des années 1940. La politique hitlérienne pousse ainsi les Allemandes à emplir leurs ventres de nombreux enfants, quand d'autres, juives, tziganes ou opposantes politiques, sont interdites de reproduction. Le sexe des femmes doit répondre aux fonctions biologiques et aux pulsions selon la hiérarchisation nazie, pronataliste pour les unes, antinataliste pour les autres. Détruire le sexe de la femme en tant que graine de liberté, voilà le sens de la manœuvre. Et tout est employé pour que dans les ventres jugés indignes, plus rien ne pousse.

La méthode Clauberg

Un certain docteur Carl Clauberg, professeur de gynécologie à l'université de Königsberg, écrit à Himmler, maître absolu de la SS : « La méthode inventée par moi pour stériliser, sans opération, l'organisme féminin est pratiquement entièrement au point. Elle se pratique à l'aide d'une seule injection... et pourra selon toute probabilité stériliser plusieurs centaines – sinon mille – femmes par jour... »

National-socialiste convaincu, Clauberg a approché Himmler avec sous le bras un mémoire traitant de la « stérilisation non chirurgicale des femmes inférieures », projet qui intéresse au plus haut point le chef nazi. Grâce à ses travaux, il se voit déjà en héros du Reich et ambitionne de mettre en œuvre la politique démographique raciale du Führer : empêcher les non-Aryennes de se reproduire. Le médecin, petit en taille – moins d'un mètre cinquante-huit –, mais grand en pouvoir de nuisance, chauve et grassouillet, a obtenu l'oreille d'Himmler, et l'autorisation de mener à bien ses expériences dans le camp d'Auschwitz. Détruire l'appareil reproducteur comme stade ultime du contrôle sur le sexe des femmes, voilà ce qu'il annonce au futur ministre de l'Intérieur d'Hitler.

Depuis 1933 en effet, les chirurgiens allemands pratiquent les stérilisations des populations génétiquement tarées aux yeux du régime, des malades mentaux, des handicapés, des alcooliques. Mais les interventions, qui consistent en une ligature des trompes de Fallope, sont coûteuses et laborieuses. Dans le temps concentrationnaire, la quantité prédomine, il faut inventer des techniques indétectables et plus rapides pour faire taire les ventres. La méthode Clauberg injecte directement dans l'utérus des produits corrosifs, dioxyde de carbone ou formaldéhyde.

Décembre 1942, Clauberg s'installe dans le block n° 10 du camp d'Auschwitz. Un électricien d'origine polonaise fait prisonnier assiste à la préparation des interventions[253]. « Les fenêtres étaient occultées par du bois, afin que personne ne puisse voir ni à l'intérieur ni à l'extérieur du block (...) toujours fermé à clé, et ne s'ouvrant qu'en sonnant une certaine cloche. » Seul le docteur est autorisé à y entrer. Ses pas sont immanquablement suivis par ceux de femmes qui « se mettaient immédiatement à hurler et pleurer ». Sans anesthésie, Clauberg injecte entre les jambes des patientes de l'acide. Instantanément, la douleur est intenable et il n'est pas rare que les patientes ne reprennent jamais conscience. Une doctoresse polonaise est appelée à la rescousse par une aide-soignante : une des patientes a perdu connaissance, « allongée sur la table, l'instrument encore à l'intérieur d'elle[254] ». La discussion entre prisonnières lui révèle bientôt la brutalité des méthodes du savant. « Clauberg les injectait si brutalement que beau-

190

coup de femmes se défendaient instinctivement, et criaient si fort que Sylvia – l'infirmière assistant le docteur – devait intervenir en les frappant. » L'Italienne Giuliana Tedeschi se souvient : « Ma profonde et plus intime féminité se torturait et se rebellait. Je pensais à mon corps brutalement privé de sa vitalité, au renoncement à la fonction plus féminine imposée par la nature, à la monstrueuse violation que les Allemands avaient froidement élaborée par haine et mépris[255]. »

Des centaines de détenues sont ainsi traitées dans le block n° 10. Clauberg sait comment parler aux femmes. À celles qui accepteront son traitement, il évitera Birkenau, synonyme de mort imminente. Avec son assistant, Johannes Goebel, il essaie de multiples posologies pour obtenir le sérum parfait, celui qu'Himmler attend de lui. Mais les mélanges, trop concentrés, au-delà du blocage des trompes de Fallope, détruisent souvent les autres organes vitaux contigus. Les effets sont dramatiques : « Beaucoup de femmes vomissaient violemment après de telles expériences. Au bout de trois mois, chaque opérée subissait encore deux opérations de contrôle, pendant lesquelles une partie de leurs organes était incisée afin d'en vérifier l'état[256]. » Trois cents environ vont mourir des suites de ces expérimentations, sans pour autant entamer l'enthousiasme du professeur, qui talonne de près son principal rival. Car au sein du même camp, le docteur Horst Schumann travaille pour sa part à une stérilisation grâce aux rayons X. La technique est infiniment plus discrète, mais la surexposition aux rayons révèle bientôt ses propres difficultés. En dose suffisante, elle entraîne elle aussi des brûlures qui permettent aux patientes de comprendre qu'elles sont l'objet d'une intervention dont elles ne savent rien. Utilisés en dose plus faible, les rayons ne tiennent pas leurs promesses[257].

Le 8 juin 1945, Carlberg est capturé par l'armée russe. C'en est fini de ses effroyables expériences sur le sexe des femmes, lui aussi libéré du joug de l'idéologie nazie.

12

Les jolies décolonisations de vacances

Manneken-Pis dans la brousse

Rwanda, 1946. Les autorités catholiques belges ont bien du mal à moraliser les femmes de leurs colonies africaines. Un curieux rituel, qu'elles ne s'expliquent pas, pratiqué dans cette région des Grands Lacs, met leur croyance et leur patience à rude épreuve. Mgr Laurent Deprimoz, vicaire apostolique, est contraint de taper du poing sur la table et demande officiellement à tous les prêtres du pays de questionner sous le sceau de la confession leurs fidèles, afin d'identifier et de décourager par tous les moyens celles qui s'adonnent à une coutume nuisible. Il y a urgence à endiguer le phénomène[258]. Car, à la puberté, les Rwandaises ont pour mission d'aller « couper des herbes » entre amies[259]. Rien de très bucolique, si ce n'est que l'activité en plein air consiste à s'étirer mutuellement le sexe.

La coutume, nommée *gukuna*, est une condition primordiale pour atteindre le bonheur conjugal[260]. Les petites lèvres, une fois de belle taille – trois ou quatre centimètres –, sont en effet indispensables au plaisir du mari. Les femmes qui confieront leur entrejambe à la tradition et, des années durant, sacrifieront au douloureux exercice seront hautement valorisées pour leurs qualités morales. Les réfractaires seront à l'inverse marginalisées et qualifiées de « sans-substance », ou « sans-contenu », autrement dit pointées du doigt en raison de leur sexe jugé ridiculement vide et petit. Impossible dès lors de trouver un mari. Qui prendrait le risque d'approcher une femme aux nymphes rétrécies ? Il n'y gagnerait que l'appauvrissement de ses semences, de ses récoltes et de ses troupeaux. La petite chair intime signifie « source de diminution des biens ». Gare à celles qui pensent dissimuler leur infirmité à leur promis.

Pour s'assurer de la conformité de l'organe à la veille de la noce, la grand-mère de la mariée examine la zone délictueuse et certifie que la taille des nymphes augure d'un mariage riche et fécond. Si le mari a été dupé, il témoigne son mécontentement en plaçant un bout d'arbuste à tige creuse dans un petit pot d'argile qu'il envoie à la belle-famille. Le message est sans équivoque : « Vous ne m'avez pas donné une personne, mais un vide sans contenu. » Comme une Occidentale sans trousseau ni dot, la femme au sexe naturel est sans « habit », visible « jusque dans son ventre », et dévoile de fait le secret de son intimité. Les lèvres étirées la prémuniront contre cette infamie en constituant un rideau protecteur qui voilera l'entrée interdite. La seconde fonction supposée satisfaire le mari est de conserver la chaleur intime : elles empêcheront l'air froid de pénétrer, veillant à rendre l'endroit des plus accueillants. Le « sexe à oreilles » est à l'écoute des hommes et de leurs besoins, se targue-t-on, là où le « sexe de petite fille » confine à l'égoïsme stérile. La nubilité d'une femme se mesure alors à la dimension majestueuse façonnée de son sexe.

Dans la forêt, les Rwandaises qui présentent les premiers signes de puberté se retrouvent pour couper et tresser leurs nattes. Là, l'intimité s'exprime loin du regard des hommes. Une fois qu'elles se sont assises par deux l'une en face de l'autre, jambes écartées, la séance commence. L'une tire sur les parties de l'autre dans un jeu de je-te-tiens-par-la-barbichette où il ne s'agit ni de rire ni de pleurer. Puis vient le temps des chants et des prières, pour persuader l'intimité de chacune de descendre et se montrer, avant les formules que l'on espère magiques : « Qu'aucun homme ne siffle avant moi, afin de ne pas effrayer mes nymphes. » Car l'exercice est périlleux. Si un homme surprend les nymphes en action, les lèvres rétréciront instantanément, comme une peau de chagrin. À la fin de la séance, toutes s'agenouillent et frappent dans leurs mains en énonçant leurs vœux : « Que la paix et le bonheur soient entre mes jambes ! » ou « Que mes cuisses emplissent et séduisent ! ». Puis on prend soin de replacer l'herbe avant de partir afin qu'elle ne trahisse pas le secret du rassemblement. Une précaution domine : ne surtout pas faire de zèle en étirant son sexe jusqu'à ce qu'il soit plus long que celui de l'homme. Le sexe féminin ne doit pas être plus mâle que mâle !

Hélas, les missions coloniales qui dispensent la foi chrétienne n'accueillent qu'avec un enthousiasme très relatif cette pratique assimilée à de la masturbation, répréhensible en soi, pratiquée en groupe de surcroît et – sacrilège ! – entre femmes. Du point de vue de l'Église, une telle pratique doit être fermement combattue en tant qu'onanisme et perversion. Ainsi, sous la direction du vicaire, les prêtres introduisent le sentiment de culpabilité. Au séminaire de Zaza, pour parler du corps de la femme et de son sexe, les missionnaires dispensent aux élèves des diapositives dans lesquelles la chair interdite est figurée par l'image d'un sexe animal, de chatte ou de lapin, le tout accompagné de commentaires sur l'infériorité innée de la femme, à l'instinct incontrôlé et sauvage. Quel meilleur exemple de cette dégénérescence que le fait qu'elles se touchent mutuellement dès le plus jeune âge ?

Difficile de circonscrire le *gukuna*, qui donne également du fil à retordre aux religieux du Congo belge voisin[261]. Pour ne rien arranger, les Congolaises sont souvent nues. Un choc pour les Occidentaux, qui n'entrevoient d'une femme qui n'est pas la leur qu'un cou, un poignet et, pour les plus chanceux, un mollet ! Or l'étalage du gynécée africain tout en courbes donne le tournis aux hommes venus du plat pays. Certaines n'arborent qu'un court tutu de raphia, ou une rangée de perles ceinturant les hanches, ainsi qu'une étroite feuille de bananier ou une parcelle de tissu fixe à l'entrejambe. Et lorsque cette feuille biblique s'écarte, elle dévoile un pubis totalement épilé, livré à un regard aveuglé qui assimile à l'absence de honte à ne pas porter de vêtements une impudeur propre à la femme noire. La chair ainsi exposée ne demande-t-elle pas qu'à être prise ? Ainsi naît dans l'esprit des Blancs peu habitués à la chaleur l'idée qu'un sexe noir est bestial, proche du monde animal.

Le sexe des indigènes, métaphore du continent et de sa colonie, doit accueillir les fantasmes européens, « parce qu'il s'agit d'une prise de possession, d'une conquête du mâle[262] », qui le méprisera une fois pénétré. L'écrivain et idéologue antisémite Edmond Picard témoigne de cette dialectique de l'aversion et du désir. Dans les premiers mois, nous dit-il, « la répugnance est vive. L'odeur, la teinte, la physionomie indéchiffrable sous les ténèbres du derme, l'aspect vulvaire et sanguinolent de la bouche, malgré la splendeur de la denture, apaisent les velléités masculines. Mais peu à peu on s'accoutume, comme à un bal masqué, à ne plus demander le décisif attrait au visage, miroir souvent menteur de l'âme, ici dissimulé sous la suie. (…) La séduction opère, la Nature complice fait mouvoir les secrets ressorts de la reproduction... et on se lance comme les autres[263] ».

L'homme blanc n'en est pas à une contradiction près, et la pratique du *gukuna* et de ses nymphes étirées, si elle fait frémir le goupillon des autorités religieuses coloniales, suscite le désir autant que la curiosité des salons des capitales européennes.

La Vénus sans fourrure

La première indigène à focaliser l'attention européenne est une Vénus noire. Sarah Baartman est née en 1789, l'année où la France se dotait de sa première Déclaration des droits de l'homme et du citoyen. Mais au Cap, en Afrique du Sud, la nouvelle selon laquelle « les hommes naissent et demeurent libres et égaux en droits » n'est pas encore parvenue aux colons hollandais occupant le territoire de l'ethnie « hottentote[264] ». Ses proches disparus au combat contre les fermiers boers qui déchire la région depuis le XVIe siècle,

Sarah va grossir les rangs des femmes seules des grandes villes. Pour survivre, elle devient servante. Malgré son ardeur à la tâche, elle est vendue à un homme, Hendrick Caesar, qui a entendu parler de la déformation intime des femmes de sa peuplade : le tablier hottentot.

À la manière du *gukuna*, ce tablier érotique est un étirement volontaire des nymphes pratiqué dès la puberté. Une incision est faite de chaque côté des lèvres pour y insérer d'abord un petit caillou, puis d'autres de plus en plus lourds, de manière à allonger les chairs. Lorsque, ainsi travaillé par la gravité, le sexe atteint la taille de dix centimètres, le processus est arrêté, les deux membranes pouvant couvrir entièrement le sexe de l'homme.

Les savants, eux, sont persuadés que c'est la chaleur extrême régnante qui étire en proportion l'intimité des femmes. Selon l'explorateur et diplomate andalou du XVIe siècle Léon l'Africain, c'est naturellement que les Hottentotes ont les « lèvres du vagin fort allongées et larges comme un double fanon de bœuf ». De même, l'éminent naturaliste et biologiste du XVIIIe siècle Georges Buffon justifie-t-il que l'on « excise les longues nymphes des femmes africaines à l'âge de la puberté[265] » pour soulager celles-ci de la honte que leur difformité leur procure. Convaincu de l'innocuité de l'opération, Buffon observe qu'au Bénin elle est pratiquée sans souci aucun chez des nourrissons d'une semaine, tandis que Léon l'Africain assure qu'il y a « des hommes qui n'ont d'autre métier que de savoir retrancher aux femmes ce que la nature a trop allongé (...). Ils crient à haute voix dans les rues : qui est celle qui veut être coupée ? ». La pratique de l'excision attire peu l'intérêt des colons européens, persuadés qu'il s'agit là d'une curiosité de plus liée à la chair noire[266].

Convaincu de pouvoir faire fortune en dévoilant une telle fantastique intimité, Hendrick Caesar emmène Sarah à Londres, où il l'exhibe parmi d'autres phénomènes de foire aux difformités cruelles. Bon vendeur, il a le sens de la formule et présente sa recrue sous le sobriquet de « Vénus hottentote ». L'invocation de la déesse à elle seule suffit à créer un mythe, un merveilleux spécimen exotique. Du fond de la cage où Sarah est reléguée, dans une salle du quartier de Piccadilly, nombreux sont les regards, les quolibets et les mains invasives de spectateurs encanaillés à vouloir la toucher. Le succès de la Vénus hottentote ne s'achète qu'au prix d'une humiliation permanente.

Sa sensualité monstrueuse a quelque chose d'obscène et de sacré qui assaille le visiteur, troublé par des pulsions contradictoires[267].

Ainsi, le petit-fils du grand Darwin, Francis Galton, est-il le sujet d'une mésaventure où le pousse sa curiosité pour l'appendice extraordinaire. Rencontrant un ami dont la femme est une authentique Vénus hottentote, il n'a qu'une seule idée en tête : « Je brûlais d'obtenir les mensurations précises de ses formes. » La chose n'est pas aisée, et le voilà en bien mauvaise posture : « Il m'était impossible d'expliquer à la dame l'utilité de mon double-décimètre. » Jamais à court d'idées, le scientifique envisage un objet moins invasif, son sextant, instrument de navigation qui ne sert à rien de moins que calculer la distance angulaire entre deux points ainsi que la hauteur des astres ! Se lançant dans un savant calcul de logarithmes et de trigonométrie, il parvient enfin à toucher – par la pensée seulement – l'organe mystérieux et à satisfaire l'impérieux besoin de le mesurer[268].

C'est cette chair des Hottentotes qu'Aimé Césaire célébrera en pansant de quelques vers la honte :

> « *Une écluse alimentée aux sources*
> *les plus secrètes de l'arbre du voyageur*
> *s'évase en croupe de gazelle inattentive*
> *Merveilleuse mort de rien*
> *Les sourires échappés au lasso*
> *des complaisances*
> *écoulent sans prix les bijoux de leur enfance*
> *au plus fort de la foire des sensitives en tablier*
> *d'ange*
> *dans la saison liminaire de ma voix*
> *sur la pente douce de ma voix*
> *à tue-tête pour s'endormir*[269]. »

La renommée de sa nudité atteint les frontières de l'Europe quand, au bout de quatre années de représentations, l'African Association, une association abolitionniste, émue par ce spectacle immoral et illégal, porte plainte contre Hendrick Caesar. La cour royale de justice doit statuer sur son cas. Après enquête, Sarah est déclarée consentante, sur la foi de son simple témoignage en néerlandais. Lassé de tant d'entraves, son maître finit par la céder à un montreur d'ours et de singes du quartier interlope du Palais-Royal, à Paris.

Sur la terre de la liberté et des Lumières, Sarah espère un traitement meilleur. Elle y est montrée pour trois francs, rue Neuve-des-Petits-Champs. Épiée, scrutée, disséquée par l'œil, elle passe des salons parisiens au Muséum national d'histoire naturelle, où l'administrateur, Étienne Geoffroy Saint-Hilaire, spécialiste de l'étude des monstres, exprime auprès du chef de la première direction de la police de Paris le souhait des naturalistes de profiter de la circonstance « pour donner avec plus de précision qu'on ne l'a fait jusqu'à ce jour les caractères distinctifs de cette race curieuse ». Il propose d'examiner le spécimen au Jardin botanique en présence d'artistes peintres et de scientifiques. Dénudée face aux meilleurs savants français, Sarah cache son sexe derrière un morceau de tissu. Pauvre organe bientôt livré à la prostitution autant qu'à la fascination et au dégoût des Blancs.

La pauvre Vénus meurt l'année suivante, le 29 décembre 1815, à vingt-six ans. Le naturaliste Georges Cuvier, ayant vent de la nouvelle, a soin de s'emparer de son corps dans l'espoir de pratiquer une dissection de son cadavre, examen autorisé à la Pitié-Salpêtrière par une ordonnance impériale. Il n'est à ses yeux « rien de plus célèbre en histoire naturelle que le tablier des Hottentotes », signe de l'obsession de son temps. Sarah est réduite à son anatomie. Cuvier prélève son cerveau et son sexe pour les plonger dans du formol. Les deux organes auxquels les hommes n'auront rien compris seront transférés en 1937 au flambant neuf musée de l'Homme du Trocadéro.

Tintin au Cameroun

Pour les colons de la première moitié du XXe siècle, le sexe des femmes noires s'adonne volontiers à des rituels aussi puérils que pittoresques. Certains, comme le *gukuna*, choquent, là où d'autres sont la risée d'esprits se pensant supérieurs. Loin d'être un continent qui s'offre de manière univoque à la compréhension occidentale qui ne voudrait y voir que mutilations et excisions, l'Afrique est aussi le lieu de rites d'exaltation de l'intimité féminine comme jamais l'Occident n'en a connu. Au Cameroun, les adeptes d'une cérémonie célébrant l'anatomie forment une société secrète très puissante, à laquelle les chefs de famille ou de village n'hésitent pas à faire appel en cas d'improductivité de la terre, de stérilité des femmes, ou pour effacer un adultère commis par une épouse. Dans tous les cas, le *mevungu*, en invoquant la puissance des clitoris, portera réparation au mari frappé par l'une de ces calamités[270].

C'est chez la première épouse de l'homme visé que l'on organise les festivités. À cette fin, une retraite de dix jours pendant laquelle elle sera seule, enfermée dans une maison, est préconisée. Les autres femmes arborent une toilette de fête, enduites de sève et d'écorce d'arbres de couleur rouge, les cheveux abondamment huilés et tressés. Dans la case de l'épouse, la maîtresse de cérémonie, une femme âgée, s'apprête à officier, l'encens et les marmites pleines d'huile de palme à portée de main. La chef désignée est celle qui a les organes sexuels les plus développés. Les candidates, nues, regroupées autour d'elle en cercle, l'écoutent énumérer les griefs du mari pour les conjurer. Puis, elles jettent des symboles féminins dans un feu, comme une petite termitière en forme de clitoris. Dirigées par l'officiante, elles dansent et chantent toute la nuit, afin de capter la force de fécondité qui se dégage des organes les plus exubérants. Enfin, elles sont examinées les unes après les autres par un groupe d'anciennes qui poussent des cris de satisfaction devant chaque clitoris saillant.

On enduit alors ce membre de cendres. Debout, les élues sont exposées, présidant la danse, et chaque participante est invitée à admirer et passer entre leurs jambes pour s'imprégner de leur pouvoir, frottant le bout de leur nez sur les organes en question. Réunies autour de la femme la mieux dotée, les spectatrices font mine de nourrir son entrejambe d'une sorte de bouillie, le chatouille, ou encore attachent un gros fruit par une ficelle au bourgeon intime, et tirent dessus pour prouver sa force. Supportant la douleur, cette femme fait profiter les autres de l'influence bénéfique de son sexe, gardienne de la respectabilité des bonnes mères et épouses.

Les révoltées de l'« anlu »

À l'été 1958, la région nord-ouest du Cameroun, où la savane recouvre les hauts plateaux volcaniques, est en proie à de violentes protestations contre lesquelles les autorités coloniales ne peuvent rien. En effet, à la fin de la Première Guerre mondiale, la France et l'Angleterre se sont partagé les terres, la première occupant la partie orientale du pays, la seconde la zone occidentale. Mais au lendemain du second conflit de ces Européens décidément bien agités, un mouvement populaire revendiquant l'indépendance et la réunification du Cameroun prend de l'ampleur. Tandis que, côté français, l'autorité coloniale endigue d'une main de fer les aspirations à la liberté, à l'ouest ce sont les femmes qui donnent du fil à retordre aux colons britanniques[271].

De fait, les épouses et filles du peuple kom, originaire de l'ouest volcanique du Grassland, ne tolèrent pas la réforme agraire qui vient de leur être imposée par un régime devenu illégitime. Fermes et champs sont ici une affaire de femmes.

Et en voulant faire passer de nouvelles lois, de nouvelles restrictions à leur manière d'exploiter la terre, les hommes du gouvernement ont non seulement bafoué leurs droits, mais commis à leurs yeux une grave atteinte à leur sexe. Délaissées par leurs époux réduits à l'immobilisme, elles ont décidé de donner à leur pays les moyens d'un changement politique et économique durable. Quittant maris et enfants, des milliers de femmes à l'esprit d'indépendance inflexible se mettent en marche vers Njinikom, parcourant parfois des dizaines de kilomètres pour perturber la tenue des assemblées coloniales qu'elles désapprouvent.

Le 4 juillet, après plusieurs semaines de siège intensif, quelque six mille femmes s'approprient une méthode punitive tribale contre les hommes, l'*anlu*. Tandis que les politiques palabrent et argumentent, elles retirent leurs vêtements dans la rue, chantent et dansent dans le plus simple appareil. Quant à celui qui a le malheur de croiser leur chemin près du bâtiment du Congrès national du Cameroun, il est poursuivi et insulté. Les femmes lui exposent leurs parties intimes. Honte, ridicule et opprobre sont ainsi jetés sur ces victimes de leur *anlu*. Eussent-elles appartenu à l'autre sexe, elles auraient été chassées par la force, mais aucun officiel ne sait comment réagir face aux milliers de femmes les menaçant de leur entrejambe.

La rébellion de l'*anlu* ne compte pas s'arrêter avant de faire trembler l'État colonial. Les femmes nues maintiennent ainsi la pression sur le gouvernement. En quelques jours, la rumeur se répand, de nouvelles recrues effectuent la vengeance de l'*anlu* un peu partout dans le pays, déposant leurs vêtements dans les écoles et les marchés, ostracisant les hommes dont elles ont fait leurs victimes, encerclant leurs maisons et leur interdisant de sortir. Le gouvernement tente d'endiguer le mouvement en arrêtant sa « reine », mais venues de toute la région, des femmes de plus en plus nombreuses encore se massent dans le chef-lieu du nord-ouest, Bamenda. Leurs manifestations sont si redoutables que la police ne peut les contenir.

Le gouvernement n'a plus d'autre choix que de dialoguer avec celles qui ont pris le contrôle des affaires tribales. L'indépendance de la zone française est proclamée le 1er janvier 1960, et le Cameroun devient la première des colonies africaines à y accéder. Au-delà de cette victoire politique inédite, la symbolique utilisée par les femmes kom vaut le meilleur des slogans de tous les propagandistes : en faisant de leur sexe nu une arme de révolte capable de remettre en cause les règles coloniales, elles ont participé à la libération du territoire[272].

La menace d'exposer un vagin est, en effet, pour les hommes du pays un mauvaise augure, si ce n'est le plus funeste. Cette chair faite pour la sphère privée ne doit pas envahir l'espace public. Traditionnellement, aucun Kom ne peut battre ni frapper une femme enceinte, ou une jeune mère, ni insulter une femme sur sa féminité, car cela représente le plus grave des crimes. L'homme offense ainsi le pouvoir maternel et reproducteur de toute femme.

Par de tels actes, le contrevenant s'expose à une punition très particulière. L'*anlu* commence par la mise à l'écart de l'homme. Voici comment s'inaugure le supplice. Une femme lance un cri lacérant pour prévenir les autres qui quittent sur-le-champ leurs occupations et accourent de toutes parts. La foule grossit et bientôt une danse frénétique est rythmée par des strophes improvisées racontant l'offense commise, « de telle manière qu'elle provoque l'émotion et l'envie de réagir. L'histoire de l'offenseur est narrée par un intense récit comminatoire ». Puis le groupe s'éloigne en direction de la forêt pour ne revenir qu'à l'aube. Couvertes d'arbustes, d'habits masculins et le visage peint, les femmes font irruption dans la maison du coupable en chantant et dansant. « Aucune d'elles n'a l'air humaine dans cette foule sauvage, ni leurs actions suggèrent-elles une pensée saine d'esprit. Des parties vulvaires du corps sont exhibées tandis que le chant devient plus mystérieux. »

Le châtiment remonte au XIXe siècle, lorsque le peuple kom, comme d'autres tribus, migre en quête de sols fertiles. Selon la légende, un python aurait désigné aux Kom le lieu qui les ferait prospérer : Laikom. Mais les hommes kom dépendent du royaume de Mejang et doivent chaque année, en signe de soumission, bâtir une maison dans le palais de leur chef. La construction devra être modelée d'une boue spécifique mélangée à de l'huile de castor, et non pas à de l'eau, selon l'usage commun.

Une année cependant, la sédition s'empare de l'esprit des hommes, qui refusent de satisfaire au dispendieux effort. Le soulèvement ne reste pas impuni. Alors que les hommes s'éloignent du village pour chasser, les guerriers mejang décident d'envahir Laikom et d'en capturer les femmes. Ces dernières, alertées par leurs espions, s'attifent des vêtements de leurs conjoints et prennent armes et bâtons pour aller molester les intrus. Dupés par l'apparence de l'ennemi, les Mejang battent en retraite. Mais les femmes, comme enragées, leur donnent la chasse tant et si bien que les combattants aguerris finissent par battre en retraite, sauf un, boiteux de son état. Le gredin se retrouve cerné par les femmes qui se déshabillent et exposent leurs parties intimes à hauteur de son visage, lui figurant par des gestes obscènes qu'il est indigne de la chair qui lui a donné la vie. Libéré, l'homme prévient les siens des risques encourus à défier ces dames. C'est ainsi que Mejang s'est soumis à Kom, et que les femmes kom ont remis en cause l'autorité coloniale.

La revanche des brunes

Les femmes kom ne sont pas les seules à défendre le respect dû à leur sexe. Chez les Bakweri, vivant autour du mont Cameroun, peuple de langue bantoue, on veille aussi au culte du *titi ikoli*, littéralement « ce qui est beau, qui vaut des milliers », et qui ne tolère pas l'insulte[273]. L'affront, d'une nature similaire, consiste en l'accusation suivante : les parties intimes féminines sentent. Gare à celui qui ose proférer une telle insulte devant témoin. L'offensée appelle immédiatement les autres femmes de son village. Les circonstances de l'outrage exposées, toutes courent et arrachent des touffes de végétation des buissons environnants, qu'elles attachent à leur taille, convergent ensuite vers l'offenseur, et exigent réparation. Si leur requête n'est pas satisfaite, elles se dirigent en chœur vers la maison du chef de village où le coupable est traîné par leurs soins et l'infraction relatée. Si l'insulte est prouvée, l'outrageur devra fournir un cochon d'une certaine taille, ainsi que du sel ou de l'argent à sa victime. Puis les femmes l'encerclent et entonnent des chants accompagnés de gestes obscènes. Les autres hommes s'empressent de quitter la maison pour éviter d'être à leur tour déshonorés. Le coupable a beau tenter de se cacher les yeux pour ne pas les voir agiter sous son nez l'organe dont il s'est montré indigne, trop tard, il s'est couvert d'opprobre.

Mais à la fin de la période coloniale, dans les années 1950, pour demander réparation, les offensées usent des moyens légaux offerts par la juridiction nouvelle du pays : « toute insulte des parties basses d'une femme » est désormais déclarée hors la loi. Celui qui, par les mots, a « dévoilé le secret des femmes », rendu publique une particularité de leur anatomie privée, doit être puni, car il a trahi la puissance de l'organe qui lui a donné la vie.

Bientôt viendra l'heure de l'indépendance, l'heure de libérer la chair noire de ses colons. Dès la fin de la décennie, le Cameroun, le Congo belge et le Rwanda se déferont des liens de servitude nationale qui les attachaient jusqu'alors aux puissances européennes.

Troisième partie
DIFFICILE LIBERTÉ

13

Le point de non-retour

Le seigneur des anneaux

New York, 1950. Un septuagénaire juif allemand vient enfin de trouver le graal après lequel courent les hommes depuis que le monde est monde : le siège de la volupté chez la femme, la source de l'orgasme féminin. Quoique discutée depuis des siècles, nous dit le grand découvreur peu avant de toucher au but, et même des milliers d'années, « la question de la satisfaction féminine reste pourtant irrésolue... La solution au problème serait plus vite trouvée si les sexologues savaient exactement ce dont ils parlent ». Depuis quatre décennies qu'il étudie la chair interdite en tant que gynécologue, Ernst Gräfenberg sait de quoi il parle. « D'innombrables points hétérogènes sont répartis sur tout le corps, d'où la satisfaction peut éclore, écrit-il, il y en a tellement que nous pourrions presque dire qu'il n'y a aucune partie du corps féminin qui ne donne pas de réponse sexuelle. À une condition seulement : si le partenaire sait trouver ces zones érogènes. » À cœur vaillant rien n'est impossible ! Mais Ernst n'est pas homme à se satisfaire de généralités. Il annonce avoir distinctement identifié une zone de sensibilité maximale directement liée à l'orgasme. Comme une carte au trésor, il donne une indication à celui qui la cherche : il la trouvera « sur la paroi antérieure du vagin, le long de l'urètre ». L'homme n'a pas marché sur la Lune, mais le point G – comme Gräfenberg – est né.

Le chemin jusqu'à Manhattan n'a pas été simple, et peu s'en est fallu que le sexe des femmes ne conserve tout son mystère. C'est une autre partie du corps humain que le jeune Gräfenberg, au début de sa carrière, gratifiait de son attention. Ophtalmologue établi en Bavière, il décide finalement d'effectuer un virage vers le sud et de se spécialiser en gynécologie et obstétrique. Sa formation à l'université de Kiel achevée, le lauréat rejoint Berlin où il développe le premier test scientifique d'ovulation. Comprendre le fonctionnement de l'autre sexe pour l'aider à la reproduction devient un véritable sacerdoce qui ne lui laisse que peu de temps en dehors de ses consultations. Tandis que la Première Guerre mondiale s'abat sur le pays, sa blouse blanche en fait un candidat tout désigné sur le front comme officier sanitaire. Gräfenberg ne rechigne pas à prendre une part active au conflit et délaisse le confort de son cabinet. Parfois appelé à la rescousse pour accoucher les enfants des Russes prises dans la tourmente, il garde toujours précieusement sur lui sa paire de forceps, outil de peu d'utilité dans les tranchées. Les belligérants rassasiés de violence, il retourne à son sujet d'étude favori.

Mais la guerre a gravement endommagé le tissu social allemand et privé de soins gynécologiques beaucoup de femmes dans le besoin. Gräfenberg œuvre dans les quartiers ouvriers de Berlin, où il est choqué par la souffrance de celles qu'il rencontre. Des victimes d'avortements primaires viennent s'éteindre dans ses bras, d'autres rendent leur dernier souffle en tentant d'accoucher d'un énième enfant qu'elles n'auraient pas eu les moyens de nourrir. Devenu gynécologue en chef de l'hôpital de Britz, quartier peu huppé de la ville, le médecin met alors toute son inventivité à donner aux femmes le choix de devenir mère ou pas. Aider à tout prix celles qui désirent concevoir à le faire dans les meilleures conditions, entendre celles qui ne le souhaitent pas et leur proposer des solutions, offrir une contraception discrète autant qu'efficace au plus grand nombre, telle est sa mission. Ses efforts ne sont pas vains.

Il finit par mettre au point en 1928 un dispositif intra-utérin métallique, comparable à un stérilet, qui pourrait remplacer le crin de Florence jusqu'alors, ce fil de soie en forme d'étoile utilisé pour la fabrication des bas de ligne de pêche ou de certains fils chirurgicaux. La seule maîtrise des métaux lui a donné la solution : des anneaux, visibles aux rayons X, faits d'or ou d'argent, dont l'effet inflammatoire rend l'utérus impropre à la nidation et empêche toute grossesse. Mais l'anneau de Gräfenberg n'est pas la création que l'époque souhaite voir se répandre comme une traînée de poudre. L'Allemagne est à l'heure de l'expansion.

Son cabinet de la Kurfürstendamm, l'une des avenues les plus réputées de la ville, ne désemplit pas, si bien que Gräfenberg ne voit pas Hitler arriver au pouvoir en 1933. Nombre d'épouses de dignitaires nazis venant désormais bénéficier de ses soins, il se sent hors de danger. Hélas, qu'un médecin juif se mette en tête d'encourager les femmes à séparer plaisir et maternité et à faire baisser la courbe démographique du pays n'entre en rien dans les plans d'expansion du Führer. Publicité, commerce ou divulgation de contraceptifs de toutes sortes deviennent illégaux. Les pressions politiques incessantes sifflant sur la tête de Gräfenberg l'obligent à quitter son poste de directeur du département de gynécologie de l'hôpital de Britz. Une mesure temporaire, se persuade-t-il. D'autres collègues, plus clairvoyants, tentent de le convaincre de fuir le pays, mais il s'entête, ses patientes ont besoin de lui.

Leurs sombres pressentiments se révèlent fondés. En 1937, un motif spécieux est trouvé pour justifier son arrestation : Gräfenberg, dans un accès inconsidéré de philatélie, aurait fait sortir frauduleusement du territoire un timbre de grande valeur ! Inexcusable.

Margaret, l'autre dame de fer

Depuis les États-Unis, une femme n'est pas insensible au sort de Gräfenberg, l'Irlandaise Margaret Sanger. Celle qui vient de créer l'American Birth Control League, premier planning familial américain, a vu sa mère subir plus de dix grossesses. Dans les quartiers pauvres du Lower East Side de New York où elle travaille comme infirmière, elle est confrontée chaque jour à des femmes qui, privées de la clé de leur sexualité, n'ont pas accès à des méthodes de contraception. Dans un système aussi puritain, les informer de l'existence de dispositifs préventifs est illégal[274].

Mariée en 1902, Margaret a hérité des problèmes de santé de sa mère. Souffrant de tuberculose alors qu'elle est enceinte de six mois, la fragilité marque son corps. Désormais, une nouvelle grossesse lui est interdite. Pour un jeune couple, en l'absence de contraception, la prescription fait figure de condamnation à une vie sans plaisir. Margaret décide de n'en être pas moins femme. Deux autres grossesses, un remariage et quatre amants plus tard, elle confie à son journal : « J'aime être ravagée par les romances[275] », et devient une des plus ardentes propagandistes des joies de la chair, plaisirs jusque-là jalousement gardés par les hommes.

Quelques années plus tard, en 1911, tout comme Gräfenberg, Margaret voit les ouvrières « remplir les listes mortuaires après des avortements, alors que les riches épouses ont droit aux meilleurs soins médicaux que l'argent peut acheter et qui leur sont prodigués par des infirmières spécialisées pour prendre soin d'elles ». L'ouvrière, quant à elle, doit se contenter de l'assistance la moins chère, de charlatans crasseux, « tandis que les législateurs ferment leurs yeux puritains[276] ». Peu importe l'interdit, celle qui se définit comme une « femme rebelle » use ses semelles à arpenter les rues des quartiers pauvres pour mettre en garde ses semblables : elles ne seront jamais libres tant qu'elles n'auront pas le choix de devenir mères ou non. Telle est la condition pour parvenir à s'élever dans la société. « Moins une femme aura d'enfants pour lesquels cuisiner, nettoyer et repasser, plus elle aura de loisir pour lire, penser et se développer, écrit Margaret. La liberté demande du temps pour soi, et sa première liberté doit être dans son droit à disposer de son corps, le droit de dire ce qu'elle en fera dans son mariage et en dehors. »

Tous ces droits tournent autour d'un seul pivot :
la contraception.

Dans l'Amérique du début du XXᵉ siècle, de
tels propos sont très mal perçus, par le pouvoir
politique autant que par les pouvoirs religieux.
L'Église catholique, aux yeux de Margaret, est
« du côté de l'ignorance contre le savoir, de l'obscurité contre la lumière ». En janvier 1915, un
homme se présente au bureau de son époux.
Prétendant être un ami de la contestataire, il
demande à ce qu'on lui montre un de ses pam-
phlets. Le mari avisé refuse, arguant qu'il n'est
pas en possession de tels écrits, avant de se laisser convaincre – une fois appelé « camarade »,
son âme socialiste ne peut résister. Le faux ami
revient flanqué d'un officier de police quelques
minutes plus tard. M. Sanger est placé en détention, son bureau perquisitionné. Lors du procès
à huis clos, le magistrat estime le contenu des
écrits présentés à la cour si « affreux » qu'il souhaite l'épargner à un jury[277]. Sous le coup de
poursuites et d'intimidations, Margaret n'a plus
qu'une issue possible, quitter le pays pour se faire
oublier. Ce n'est guère un voyage d'agrément que
le sien, mais un exil discret d'un an.

Elle se rend aux côtés de celles que la guerre
a martyrisées. Dans une Allemagne dévastée, elle
ne peut que constater que les femmes en sont les
vraies victimes[278]. Le 8 décembre 1920, à l'hôtel
Commodore, elle affirme publiquement que « le
contrôle des naissances sauvera le monde d'un
autre holocauste, plus dévastateur encore, que
celui de la Grande Guerre qui a laissé un continent comme une grande cicatrice de misère ».
Il en va de la responsabilité des Américaines
de donner l'exemple, de dessiner une humanité

meilleure, une civilisation plus forte, de manière à reconstruire un monde en paix[279].

Mais que serait son idéal sans de courageuses fortes têtes, médecins de surcroît, pour s'engager à ses côtés ? Le couple Abraham et Hannah Stone rejoint ses rangs – lui est urologue, elle généraliste –, et prend la direction du bureau de Margaret à New York. Officiant en dehors de leurs spécialités, il conseille femmes et couples sur la sexualité et la maternité, la fertilité et la stérilité, démystifiant ce que beaucoup pensent encore être un secret divin. Un raid de police arrête Hannah en 1929, mais pas la détermination du couple. Ni la prison ni les juges ne les feront reculer.

Attentive à ce qui se passe en Europe depuis qu'elle a été confrontée aux conséquences de la guerre, Margaret écrit en 1933 que les nouvelles d'Allemagne « sont horriblement tristes, et plus angoissantes que n'importe quelle guerre. Il y a tant de braves gens qui approuvent et même applaudissent ces atrocités. L'hostilité soudaine de l'Allemagne contre les Juifs et la haine profonde dont ceux-ci sont l'objet se répandent et sont bien plus inquiétants que la politique agressive du Japon en Mandchourie[280] ». Hitler a l'oreille close à ce genre de balivernes, mais dans la capitale du Reich, la nuit du 10 mai 1933, les livres de Margaret sont brûlés en place publique parmi ceux d'autres auteurs[281]. Elle a pourtant reçu chez elle quelques années plus tôt le conseiller du Führer en matière raciale, Eugen Fischer, proposant la stérilisation ou l'internement des groupes « dysgéniques » (les êtres génétiquement imparfaits), propos conformes à l'idéologie du

217

régime[282]. Une voie bien périlleuse pour une femme qui domine l'art de la contraception...

La maîtrise du pouvoir reproducteur est une libération pour la femme si elle est choisie, une aliénation si elle lui est imposée par un régime. Margaret flirte avec le diable. Mais lorsqu'elle apprend la captivité de Gräfenberg, elle décide de mettre à profit ses connexions avec le Reich pour tenter de mener les négociations et obtenir sa libération dans les meilleurs délais. Elle espère lui indiquer le chemin vers le Nouveau Monde.

Auf Wiedersehen Berlin

Ernst Gräfenberg s'embarque dans une odyssée fascinante à travers la Sibérie, le Japon puis Hollywood et Chicago, avant d'arriver à New York, avec dans ses poches son anneau contraceptif, qu'il espère développer là-bas. Mais les médecins américains font bloc et s'opposent à sa méthode. Question morale : son implant agit-il avant la grossesse ou après qu'elle a commencé, l'empêchant de se développer ? Cette seconde option ferait de lui, ici aussi, un hors-la-loi[283]. Il doit renoncer, mais décide d'ouvrir un cabinet de consultation, au 865 Park Avenue, une adresse très chic de Manhattan. La petite salle d'attente est meublée de manière rudimentaire. Derrière son bureau qui occupe la quasi-totalité de la pièce, Gräfenberg, dos à la fenêtre, reçoit ses patientes.

Un jour, une femme de vingt ans vient le trouver. Son malaise est palpable, et le médecin l'interroge sur la raison de son anxiété. La jeune femme vit une première grossesse difficile, son corps entier lui fait mal, elle a l'impression que ses organes vont éclater. Est-ce normal, est-elle

218

normale ? Voilà l'interrogation désespérée qu'elle lance au docteur, dans l'espoir d'être rassurée. « Bien sûr que non, ce n'est pas normal, et vous ne l'êtes pas », répond Ernst le plus sérieusement du monde. Alors que la future mère cherche sa veste pour fuir cet énergumène, il n'a pour la retenir que le temps de lui mettre un minuscule tonneau en bois dans la main. « Je garde des trombones dans cette petite boîte, mais j'en ai une bien plus grande, plus grande qu'un tonneau à bière, dans ma réserve. Si un jour je tombais sur une personne normale, je l'attacherais au plus vite, la ferais rentrer dans le tonneau et en scellerais fermement le couvercle. Alors je serais capable de montrer dans les foires du monde entier une des plus grandes raretés scientifiques : un être humain normal ! » Gräfenberg ponctue son histoire d'un éclat de rire. « Voyez-vous, personne n'est normal, ce mot ne devrait pas être appliqué aux êtres humains. Chacun de nous vivant aujourd'hui est une personne individuelle, différente des autres ; et quiconque a vécu avant nous était déjà différent de toute autre personne avant lui. Chacun de nous est une variation d'un thème, un thème nommé Humanité. »

Après l'examen de la patiente que ses mots ont rassérénée, il donne enfin l'explication à ses douleurs : son bas-ventre est extrêmement étroit, le bébé en se développant pousse de tous côtés les organes pour trouver sa place. « Vous êtes partenaire de la nature dans son plus magnifique dessein. Laissez-moi la part d'inquiétude, et profitez des mois à venir. » Gräfenberg le discret sait écouter ses patientes et leurs besoins.

Le bon docteur plaisir

Une patiente qui a épousé un homme bien plus âgé qu'elle pour d'autres raisons que sa beauté ne cesse de se plaindre au praticien de son incapacité à atteindre l'orgasme. Fatigué de ces jérémiades, Gräfenberg finit par lui demander si elle a essayé avec un autre partenaire mâle. Peut-être est-ce l'amateurisme de son mari plus qu'un problème d'anatomie qui est en cause. Quelque peu cho-quée, la dame quitte le cabinet de consultation. Le lendemain, une surprise attend le bon doc-teur. « Au milieu de la nuit, je fus réveillé par le téléphone et une voix familière qui ne dit pas son nom me demanda : "Docteur, vous êtes là ? Vous avez raison !" et raccrocha le combiné. » Et Gräfenberg de commenter : « Elle ne m'a plus jamais posé de questions sur le sexe[284]. »

Mais la parole seule ne suffit pas toujours pour rassurer les femmes. Il faut parfois mettre la main à la pâte. Deux jeunes filles s'évertuent à se stimu-ler elles-mêmes avec une pince à cheveux. Mais voilà, durant l'extase, elles perdent le contrôle de l'épingle qui va se ficher dans la vessie. Mortifiées, les contrevenantes au bon usage des matériels de coiffure espèrent bien cacher leur incartade éro-tique à leur mère, jusqu'à ce qu'un caillot se forme autour de l'épingle inquisitrice. On fait appel au compréhensif docteur, qui observe avec dérision : « Maintenant que ces vieilles épingles ne se font plus, ce sont les crayons qui sont utilisés pour ce genre d'onanisme. » Et un crayon se perd moins facilement...

Dans sa vie de médecin, Gräfenberg se rend compte que 80 % des femmes, selon ses estimations, ne parviennent pas à atteindre l'orgasme durant les rapports intimes. Mais que l'on se rassure, « le manque d'orgasme et la frigidité sont deux choses séparées[285] », écrit-il en 1950 dans un article manifeste. Le manque d'orgasme vaginal ne veut pas dire qu'une femme est essentiellement inadaptée au plaisir. « Les femmes frigides peuvent jouir, tout dépend du partenaire ou de la manière. Une femme qui ressent uniquement l'orgasme clitoridien n'est pas frigide et elle est parfois même plus active sexuellement parce qu'elle est en chasse d'un partenaire masculin qui l'aidera à remplir ses rêves et désirs les plus érotiques. » Ces mots aujourd'hui anodins constituent à l'époque une révolution copernicienne. Des propos des plus osés lorsque l'on sait qu'en 1948, dans la version du *Gray's Anatomy*, référence mondiale en matière de planches anatomiques, le clitoris a tout simplement été effacé de certains schémas représentant l'intimité féminine[286] !

En même temps que délivrer de la reproduction le sexe de la femme, Ernst veut donc libérer la perception de son plaisir. Sa révolution de velours coupe la tête des certitudes aristocratiques de certains : ce ne serait plus les femmes qui seraient par nature frigides, mais les messieurs qui devraient peut-être mieux explorer le corps de leur partenaire afin d'en connaître les tendances érotiques. « Ce n'est pas du ressort de la frigidité si une épouse ne parvient pas à l'orgasme avec son mari mais le trouve dans une relation intime avec un autre partenaire. »

Après avoir décloisonné le plaisir féminin, reste à identifier la zone particulière dont la stimulation rendrait les effets imparables. Différents organes offrent alors leur candidature : « On pourrait supposer que le clitoris seul est impliqué dans la cause de l'excitation, puisque cet organe est un centre érotique bien avant la puberté, mais il est aidé par une autre zone érogène. » Gräfenberg écoute ses patientes lui confier les détails de leur anatomie, les murmures du plaisir sur chaque zone. Conclusion : « Une zone érotique peut toujours se démontrer sur la paroi antérieure du vagin, le long de l'urètre (...), cette zone particulière semble toujours plus facile à stimuler que d'autres parties. Les femmes testées en ce sens me l'ont confirmé. » Certaines patientes avouent avoir ainsi compris par l'expérience ce que la science vient seulement d'établir. Ce que les dissections n'avaient pu découvrir, l'écoute l'a trouvé. Mais peut-être la chair interdite d'une femme en pièces ne vaut-elle pas celle d'une femme en vie, et le scalpel de la dissection ne vaut-il pas l'approche de Gräfenberg, fondée sur les confidences de ses patientes[287]. « Ne me demandez pas pourquoi je travaille si dur. J'aime mon travail. C'est le plus beau métier du monde ! »

Pincus et la pilule magique

Au début de l'année 1951, Abraham Stone, l'ami et fidèle défenseur de Margaret Sanger, organise un dîner à Manhattan[288]. Voilà presque dix ans que son épouse Hannah est décédée. Abraham a pris sa succession au bureau new-yorkais de Margaret et fait vivre sa mémoire en offrant aux femmes des solutions de traitement contre la stérilité ou les grossesses non désirées. Au cours de la soirée, Margaret fait la connaissance d'un biologiste aux cheveux d'argent, Gregory Pincus. À l'aube de la cinquantaine, ce spécialiste des hormones et de la fertilité est l'un des premiers à déterminer que les œstrogènes peuvent inhiber temporairement l'ovulation des lapines en laboratoire. Né d'une famille juive du New Jersey, celui qui se destinait à devenir fermier avait commencé des études de pomologiste – spécialiste des pommes –, mais Harvard et la génétique ont fait de lui un spécialiste de la reproduction. Margaret, fascinée par le potentiel des recherches de Pincus, ne peut contenir la question qui lui brûle les lèvres : serait-il possible de développer une contraception efficace qui serait aussi facile à prendre qu'une simple pilule ?

En août 1939, Margaret écrivait déjà à Clarence Gamble, l'héritier de la compagnie de savon Procter & Gamble qui bénéficie des meilleurs laboratoires et de moyens financiers conséquents, toute l'urgence à trouver une méthode de contraception facile d'accès et d'usage : « J'ai des herbes des Fidji dont on dit qu'elles sont utilisées pour prévenir la conception. J'espère que cela se révélera être "la pilule magique" que j'attends depuis 1912. » Dès lors, dans son bureau de New York, diverses méthodes alternatives sont essayées, telles que les mousses et poudres spermicides, au succès aléatoire et aux coûts élevés. Le début du siècle voit arriver toutes sortes de produits : ovules à la quinine, diaphragmes solubles et même ovules au beurre de cacao ou à la glycérine confectionnés par les dames. On trouve aussi des articles de « douche vaginale » vendus par correspondance, supposés bien sûr protéger le bonheur conjugal, non encourager les femmes à prendre du plaisir hors mariage. Quand Pincus répond par l'affirmative à la question de Margaret, il lui donne une estimation des coûts de recherche et de développement : cent vingt-cinq mille dollars, le prix de la liberté pour les femmes. Il n'y a plus de temps à perdre, Margaret sait qui solliciter pour trouver les fonds[289].

Katharine McCormick est issue d'une famille aristocratique du Michigan. La septuagénaire est la seconde femme de l'Histoire à être diplômée du prestigieux MIT, le Massachussetts Institute of Technology. Elle choisit la biologie, un milieu alors des plus masculins. Mariée à un homme instable, elle se jette à corps perdu dans la lutte pour le suffrage féminin. Après avoir rencontré Margaret en 1917, elle trouve une nouvelle cause dans laquelle s'engager, le contrôle des naissances. De ses voyages en Europe, elle rapporte en toute discrétion des diaphragmes pour approvisionner les cliniques de son amie. Sa propre décision de ne pas avoir d'enfant, malgré les sollicitations fréquentes de son mari, n'est pas en reste dans son engagement. Le contraceptif oral inaugurerait à ses yeux une « nouvelle ère des relations sexuelles pour l'humanité[290] ». Il concerne les femmes en premier lieu, leur corps, leur plaisir. « Je pense que les femmes tolèrent d'avoir des gadgets mécaniques de telle ou telle sorte introduits dans les parties les plus intimes de leur corps, et que c'est seulement un point de vue d'homme de dire qu'elles n'objectent rien à cette procédure. »

Au décès de son époux en 1947, Katharine pense avoir les mains libres pour aider Margaret, mais rien n'est moins vrai. Le règlement de la succession de son mari demandera des années, et elle sait quelle en sera l'issue. Elle écrit à la rebelle le 15 novembre 1948 : « Je souhaite ardemment assister financièrement cette mission, plus qu'il m'est possible à présent. Je ne peux presque rien faire au-delà de quelques contributions charitables jusqu'à ce que les retenues confiscatoires sur l'héritage de mon mari soient payées (...) et je ne sais hélas quand cela sera enfin réglé. » La correspondance entre les deux femmes ne faiblit pas. Le 27 octobre 1950, depuis Tucson, en Arizona, Margaret lui écrit à nouveau toute son amitié et sa détermination. « Le Japon réclame de l'aide. L'Inde est elle aussi prête à une campagne nationale d'éducation. L'Égypte et même l'Italie sont plus que prêtes pour suivre des programmes qui aideront leur peuple, tous dans un besoin désespéré. »

Lorsque enfin Katharine est libérée de ses obligations de succession, la phase suivante de leur collaboration est entamée. Margaret attire son attention sur le travail de Pincus. La riche héritière, fascinée, comprend la chance de mettre sa vie et son argent au service de cette cause. Elle suit de très près l'avancée des recherches, et octroie dix mille dollars par an au projet, budget bien vite dépassé. Les besoins sont grands, tout reste à faire, mais les fonds de Katharine sont extensifs : cinquante mille dollars sont investis dans la construction de bâtiments destinés aux animaux pour les tests en laboratoire, deux millions seront bientôt déboursés pour donner vie à son idéal.

Gregory Pincus commence ses essais cliniques sous le nom de code PPP, le Pincus Progesterone Project. Il recrute le gynécologue John Rock qui mènera ces derniers à bien. Katharine écrit à Margaret son enthousiasme. Pour prouver l'efficacité de la progestérone comme contraceptif, il convient de fournir deux données médicales qui ne peuvent mentir, à savoir des prélèvements intimes et des tests d'urine. La propre fille de John Rock suit un entraînement à New York pour effectuer les prélèvements auprès d'un expert. Mais un problème se pose : où entamer, dans le plus grand secret, des tests à grande échelle, dès lors que cette pilule en développement n'est pas autorisée par les autorités sanitaires américaines ? L'équipe se met à la recherche d'un pays ami pouvant héberger l'opération, et dont les femmes accueilleront l'offre avec enthousiasme.

Honolulu, Hawaii et le Japon sont dans un premier temps envisagés. Hélas, le pays du Soleil levant est vite écarté pour des raisons géopolitiques. La jalousie et le ressentiment des Nippons à l'égard des médecins américains pourraient, à leurs yeux, rendre l'opération difficile, les agences gouvernementales étant susceptibles de se montrer inamicales. Katharine envoie un télégramme à Margaret : « Rock ne peut pas partir. Pincus et lui penchent pour Porto Rico. Tests plus compliqués que je pensais. » L'île caribéenne bénéficie d'un statut d'indépendance vis-à-vis des États-Unis, auxquels elle est néanmoins associée. D'une part, elle est assez proche pour que les échantillons de prélèvements intimes soient envoyés aux États-Unis pour étude (l'ancienne colonie ne se trouve qu'à une nuit d'avion, ainsi tests et médecins pourront faire aisément des allers et retours). D'autre part, le personnel médical sur place connaît le docteur qui peut s'assurer de leur discrétion, et surtout, ils ne rencontreront là-bas aucune interférence religieuse, qui pourrait être un obstacle moral de taille. L'île n'a de surcroît aucune loi interdisant la contraception, et ses habitantes sont pour la plupart illettrées, ce qui donnera aux chercheurs une indication précise pour savoir si partout, indépendamment de leur niveau d'éducation ou de connaissances, les femmes pourront utiliser seules le produit.

Les effets indésirables apparaissent rapidement. Le docteur Edris Rice-Wray, qui dirige les opérations à Porto Rico, rapporte que 17 % des femmes ressentent vertiges et nausées, maux de tête et vomissements. Elles sont de fait 25 % à se retirer de la procédure pour ne plus avoir à subir ces essais. Rice-Wray attire l'attention sur le fait que si une protection totale contre les grossesses est garantie, la pilule « cause trop de réactions indésirables pour être acceptable[291] ». Pincus choisit de voir le verre à moitié plein, et attribue les réactions des femmes traitées à de l'hypocondrie. Deux femmes meurent au cours de l'expérience : l'une des suites de brûlures, l'autre de troubles cardiaques associés à une hypertension artérielle chronique. Deux cas de cancer du col de l'utérus sont également observés : un après six mois d'utilisation du produit chez une femme de trente-trois ans, un autre chez une femme de quarante-six ans. Les dérivés de la progestérone sont montrés du doigt. Mais la comparaison avec les statistiques sur la fréquence des cancers à Porto Rico ne permet pas d'incriminer le produit. Sur cinq cent cinquante femmes prenant le traitement, le chiffre reste bien inférieur aux décès par complication de grossesse et semble donc acceptable aux scientifiques. La conclusion de l'étude est pourtant plus mitigée : « Efficacité à peu près totale, mais réserves quant à l'innocuité[292]. » Le docteur Rice-Wray ne sera pas écouté.

Le 9 mai 1960, la Food and Drug Administration américaine approuve la première pilule anticonceptionnelle, appelée Enovid. L'anneau de Gräfenberg, bête noire des nazis, semble bien loin. Margaret Sanger, octogénaire, n'apprendra la nouvelle que le lendemain, quand ses enfants lui liront le journal. « Il était temps », murmurera-t-elle avant de célébrer l'événement, chez elle, seule.

14

Belles plantes carnivores

L'origine du scandale

Paris, 1954. Intriguée par la description faite du bout des lèvres d'un tableau que personne n'ose montrer, une élégante Parisienne, flanquée de son mari, suit un collectionneur d'art avisé au 4, rue Saint-Roch[293]. Un sexe poilu de femme, sans visage ni jambes, s'alanguit sur la fameuse toile. La modèle, que l'on suppose brune au vu des éléments qui s'offrent aux yeux, n'est qu'un pubis luxuriant. L'époux semble lui aussi fasciné par le sujet, saisi de main de maître. Le million et demi de francs demandé par le vendeur ne fait pas reculer le couple, alors que la somme est celle de leur maison de banlieue ! À quarante-sept ans, Sylvia vient de poser son œil mélancolique sur les courbes de la modèle anonyme la plus célèbre de l'Histoire, celle de *L'Origine du monde*. Un simple nu ? L'art en a vu d'autres ! Mais celui-ci est inaugural. En quelques traits de pinceau et pigments mêlés à un sens de l'effronterie, Gustave Courbet est allé plus loin que ses prédécesseurs. Il s'est appliqué à montrer en gros plan le sexe d'une femme qui, allongée sur un lit de draps blancs, vient de faire l'amour ou s'apprête à s'y adonner. Courbet aimait à montrer la réalité sans fard, telle qu'elle est.

Un matin de l'été 1866, l'écrivain et critique Sainte-Beuve se rend dans l'atelier du peintre, rue Hautefeuille, à Saint-Germain-des-Prés, suivi d'un important seigneur ottoman rencontré quelques jours plus tôt. Proche du grand vizir Ali Pacha autant que du tsar de Russie et désireux de dépenser son argent, Khalil-Bey est bien décidé à profiter de tous les plaisirs de Paris. Ce dandy turc vient d'ailleurs de contracter la « maladie d'amour », la syphilis, véritable diplôme de virilité en Europe. L'amateur d'érotique passe commande au peintre d'une « toile impossible », une toile que jamais aucun artiste n'a osé représenter, un enfer esthétique que tous deux tiendraient dans le plus grand secret.

Courbet, par la promesse alléché, réalise l'ouvrage. Il n'en faut pas beaucoup plus pour le convaincre, il mène alors une vie intime libérée. « Sachant qu'il y a des femmes sur toute la terre, je ne crois pas utile d'en mener une avec moi[294] », écrit-il à un de ses amis. Séductions tarifées, maîtresses éphémères et modèles dévergondées pigmentent sa vie. Il a donc à sa disposition nombre de femmes de toutes les teintes pour brosser le portrait idéal. Georges Feydeau fait partie des rares privilégiés à pouvoir contempler cette œuvre interdite, que son propriétaire a tôt fait de cacher derrière un rideau vert :

« Ne soulève pas le rideau,
Qui cache à tes yeux cette toile ;
Le formidable objet qu'il voile

N'aurait pour toi rien de nouveau. (...)
Tu lui dois tes premières larmes
Et tes plus vifs ravissements,
Comme les plus durs châtiments,
Quand il te blesse de ses armes.
Tu lui dois tes ambitions,
Tes calculs, tes luttes, tes crimes,
Tes aspirations sublimes,
Tes plus sales corruptions.
Tu lui dois d'être ridicule,
Quand, de te trahir, curieux,
Pour quelque autre voluptueux,
Il s'entrouvre, fourbe crédule. (...)
C'est lui qui te courbe avant l'âge
Et, de noirs, fait tes cheveux blancs,
C'est lui qui t'ébrèche les dents,
Lui qui te plombe le visage.
Tu lui dois la vie, en un mot.
Comme il nous ravale à ses heures ! (...)
Profond, mystérieux, vivace,
Sphinx que mystifier distrait,
L'univers sur lui passerait,
Il n'en garderait nulle trace. (...)
Saluez-le tous à la ronde,
Saluez-le plus bas, plus bas,
Car – il faut en rougir – hélas !
C'est lui qui gouverne le monde[295]. »

Bientôt ruiné par ses dettes de jeu, Khalil-Bey
profite peu de son tableau. En 1868, lors de la
vente de sa collection, commence pour *L'Origine
du monde* un long voyage à travers l'Europe.
Soustrait aux yeux de tous et sauvé de l'inquisition nazie pour revenir à Paris dans le salon d'un
collectionneur où, près de cent ans après avoir
peint le tableau honni, grâce à la curiosité d'une
femme, Courbet retrouve dans les années 1950
l'univers feutré du monde parisien[296].

La femme qui a succombé à *L'Origine du Monde* n'est pas totalement une inconnue. Elle se promène sur la pellicule d'*Une partie de campagne* de Renoir. Chez elle, dans sa maison de Guitrancourt, la comédienne reçoit le tout-Paris artiste. Sylvia n'est autre que Mme Jacques Lacan, l'épouse du créateur de la psychanalyse à la française, véritable maître des esprits qui se pensent.

Lorsqu'ils se rencontrent avant guerre, Sylvia est séparée mais toujours mariée à l'écrivain de l'érotisme Georges Bataille, dont le quotidien est ponctué de parties fines et virées dans les maisons de plaisir. Lacan et Bataille sont amis et si le premier enrichit ses recherches auprès du second, sombre et prolifique, leur relation se polarise autour d'une femme, Sylvia. Désireux de trouver un lieu pour abriter ses amours, Jacques Lacan achète la Prévôté, une maison de campagne à une centaine de kilomètres de Paris. Dans l'annexe du corps du logis central, une bibliothèque fait office de cabinet de travail, où monsieur collectionne les ouvrages. La pièce ressemble à un atelier d'artiste, et elle accueille le tableau. Or, à peine est-il installé, Sylvia souhaite le masquer. La malédiction qui le soustrait à l'œil de ses contemporains semble le poursuivre. « Les voisins ou la femme de ménage ne comprendraient pas », insiste-t-elle. Elle trouve la parade : cacher le tableau derrière un autre ! Son beau-frère, le peintre André Masson, réalise un panneau destiné à se superposer au premier et représentant un paysage qui reprend les contours du modèle. De sages collines recouvrent ainsi parfaitement l'œuvre licencieuse, et il suffit d'un geste pour découvrir le tableau original ainsi préservé des regards indiscrets.

Car les fins de semaine, à la Prévôté, Lacan, qui cultive le goût pour la fête et l'excentricité, aime à recevoir ses amis. On danse et on s'enivre tout en parlant de psychanalyse. Certains invités viennent dans l'espoir d'être conviés au clou du spectacle, un cérémonial tout particulier réservé aux élus que le couple juge prêts à être initiés. Marguerite Duras, Dora Maar ou l'anthropologue Claude Lévi-Strauss défilent ainsi silencieusement dans l'atelier de Lacan qui se plaît à exhiber l'œuvre de manière théâtrale, guettant, amusé, la réaction du spectateur face à l'icône interdite[297]. Et la surprise est totale. Car, hormis les artistes, la bourgeoisie n'est pas prête à accueillir ce sexe qui heurte toujours la bonne société de la seconde moitié du XXe siècle. Les mimiques, le mutisme, souvent, face à ce dévoilement nourrissent la jubilation de son propriétaire, auquel la pilosité fournie du tableau inspire cette réflexion toute philosophique : « Les femmes devaient (...) avoir dans l'Antiquité beaucoup de poils et ne devaient pas sentir bon, si l'on en croit l'insistance qui est mise sur la fonction du rasoir et sur certains parfums[298]. »

Le point noir

L'« objet génital » de la femme n'effraie pas pour autant le savant, qui se gratifie du grade de connaisseur. « Pourquoi ne pas l'appeler par son nom[299] ? » met-il en demeure la société du début des années 1950. Il invite ses contemporains à appeler un sexe un sexe ! Seulement voilà, l'époque n'est pas à la libération de la chair. Le clitoris apparaît encore comme un « point noir ». En bon disciple de Freud, Lacan pense que le sexe des femmes est le signe d'une incomplétude. Il a « ce caractère d'absence, ce vide, ce trou qui fait qu'une dissymétrie essentielle apparaît[300] ». Tandis que l'homme se virilise à mesure que son sexe grandit, la femme a une carence au centre d'elle-même et ne peut accepter sa fonction féminine qu'en prenant conscience de cette part obscure de son sexe insaisissable, en le questionnant, le disséquant, le tripotant par l'analyse. « C'est très curieux qu'une femme s'intéresse tant aux points noirs, note-t-il, elle ne voudrait pas que ça tienne tant de place. C'est toujours le bouton du gant retourné, il y a de temps en temps des femmes qui doivent procéder à l'épouillage comme les singesses[301]. »

Le plaisir de l'homme, compréhensible dans sa mécanique et visuellement évident, ne rend que plus opaque l'orgasme féminin. De même que *L'Origine du monde* cache le visage du modèle, l'orgasme féminin reste insaisissable, indéfinissable, même sous la contrainte, déplore Lacan. S'il garde « sa ténèbre inviolée », c'est de la faute des femmes qui « ne semblent pas avoir donné leur meilleur pour la levée de ce sceau[302] ». Le psychanalyste se doit de percer ce mystère, mais rien n'y fait : craintif ou sauvage, le sexe se refuse, l'orgasme se terre. Reste la question lancinante, face à laquelle les deux sexes sont logés à la même enseigne : qu'est-ce qu'être une femme[303] ?

Mais là où d'autres se perdent dans ces méandres, Lacan s'arrime à une certitude : questionner son organe, seul, fait la femme. La « vraie » femme, selon lui, serait donc celle qui ne se soucierait pas, ou plus, de masquer le vide, par son désir de phallus. Pour ne plus avoir un trou, il s'agit d'être ce trou, ce vide, de l'assumer. Peu importe si l'orgasme garde tout son mystère[304]. Sans pénis, elle peut du moins éprouver une « Autre Jouissance » que la jouissance phallique, limitée. Un plaisir dont la femme ne dit rien et qui s'éprouve au-delà de l'homme, lequel, s'il en est la condition, n'en est pas la cause.

Les dents de la mère

Il n'en reste pas moins que le sexe féminin, caverneux, est source de peurs. Lacan assimile certaines femmes, à son goût castratrices, à des vagins à dents. Et quelques spécimens se cachent même parmi les femmes de l'Histoire. Comme la reine Victoria – « ce qu'on fait de mieux comme vagin denté[305] ! » – ou encore Sémiramis, la fondatrice de Babylone. Le sexe de *L'Origine du monde* semble bien inoffensif par rapport à ces « mâchoires de crocodile » qui animent l'entrejambe de ces femmes à poigne.

C'est celui que Paul Verlaine appelle le « sexe mangeur », qui cache son avidité derrière des « rideaux drument tressés[306] ». Celui qui fait dire à l'amant de Lady Chatterley : « Les vieilles drôlesses ont des becs entre les jambes et vous déchirent avec[307]. » Ou à Jean-Paul Sartre, dans *L'Être et le Néant* : « Le sexe est bouche, et bouche vorace qui avale le pénis – ce qui peut bien amener l'idée de castration : l'acte amoureux est castration de l'homme. » Tandis que le futur prix Nobel de littérature Claude Simon se lamente que « cette bouche herbue, cette chose au nom de bête, de terme d'histoire naturelle – moule, poulpe, pulpe, vulve – faisant penser à ces organismes marins et carnivores aveugles mais pourvus de lèvres, de cils », soit le creuset originel, les entrailles du monde. C'est que le mythe du vagin denté, de l'orifice dévorateur hante l'imaginaire des hommes depuis des siècles. Ni la civilisation ni la psychanalyse n'ont pu en gommer l'inquiétude.

Loin de la Prévôté où il rend visite à Lacan et son sulfureux tableau, Claude Lévi-Strauss découvre auprès des Weiwei, une ethnie amérindienne vivant dans la forêt du nord du Brésil, un mythe surprenant selon lequel le sexe d'une femme est dangereux, affamé, voire cruel[308]. Des jumeaux ayant entrepris de copuler avec une loutre, raconte le mythe, l'animal, indigné, proteste. Il y a de toute évidence méprise. La loutre ordonne aux deux frères de pêcher plutôt des femmes, assimilées donc à des poissons. Une difficulté cependant entravera la route de la satisfaction de leurs désirs, « des vagins dentés dont ils devront se débarrasser pour qu'elles ne soient plus impénétrables, autrement dit impossibles à percer ». L'impétrant doit s'aventurer vers cet organe à ses risques et périls.

Les mythes figurant la dévoration intime se retrouvent aussi chez les Indiens d'Amérique. Ainsi, chez les Apaches Chiricahua, se transmet-on sous forme de mise en garde la mésaventure du héros Coyote[309]. Un jour, le téméraire emmène une femme qu'il trouve à son goût dans les bois pour une promenade. Souhaitant profiter du cadre bucolique pour tenter un rapprochement, il aperçoit les dents dans son vagin et se fige, perclus de peur. Profitant d'un instant d'inattention de la belle, il attrape un bâton et une longue et fine pierre qu'il enfile à la place de son membre. « Le bâton fut ingéré. Puis il mit la pierre, et les dents furent brisées, et son vagin devint semblable à celui des femmes d'aujourd'hui. » Faire l'amour avec elle est à présent sans danger. Mais la femme, contemplant son entrejambe, juge que désormais elle vaut bien plus qu'avant. « Je vaux des chevaux, et bien d'autres choses encore. » Voilà pourquoi, conclut le mythe, « les hommes donnent des chevaux et bien d'autres choses encore lorsqu'ils épousent une femme ».

Sans imprimerie ni culture de l'écrit, le mythe se répand comme une traînée de poudre, jusqu'aux Indiens Pilaga. Un matin, Faucon emmène tous ses hommes à la chasse. Tout le jour durant, ils débusquent les volatiles qu'ils font ensuite fièrement rôtir. Mais au soir, en rentrant au campement, leur précieux butin a disparu. Comme volatilisé. Qui a pu dérober autant de nourriture ? Perroquet est désigné pour monter la garde. Caché derrière des fourrés, il guette le voleur, inquiet. À sa grande surprise, il voit une corde tomber du ciel et des femmes en descendre ! S'emparant des volailles, elles les avalent voracement « par le haut et par le bas ». Leurs vulves ont des dents ! Perroquet, terrifié, décrit la scène à ses compères. Faucon décide de tendre un piège aux récidivistes. Embusqué au même endroit que Perroquet la veille, il attend les chapardeuses. Quand elles glissent à nouveau le long de la corde, il se précipite et tire dessus. La grappe de femmes dégringole. Hardi, il en attrape deux pour lui – être chef doit présenter des avantages – et appelle ses camarades à la rescousse.

L'occasion est trop belle ; chacun aura sa chacune. Renard n'écoute pas les mises en garde de Faucon, et embarque la sienne près d'un lagon pour lui ravir les sens. La belle ne l'entend pas ainsi et, d'un coup de dents de son vagin, lui arrache le pénis. Le malheureux meurt de ses blessures. Rassasiée, la goulue retourne au camp. Où est passé ton compagnon ? lui demande-t-on. « J'ai mangé ce qu'il m'a donné », répond la gourmande. Atterrés, les chasseurs n'approchent plus de leurs promises. Faucon, pris d'une subite inspiration, réunit ses hommes autour du foyer et leur dit : « Je vais jeter cette pierre et casser les dents des femmes. » Sans attendre, il met sa parole à exécution, et les brise toutes, sauf la plus grosse, le clitoris. La virilité des mâles n'est désormais plus menacée. Heureusement qu'il existe de courageux héros pour libérer les entrejambes de ces crocs acérés. Croustillante histoire !

Chez les Apaches Jicarilla du Nouveau-Mexique, il existe une chimère assassine nommée le Monstre-qui-rue, dont les quatre filles sont les seules femmes sur la terre à posséder une vulve[310]. Les « filles-vagin » vivent dans une maison remplie de vulves suspendues aux murs. Mais ne vous y fiez pas : des femmes, elles n'ont que l'apparence et ne sont en réalité que des vagins. Leur étrange nature attire les hommes comme des aimants. Projetés à l'intérieur de la maison du Monstre-qui-rue, ils sont avalés tout crus. La bête est insatiable. Un jeune héros décide de s'en mêler, et s'introduit chez le monstre, tenant tête aux quatre filles qui tentent de lui faire perdre la sienne. « Arrière ! leur crie-t-il. Vous ne savez pas vous servir correctement de votre vagin ! » Puis, ajoutant la ruse d'Achille à la force d'Hercule, il leur fait une curieuse proposition : ingérer un mystérieux médicament contre son corps offert. « Une fois que vous l'aurez pris, je ferai ce que vous voulez », dit l'apprenti tentateur, en leur assurant

238

que leur vagin deviendra « doux et sucré lorsque vous aurez mangé ces baies ». Or, le poison avalé, le venin distillé, les dents se déchaussent. Encore un héros qui aura rendu au redoutable « vagin-qui-avait-des-dents » son usage normal !

Une fois le vagin des Amérindiennes dompté, d'autres entrejambes restent hélas à vaincre. Ceux de la tribu des Baigas par exemple, qui vit en forêt au cœur de l'Inde[311]. Ici aussi la menace est prise avec le plus grand sérieux. C'est la plus belle des filles qu'il faut maîtriser. Elle n'a jamais convolé. Et ce n'est pas faute d'aimer les hommes ! Sa passion pour la gent masculine n'est pas récompensée : trois dents dans son vagin coupent en trois morceaux le pénis de ses amants. Plus aucun ne veut s'y risquer. Et pourtant, les années décuplent sa beauté. Un jour, le chef du village se décide à l'épouser. Mais à une condition : qu'elle autorise quatre de ses serviteurs à lui rendre visite auparavant. Le premier des sacrifiés est un brahmane, un homme de lettres aux vastes connaissances sur le monde. Le sage y perd son pénis. Le deuxième est un Gond. Ce membre du peuple aborigène montagnard se défend : « Je ne suis qu'un pauvre homme et je suis trop timide pour faire cela tandis que vous me regardez. » Il couvre le visage de la fille avec un vêtement, tandis que les deux autres se glissent dans la chambre. Un des hommes plonge son silex dans son vagin et brise une des dents. Le second y insère ses pinces et arrache les deux dernières. La fille pleure de douleur, « mais elle est consolée lorsque le chef entre et dit qu'il est désormais prêt à l'épouser sur-le-champ ».

L'inconscient humain est ainsi fait que les mythes prennent une réalité concrète, tant sur la

239

société que sur l'individu. Au début des années 1950, un médecin ayant demandé à une patiente de retirer un anneau anticonceptionnel observe le puissant ancrage de la peur du vagin à dents[312]. Alors qu'elle introduit son doigt dans son intimité pour la première fois, elle s'évanouit presque en sentant « quelque chose qui lui mord le doigt ».

La flèche de Cupidon

La peur du sexe féminin incontrôlable fait naître, dans l'imaginaire des hommes de toutes les civilisations, des images, des récits leur donnant le beau rôle : celui du héros qui combat cette machine infernale avec tenailles, pierres, bâtons, pinces ou lames. Cette excision symbolique domestique la chair intime, la rend inoffensive. Hélas, cette métaphorisation de la peur du sexe féminin ne rassure pas tout à fait ceux qui en sont affligés. Mieux vaut encore réagir, en ôtant réellement la dent qui permet à la femme de mordre dans la pomme du plaisir : le clitoris.

Au-delà du mythe, la croyance en l'insatiabilité du sexe des femmes donne lieu à des coutumes particulières. Ainsi, chez les mêmes Baigas, punira-t-on la femme infidèle en mettant du chili et du sel dans ses parties intimes ; est-ce pour nourrir la bête qui menace de dévorer les hommes[313] ? Chez les Jivaros, une tribu amazonienne, on excisera la femme pour calmer ses ardeurs polygames et veiller à sa fidélité[314]. Chez les Nandi au Kenya, un homme qui a des rapports intimes avec une femme non excisée risquerait d'être blessé par sa « flèche », doux petit nom du clitoris. Une fois la flèche coupée, on la jette dans les marais, où elle prend vie et devient une sangsue[315].

240

Hélas, il y a bien d'autres dangers animaliers que l'on peut rencontrer dans le sexe féminin. Une nuit, la femme d'un Gond, peuple du centre de l'Inde, sort pour se soulager près d'une fourmilière. Alors qu'elle s'accroupit, le sol s'ouvre et laisse sortir un petit serpent qui rentre immédiatement dans son vagin. Il s'y engraisse si bien que son mari pense sa femme enceinte. Douze mois passent. Un jour, alors qu'elle est assise dans une échoppe, le serpent sort la tête de sous le vêtement de sa logeuse et le marchand l'aperçoit. Il comprend immédiatement quel danger court le mari, et lui donne un étrange conseil : « Achetez un jeune coq, ligotez les pieds et les mains de votre femme à quatre pieux, ouvrez son sari et sauvez-vous. Attachez le coq à proximité. Lorsqu'il se mettra à chanter, le serpent sortira et vous serez tous les deux libérés. »

Au XIVe siècle, l'explorateur intrépide Jean de Mandeville, contemporain de Marco Polo, rapporte de son séjour sur une île, mystérieux royaume chrétien que l'on situe alors au-delà de la Perse et de l'Arménie[316], un autre mythe : le dépucelage de la nuit de noces est un acte si périlleux qu'un autre que le marié s'y colle[317]. « Il y a des hommes qui ne servent qu'à cela… », témoigne Mandeville. Quelle est la raison de cette étrange coutume ? Éviter que le serpent que la femme a à l'intérieur ne pique le promis, qui mourrait sur-le-champ. Mais que l'on se rassure, une fois le passage frayé, il devient sans danger. Ou presque…

15

Gorges chaudes
pour guerre froide

Le pape et les gynécologues

Rome, 8 janvier 1956. Le Saint-Père prend place devant les sept cents professeurs de gynécologie et directeurs de maternité venus à sa demande des diverses provinces d'Italie, d'Allemagne, d'Autriche, de Belgique, de Colombie, d'Égypte, d'Espagne, ou encore des États-Unis. Face à une certaine théorie en provenance d'URSS, dite de l'« accouchement sans douleur », le pape va prendre position[318]. Tous attendent impatients sa parole et d'aucuns espèrent une abjuration de ce soi-disant progrès scientifique du pays des soviets.

Pie XII ouvre la séance. Le mal des femmes en couches est « terriblement élevé pour la plupart des mères » et on dit même qu'« il n'est pas rare qu'il soit insupportable ». Voilà une drôle de préoccupation pour un homme de quatre-vingts ans que l'on critique alors pour son manque d'engagement contre le régime nazi durant la Seconde Guerre mondiale. Le brillant nonce apostolique a vécu depuis Munich la progression du nazisme, qu'il estime être dès 1924 « peut-être la pire hérésie de notre époque[319] ». Cinq ans plus tard, la montée en puissance de son idéologue Adolf Hitler lui inspirait une réflexion révélatrice : « Ou bien je me trompe vraiment beaucoup, ou bien tout cela ne se terminera pas bien. » Quel visionnaire !

Élu pape à la veille du conflit, en mars 1939, il ne peut empêcher le pire d'advenir. Hélas, aux yeux de beaucoup, aucun miracle pontifical n'a sauvé l'Europe de la barbarie, et la faute est sienne. Nul ne l'attend donc sur le sujet qui ne concerne plus la souffrance du genre humain, mais uniquement celle des femmes. Peu importe. Le gynécologue, poursuit-il, « tente de diminuer les souffrances de la naissance, sans mettre en danger la mère ni l'enfant et sans nuire aux liens d'affection maternelle qui se nouent d'habitude à ce moment ». Les mots sont choisis, martelés comme autant de clous. Dans la salle, nombreux sont hostiles à la nouvelle méthode présentée par le pape, qui prétend leur expliquer leur travail.

Les douleurs des femmes en labeur sont proverbiales, nécessaires et garantes de l'ordre moral de la société. Les textes de l'Ancien Testament ne les présentent-ils pas comme la punition d'Ève pour avoir tenté Adam ? En se détournant du commandement divin, la première femme a condamné toutes les autres. L'Éternel avise en ces termes la fautive : « Tu enfanteras avec douleur, et tes désirs se porteront vers ton mari, mais il dominera sur toi[320]. » Jésus-Christ, le soir précédant sa mort terrestre, tempère la colère divine : « Lorsqu'elle a donné le jour à l'enfant, elle ne se souvient plus de sa tribulation, parce qu'elle se réjouit qu'un homme soit venu au monde[321]. »

L'oubli excuserait deux millénaires de souffrances, les Écritures légitiment ainsi la peine.

Or, devant des professionnels médusés, l'octogénaire Saint-Père vante les mérites d'une nouvelle méthode qui « laisse à la parturiente sa pleine conscience, du début à la fin, et le plein usage de ses forces psychiques, son intelligence, sa volonté, son affectivité », et ne diminue que la douleur. Le rôle du médecin est de s'assurer que la femme remplisse cette fonction naturelle sans souffrance. L'hérésie semble au bout du discours. La rumeur gronde.

Dans une précision anatomique inédite dans la bouche d'un saint homme, le pape explique que « dès que les contractions musculaires de l'utérus se font sentir au début de l'accouchement, surgit la réaction de défense de la douleur ». Une crampe musculaire mais surtout la peur amplifient ce phénomène. La peine est réelle, mais découle d'un conditionnement social et mental où la crainte fait son œuvre. La nouvelle méthode explique aux femmes comment la rejeter en leur exposant le fonctionnement naturel de l'utérus. Apprendre à pousser à certains moments pour concentrer leurs forces et à bien respirer pour ne pas s'essouffler trop tôt dans le travail, voilà le secret d'un accouchement sans peur ni reproche ! Pie XII enfonce le clou : les femmes ne doivent plus subir leur sort de façon purement passive. Le grondement enfle : que fera-t-on de la punition divine, si l'on en libère les femmes ? En punissant Ève, dit le pape, « Dieu n'a pas voulu défendre et n'a pas défendu aux mères d'utiliser les moyens qui rendent l'accouchement plus facile ». Que l'on se rassure, la maternité apportera son lot de souffrances à la femme. Elle pourra en cela continuer à communier avec Jésus-Christ, le Sauveur lié aux hommes par son supplice sur la croix. L'héroïsme chrétien est sauf.

Mais reste un problème, et il est de taille. La nouvelle méthode vantée par le pape est le produit du communisme, idéologie honnie par l'Église en général et par Pie XII en particulier, la culture du matérialisme s'opposant en effet aux aspirations spirituelles de l'Église. Surprenant l'assemblée tout entière, le pape assure que « l'idéologie d'un chercheur et d'un savant n'est pas en soi une preuve de la vérité et de la valeur de ce qu'il a trouvé et exposé ». Ni la culture à laquelle un savant appartient ni ses idées religieuses ne définissent la validité de son travail. Au nom des femmes, Pie XII vient donc de reconnaître rien de moins que la non-prérogative de Rome en matière de progrès scientifique ! Et de conclure avec une franchise et une verve dont certains doutent encore que cette méthode ne contient rien de critiquable du point de vue moral : ses bienfaits pour la parturiente « sont pleinement conformes à la volonté du Créateur ».

Théologiens et médecins moralistes tonnent. La campagne de l'accouchement sans douleur s'annonce houleuse. Ce qu'elle reproduit à travers le sexe des femmes, ce sont les enjeux politiques et les clivages de la guerre froide, où s'affrontent deux conceptions du monde.

Le silence des agnelles

La femme qui accouche est priée de le faire dans la douleur mais sans hurler. Jacques Guillemeau, chirurgien réputé au service des rois Charles IX, Henri III puis Henri IV, nous renseigne au XVIIᵉ siècle sur les qualités d'une bonne accouchée[322]. Elle doit, selon lui, « prendre courage et s'efforcer le plus qu'il lui sera possible, lorsque les contractions lui surviendront, les faisant redoubler le plus qu'elle pourra, de retenir son haleine, fermant la bouche et se comportant comme si elle voulait aller à ses affaires plutôt que de se lamenter et crier ». Si le doute, la peur ou la douleur se font insupportables, la chose est simple, « elle prendra patience en son mal et invoquera l'aide de Dieu ». Tout un programme ! Avisé, le praticien concède que « Médée dans *Euripide* disait qu'elle aimait mieux mourir deux fois à la guerre que d'accoucher une fois ».

Au-delà de la sphère chrétienne, il est également de bon ton pour une femme digne de ce nom d'affronter son sort bouche close. Telles sont les conditions pour passer avec les honneurs du statut de simple épouse à celui de mère[323]. L'acte d'enfanter, faîte de la vocation naturelle de son sexe, est le lieu de toutes les obligations pour celle qui s'apprête à donner la vie, de toutes les codifications les plus contraignantes. Et en cet instant crucial, la femme ne doit décevoir ni sa tribu, ni sa famille, ni son peuple.

Ainsi, chez les Pygmées de Centrafrique, aucune préparation à la délivrance n'est prévue[324]. Dès que la future mère ressent les premières contractions, une accoucheuse apprête un couteau, constitué d'un éclat de bambou, dont elle fera usage pour sectionner le cordon ombilical, et applique du nombril jusqu'au sternum des écorces et racines de plantes réduites en poudre pour accélérer la sortie de l'enfant. Puis toutes deux quittent le campement et s'enfoncent de quelques dizaines de mètres dans la forêt. Un arbuste, contre lequel la femme en labeur pourra s'adosser, est soigneusement choisi. Une brassée de feuilles tapisse le sol pour recevoir le petit être. La femme est placée à genoux, son assistante, derrière elle, lui serre la poitrine et le ventre pour aider à la délivrance. Si le processus s'avère difficile, c'est que la future mère a commis l'adultère. Et c'est le moment de passer à la confession et de dénoncer son amant. Le fautif représente à cet instant précis son seul salut. Dépêché sur place, il attache une ficelle au pied de la mère et, une fois l'enfant né, payera au mari lésé une amende compensatrice – un filet de chasse, une hache ou une sagaie. Les voies du pardon sont salutaires.

Au début du XX⁰ siècle, le récit d'une mission française, préfacé par le général Lyautey, recense les particularités de la délivrance au Maroc[325]. Chez les Berbères, si l'accouchement est laborieux, note-t-on, les *qâbla* – accoucheuses – usent « du couteau et du fer rouge », ou « lave[nt] les pieds du mari et en font boire l'eau à l'accouchée ». Mais que l'on se rassure, si toutes ces tentatives ont échoué et que la femme est à l'article de la mort, on court alors chercher le médecin le plus proche, et « le mieux qui puisse arriver à la patiente est de mourir avant sa venue ».

À Alger, un médecin français relève également les pratiques des matrones locales[326]. Voyant poindre entre les jambes de la future mère une masse qu'elles craignent inerte, les unes « suspendent la femme par les bras à l'un des bâtons de la tente et lui étreignent la taille avec des *haïks* – vêtements féminins –, de manière à forcer le fœtus, quelle que soit sa position, à s'engager dans le détroit inférieur », d'autres placent « un large plateau de bois sur la région ombilicale de la mère, et les femmes montent dessus, afin d'exercer une pression suffisante pour déterminer l'expulsion »...

Les Tatares sont quant à elles roulées à terre comme un tonneau, tandis qu'on secoue fortement les Mongoles, la tête en bas, si le travail est trop long. Au Loango, ancien royaume situé entre la République du Congo et le Gabon, en cas de délivrance pénible, on prend la malheureuse par les quatre membres et on pose sa tête sur les genoux d'une femme accroupie à ses côtés qui lui maintient fermés énergiquement la bouche et le nez, pour l'obliger à se débattre et ainsi activer la délivrance. Bâillonné, enfumé, piétiné, le sexe de la femme doit mener à bien sa mission.

Les femmes trop savantes

En Europe, il a fallu attendre le siècle de Molière pour qu'une certaine Louise Bourgeois puisse enfin acquérir officiellement le savoir des accoucheuses. Louise, mariée à un chirurgien élève d'Ambroise Paré, se donne pour tâche de défendre une médecine féminine face au monopole des hommes. Ce n'est pas chose aisée si l'on considère qu'au XVIIᵉ siècle ni les ovaires ni les ovules n'ont été encore découverts. Surtout, chez la femme, les humeurs du sexe « nuisent à la partie raisonnable[327] », juge-t-on. En somme, la femme ne peut avoir autant d'esprit que l'homme, car les caractéristiques physiques de son entrejambe la confinent à la débilité ! Inutile donc d'envisager la moindre création d'une nouvelle corporation d'accoucheuses. Et pourtant, Louise est persuadée que le respect de la pudeur féminine doit être entendu et qu'il faut « protéger l'honneur des femmes », en confiant leur sexe à des mains plus amicales que celles d'un homme[328]. « C'est une effronterie trop grande, écrit-elle, que de se résoudre à cela sans besoin. » La survie des parturientes est en jeu.

Car les femmes souffrent terriblement d'être maintenues dans l'ignorance de leur propre corps. L'entraide est le seul recours possible, « la voisine accouche la voisine et la mère sa fille ». La matrone a certes accouché de nombreuses fois, mais elle ignore tout de l'anatomie féminine, dont elle tire pourtant un savoir jalousement gardé. Si Louise veut créer un nouveau corps de métier pour sauver les femmes, elle doit prouver la dangerosité de ces « demi-habiles », ces ventrières qui ont pour « maxime de ne point révéler leur remède, et tiennent cela pour un grand secret, tellement que la plupart ne savent ce qu'elles font, et qui pis est ne le veulent pas apprendre ». Elle compte bien dénoncer les arrogantes autant qu'avares « sages-femmes mal sages » !

Bel et bien femme savante, Louise Bourgeois brave les interdits et use des moyens de son temps. Elle devient la première sage-femme à écrire un livre dans lequel sont prodigués ses conseils, sans retenue, mêlant savoirs scientifiques et images populaires. Ainsi, dans le cas où « la faiblesse relâche les ligaments du col de la matrice, tellement qu'ils s'ouvrent autant que si la femme avait grand nombre de douleurs : mais les eaux ne se trouvant formées, il faut rompre les membranes qui environnent l'enfant, ainsi que l'on ferait d'une porte pour sauver une maison du feu ». Lorsqu'une femme a une perte de sang trop importante, plusieurs remèdes et décoctions sont proposés : « Prenez un fagot de sarment vert ou sec, et un fagot d'écorce de fèves, et les faites tous brûler en une place bien nette, et conservez bien la cendre qui en proviendra, et en prenez le poids d'un écu ; mettez-la tremper ; on peut encore piler des amandes amères et en faire une pâte avec de la poudre d'iris et des jaunes d'œufs frais, puis la mettre dans un sachet d'étamine que l'on trempera dans du vin blanc tiède avant de l'appliquer localement. » Pour faciliter le terme, il est prescrit de « faire des frictions au-dedans des cuisses du haut en bas », appliquer des ventouses ou faire sentir des plumes de perdrix brûlées.

La rumeur de ces soins basés sur la connaissance de l'anatomie parvient jusqu'au plus haut point de la royauté. Lorsque en 1601 la reine Marie de Médicis, épouse de l'infidèle Henri IV, est enceinte, elle ne veut pas de l'accoucheuse adoubée par la cour, Mme Dupuis. Cette dernière a eu l'outrecuidance d'assister sa rivale, la « presque reine » Gabrielle d'Estrées, la blonde aimée du roi au teint éclatant. C'est Louise Bourgeois que réclame Marie : « Je la veux, je ne me trompai jamais en chose que j'aie choisie. » Une belle mais dangereuse opportunité, car si la reine meurt en couches, la tête de Louise tombera. Le 27 septembre 1601, tout le monde retient son souffle. Entre les jambes de Marie de Médicis, Louise Bourgeois œuvre plus de vingt-deux heures durant, quand, enfin, l'enfant se décide à sortir. Elle vient d'offrir au trône un héritier légitime, attendu depuis plusieurs décennies ! Le roi ne sait comment la remercier[329]. « J'ai bien vu des personnes, mais je n'ai jamais rien vu de si résolu, soit homme, soit femme, ni à la guerre ni ailleurs, que cette femme-là. Elle tenait mon fils dans son giron, et regardait tout le monde avec une mine aussi froide que si elle n'eût rien tenu. » Il ajoute, distinction suprême : « Je veux dorénavant vous nommer ma résolue. » Louise voit déjà son nom s'écrire en deux fois plus grand que celui de Socrate : « La mère de ce grand philosophe prit pitié de moi, me consola, et conseilla d'embrasser ses sciences. Je serais fille adoptive, tous les disciples de son fils Socrate me seraient favorables. » Voici les sages-femmes, par la connaissance qu'elles détiennent et enseignent de leur sexe, sœurs du plus illustre des philosophes !

Angélique et le Roy

Un siècle et demi plus tard, la situation des femmes n'a que peu évolué. En 1754, après plus de quinze années passées dans la capitale, Angélique du Coudray, la quarantaine, est bien décidée à parcourir la France pour répandre la bonne parole. La maîtresse sage-femme du Châtelet vient en effet de recevoir l'appel d'un certain M. Thiers, seigneur auvergnat, désespéré de voir les femmes souffrir injustement pour donner la vie au risque d'y perdre la leur. Il supplie notre femme savante de revenir au pays qui l'a vue naître et grandir pour y former des élèves. Touchée au cœur, Angélique demande expressément au roi Louis XV l'autorisation de dispenser son enseignement loin du Châtelet, d'où à peine vingt sages-femmes sortent chaque année après une formation réduite à trois mois, bien trop peu pour un pays comme la France.

Sur les routes d'Auvergne, elle découvre une réalité qui lui glace le sang. Le sexe des femmes n'est pas un sujet jugé digne des hommes, fussent-ils chirurgiens, et de leur art médical. Aussi est-il laissé aux mains d'ignorantes, qui condamnent par d'inconséquentes manipulations des milliers de parturientes à d'importantes séquelles, des douleurs atroces et parfois la mort. Alors qu'elle part rencontrer des femmes enceintes dans les paroisses rurales, Angélique est bouleversée par les récits de souffrance de celles qui viennent se confier à elle et lui dévoiler leurs infirmités. Déchirées, mutilées, elles lui narrent comment, tirant parfois à plusieurs, celles qu'on appelle les « ventrières » arrachent qui un membre, qui la tête de l'enfant à naître, qui la vessie ou un bout d'intestin de la mère éreintée. Pour elle, particulièrement pieuse, le mot de « martyre » convient pour décrire le sort des accouchées. Ce spectacle la révulse.

Partout, elle est accueillie comme une sainte. Mais comment enseigner à des femmes dont la plupart ne savent ni lire ni écrire et quand les sages-femmes elles-mêmes n'ont pas le droit d'utiliser des instruments réservés aux seuls praticiens ? « Tout mon sujet est de renfermer en peu de mots les vrais principes de cet art, et de les présenter sous un point de vue qui puisse les faire comprendre par des femmes peu intelligentes[330]. » Ce que l'esprit ne peut concevoir, la main doit le toucher. Angélique du Coudray fabrique alors un mannequin, une machine représentant le bassin d'une femme, la matrice, son orifice, ses ligaments et le « conduit appelé vagin », à laquelle elle joint un modèle d'enfant. L'utérus est un ingénieux sac de toile revêtu à l'intérieur d'une peau véritable, facilitant le glissement de la poupée lors des manœuvres, afin de simuler au mieux les conditions réelles.

Les Auvergnates conquises, Angélique comprend qu'elle doit promener son mannequin dans tout le royaume. Mais médecins et chirurgiens voient en son enseignement, prodigué gratuitement de surcroît, une remise en cause de leurs prérogatives séculaires. Qu'importe : en 1760, en pleine guerre de Sept Ans contre l'Angleterre, assurer à la France un taux de natalité constant est une des principales préoccupations du roi, qui octroie à la maîtresse sage-femme une aide financière. Assistée de sa nièce et d'un jeune chirurgien, sa tournée nationale durera un quart de siècle.

Mais, pour l'heure, c'est avant tout à une révolution des mentalités qu'appelle Angélique, arguant que la première qualité d'une sage-femme n'est pas sa dextérité mais sa bonté et sa générosité. La profession de foi de l'accoucheuse implique de donner son attention aux femmes démunies plutôt qu'à celles qui, par leurs richesses, sont moins exposées à périr faute de soins. Elle invite ses consœurs à développer de grandes qualités morales : « Ne nous impatientons pas de la longueur de leur travail, rassurons-les sur la crainte qu'elles ont souvent que nous ne les abandonnions pour aller secourir celles qui sont plus fortunées, (...) calmons leurs inquiétudes, compatissons à leur situation, c'est le seul moyen de les consoler : souffrons mille incommodités, et tous les dégoûts que l'on trouve dans leurs chaumières, la récompense que Dieu y a attachée doit nous donner la force et le courage de les supporter. »

En pratique, si lors d'un accouchement la parturiente n'est pas assez dilatée, avant de recourir au froid métal des crochets, « on l'oindra avec du beurre sans sel ou de l'huile, et on abandonnera l'opération à la nature ». Quoi que la situation impose de faire, un maître mot : toujours « toucher la femme avec délicatesse ». Donner un peu de vin à l'accouchée et un repas léger, veiller à ce qu'elle n'ait pas froid, lui faire garnir la tête en l'autorisant à se peigner et se poudrer, ne la toucher intimement qu'avec parcimonie, lorsque cela est nécessaire, pour ne pas l'épuiser nerveusement, et surtout, plutôt que de lui mentir, l'avertir « avec ménagement » que ses souffrances seront longues mais connaîtront une issue positive, tels sont ses conseils.

Bientôt Turgot, intendant de la généralité de Limoges, convoque Angélique et promet une exemption d'impôt pour les futures accoucheuses qui suivront ses cours. L'argument lève une armée de volontaires. La machine d'Angélique du Coudray est devenue une affaire d'État.

Les chiens de Pavlov

À l'instar de Mme de Coudray, certains précurseurs soucieux du sort du sexe des femmes dans l'acte de donner la vie initient quelques traitements innovants. La reine Victoria a ainsi le privilège d'être le cobaye d'un de ces médecins zélés. Le 7 avril 1853, l'anesthésiste britannique sir John Snow lui administre du chloroforme destiné à adoucir sa peine pour la naissance de son huitième enfant, le prince Léopold. D'autres avant elle ont dû subir les derniers enthousiasmes analgésiques des praticiens – éther, « cocaïnisation de la moelle », ou morphine – avec des conséquences dramatiques sur l'enfant comme sur la pauvre mère. Mais Victoria se réjouit de ce « chloroforme béni, avec ses effets apaisants, tranquillisants et absolument délicieux[331] ». En donnant naissance sous sédation, elle couronne la recherche scientifique face à l'interdit religieux et soulage les femmes de leurs souffrances en les encourageant à suivre son exemple. Un siècle avant Pie XII, la reine balaie en une seule phrase la culpabilité de l'enfantement sans douleur et l'a tant apprécié qu'elle autorise Snow à rebaptiser sa méthode « anesthésie de la reine ».

Ce n'est pourtant pas le précédent royal qui décide Pie XII à prendre position, mais plutôt l'insolent taux de réussite des Russes. Dès le 13 février 1951, le ministre soviétique de la Santé demande aux Républiques de l'Union d'utiliser la nouvelle méthode de préparation à l'accouchement mise au point à Kiev par le neuropsychiatre I.Z. Velvovski et l'accoucheur A.P. Nicolaiev. Une technique qui s'inspire des travaux de Pavlov, prix Nobel de médecine connu pour son étude du conditionnement des réflexes chez le chien. Selon les observations de Pavlov, un chien auquel une friandise est donnée chaque fois que l'on actionne une sonnette, salivera dès qu'il entendra le tintement familier. Or, pour Velvovski et Nicolaiev, il en va de même lors de l'accouchement. Voilà les deux hommes en route pour enlever une sacrée épine du sexe des femmes.

Dans des conditions normales en effet, rien d'un point de vue anatomique n'implique que l'acte de donner la vie chez les humains soit si douloureux, tandis qu'il paraît naturel chez les animaux. Si la femme souffre, disent ces pavloviens convaincus, c'est que la société l'y a conditionnée. Ce n'est donc pas en étudiant son corps qu'on la soulagera, mais en s'intéressant à son cerveau. Déconstruisons les réflexes de peur et de culpabilité[332]. Velvovski et Nicolaiev tentent l'approche psychologique en utilisant l'hypnose mais, face à la résistance de certaines patientes, s'en détournent bien vite. Surtout, l'idéologie stalinienne exige la création d'une science proprement russe qui fera la fierté de la nation. Ainsi inventent-ils leur psychoprophylaxie de la douleur, ou comment apprendre à déconditionner la souffrance de l'accouchement en se servant de la parole pour créer de nouveaux réflexes[333].

Les paysannes des kolkhozes sont ainsi formées dès les premiers mois de leur grossesse par des conférences et des brochures imprimées. Nichée dans un bois de bouleaux, au bord d'une rivière dans la campagne géorgienne, la maternité Marx offre modestement huit lits aux trois cents habitants des quatre exploitations agricoles environnantes. Deux sages-femmes opèrent sous les ordres du médecin. Linkov, aux allures de pionnier, semble à la conquête d'un nouveau territoire. Auscultant une patiente déshabillée devant un public captif, Linkov prend une boîte en fer, en sort une longue aiguille et s'approche de la femme, tétanisée de douleur, avant de lui parler et de se tourner vers son auditoire : « Je viens de faire comprendre à cette jeune primipare ce que sont les douleurs de l'accouchement : des balivernes de vieilles femmes. Je lui ai expliqué que si je l'avais piquée, effectivement elle aurait souffert parce qu'elle avait redouté la douleur causée par la pointe de l'aiguille. Pourtant, voyez ses doigts, ils sont tout tachetés de piqûres. Mais quand elle se pique en cousant, elle ne ressent rien, ou presque rien. Les douleurs de l'accouchement, c'est à peu près la même chose. » Voilà ce qu'entend, dans un français presque parfait, Fernand Lamaze, chef de la maternité des Bluets de la région parisienne, venu avec une délégation de médecins communistes français, en septembre 1951, rendre compte de cette innovation[334].

Fasciné par le discours de Nicolaiev prononcé à Paris au congrès des obstétriciens et gynécologues l'année précédente, le médecin français est venu le retrouver en Russie pour le persuader de le laisser assister à une de ces délivrances miraculeuses[335]. Il est sidéré. « Ce fut pour moi un véritable bouleversement de voir cette femme accoucher sans aucune manifestation douloureuse, témoigne Fernand Lamaze, tous ses muscles étaient relâchés... pas la moindre angoisse dans ses yeux, pas un cri, pas la moindre goutte de sueur ne perlait sur son front, pas une seule contraction du visage[336]... » C'est une véritable révélation. En un instant – exceptionnel –, la vie et la carrière de cet obstétricien qui exerce depuis plus de trente ans s'en trouvent changées. Ce jour-là, « j'ai décidé sur-le-champ de faire table rase de mes acquisitions passées et de me mettre aussitôt à l'école de cette science soviétique qui permettait de telles réalisations[337] ». Il n'a dès lors plus qu'une seule préoccupation, importer ce savoir en France.

De retour de terre sainte soviétique, Lamaze décide d'améliorer la méthode russe. Selon lui, trois conditions sont à réunir pour atteindre ce but : une situation obstétrique optimale, un entraînement physique régulier et méthodologique, sous contrôle médical, et une appréhension psychique destinée à placer l'écorce cérébrale – le cortex – dans des conditions d'activité idéales. Il faut « supprimer, pour cela, tous les éléments qui peuvent être dépresseurs... La parole jouera le rôle d'un puissant excitateur conditionnel qui fera disparaître les vieux réflexes conditionnés qui liaient dans l'esprit des femmes la douleur à l'acte de l'enfantement[338] ».

Fernand Lamaze vient d'être nommé à la tête de la maternité des Bluets, établissement géré par la CGT. Située dans le XIe arrondissement de Paris et installée dans un ancien entrepôt de machines-outils, la clinique est la seule à appartenir à un syndicat. Lamaze entend appliquer dans ce terreau favorable aux utopies travaillistes les préceptes rapportés de Russie. Quelques mois après son retour, il réalise son premier accouchement sans douleur. Certes l'événement se heurte au scepticisme des pontes du métier. Le respecté professeur Broca troque le bistouri contre la plume et écrit, irrité, dans *Le Figaro littéraire* : « On raconte trop souvent qu'un soulagement total peut être exigé dans toutes les circonstances et qu'une mère a le droit de ne pas souffrir en enfantant[339]. »

Mais ces réticences n'empêchent pas l'organisation de la préparation à l'accouchement de se populariser dans les entreprises de la région parisienne, et ce grâce à l'engagement militant et financier de l'Union des syndicats des métallurgistes de la Seine. Véritable révolution française de la maternité ! Les femmes adhèrent avec enthousiasme au mouvement. Les « premières accouchées sans douleur », relayées par la CGT sous forme de propagande, font des envieuses, et les futurs pères sont invités à participer à ces cours de préparation. L'accouchement n'est désormais plus une affaire de femmes. Très vite, les moyens d'information deviennent ceux d'une communication de masse.

Fin 1952, aux Bluets, cinq cents des premiers accouchements sans douleur sont réalisés avec 92 % de réussite ! *La Gazette médicale de France* s'en fait l'écho. Pour Lamaze, l'expérience a fait ses preuves scientifiques. « Il n'y a donc là pas de miracle, pas plus que d'illusionnisme ou de subterfuge. La femme apprend à accoucher, comme elle apprendrait à nager, comme elle a appris à lire et à écrire[340]. » Toutes les Françaises doivent désormais bénéficier des fruits de son travail. Il faut généraliser la méthode à l'ensemble des maternités du pays.

L'Ordre des médecins ne goûte guère à cette médiatisation de sa méthode. La bataille est engagée contre cet obstétricien à la solde du voisin stalinien. Lamaze est traduit devant le conseil, avant d'être blanchi. Mais la technique est tout de même jugée peu catholique. Le discours de Pie XII n'a pas réussi à faire taire toutes les critiques. Il reste des opposants, et non des moindres. Parmi eux, ô surprise, une féministe !

La psychanalyste américaine Hélène Deutsch s'insurge contre ce qui représente à ses yeux une brisure définitive entre la mère et l'enfant[341]. La sexualité de la femme normale exige, selon cette disciple de Freud, de la passivité. Les événements de sa vie tels que la défloration et l'accouchement sont douloureux, car cette douleur « apaise le sentiment de culpabilité et provoque le plaisir ». La souffrance comme réponse au plaisir sexuel ? Le pendant qui équilibre l'esprit de la femme saine ? Cette souffrance, ajoute Hélène Deutsch, rythme les saisons nécessaires de la féminité. Sans douleur, une femme ne peut reconnaître son enfant, l'accueillir en son sein, en un mot devenir mère...

Simone de Beauvoir condamne cette théorie : le rapport d'une mère à ses enfants ne se crée pas pendant l'accouchement, mais il se définit au cours de sa vie, « il dépend des relations avec son mari, avec son passé, avec ses occupations, avec soi-même[342] ». À ce soutien s'ajoute celui, et non des moindres, de l'Union des femmes françaises (UFF), issue de la Résistance. Dès 1953, Simone Gillot, sa présidente, épouse d'Auguste Gillot, maire de Saint-Denis, devient la coordinatrice du service d'accouchement sans douleur de la toute nouvelle maternité de la ville. Le 24 décembre 1954, une maman y accouche pour la première fois selon la préparation de l'équipe des Bluets. « Les nationalités migrantes étaient si nombreuses à Saint-Denis que je voulais aider toutes ces jeunes femmes qui mettaient en général un enfant au monde chaque année, à apprendre à accoucher sans crier », martèle Simone Gillot. Cette ancienne ouvrière métallurgiste devenue infirmière met dès lors toute son ardeur à dispenser des cours aux parturientes.

Le combat n'est pas encore gagné. Lamaze doit faire changer la législation de son pays. L'opération est lancée dès le 11 décembre 1952 au Conseil de Paris. Première proposition : la création dans chaque maternité de l'Assistance publique de « salles spéciales pour permettre l'application de l'accouchement sans douleur ». Deuxième étape : un projet de loi déposé par le groupe parlementaire communiste recommande l'enseignement généralisé de l'accouchement sans douleur, avec les moyens financiers appropriés. Dernière offensive : « Les Françaises accoucheront sans douleur si l'on trouve quatre milliards pour généraliser une méthode que des mamans heureuses nous racontent », peut-on lire dans *Ici-Paris*[343]. Les partisans de Lamaze citent des témoignages enthousiastes de jeunes accouchées, puis un disque est produit. On n'y entend pendant un accouchement pas le moindre gémissement, mais seulement le dialogue de la mère et de son médecin.

Au Conseil de Paris, le docteur Devraigne, membre du parti gaulliste, s'insurge : « Jusqu'à ce jour, je ne voulais pas penser que l'accouchement dit sans douleur serait l'un des moyens de propagande du parti communiste[344]. » Cette méthode, toujours assimilée à l'idéologie soviétique, est frappée d'opprobre. Au Parlement, Jean-Paul David, député radical et anticommuniste, interpelle le ministre de la Santé sur la légalité de la campagne engagée pour cette « méthode Pavlov ». On accuse Lamaze d'endoctrinement à droite, et côté communiste, on qualifie de bourgeois réactionnaires ses opposants. Bloc de l'Est contre bloc de l'Ouest, l'accouchement sans douleur devient une question éminemment politique... L'opinion se laisse finalement conquérir le 26 janvier 1954. La ville de Paris met à la disposition de six maternités de l'Assistance publique quinze millions de francs, afin d'expérimenter la méthode. Deux ans plus tard, l'Assemblée nationale adopte le projet de remboursement des six séances préparatoires à l'accouchement sans douleur, étendu à huit en 1960. Désormais, les Françaises accoucheront en souriant ! Ou presque.

16

Guerres pubiennes
en Occident

La déesse du Sexe sans sexe

New York, novembre 1960. Marilyn regagne
son appartement de la 57ᵉ Rue Est, sans Arthur
Miller. Elle rentre du désert du Nevada, où elle
vient de tourner *Les Désaxés* sous la direction de
John Huston, avec Clark Gable et Montgomery Clift.
Une journaliste venue d'Europe sonne à la porte.
Le temps d'une interview, l'actrice ne sera plus
seule ; parler lui fera oublier sa tristesse. Marilyn
ouvre, une robe de chambre noire diaphane à même
la peau, une brosse à cheveux à la main. Tandis
que la reporter prépare son enregistreur, Marilyn
demande si cela ne la dérange pas qu'elle se coiffe.
Comment refuser quoi que ce soit à l'étoile ? Levant
les yeux l'instant d'après, quelle n'est pas la surprise
de la journaliste de découvrir l'actrice se brossant
le pubis avec soin[345] ! D'abord interdite, la reporter
se reprend. Après tout, ce n'est pas la première fois
que la toison de Miss Monroe joue à cache-cache
devant les objectifs.

Six ans plus tôt, sur le tournage de *Sept ans de
réflexion*, c'était tout Manhattan qu'elle avait tenu

en haleine. Devant le Trans-Lux Theater, peu après minuit. Marilyn s'apprête à tourner une scène sur la grille d'aération d'une bouche de métro dont le souffle s'amuse de sa robe blanche évasée, jouant à dévoiler puis masquer son anatomie. Les forces de police ont disposé des barrières en bois autour de la comédienne. Les New-Yorkais sont massés, électriques. « Les Russes auraient pu envahir Manhattan, personne ne s'en serait soucié », note alors l'attaché de presse de l'actrice, Roy Craft. Et tandis que la soufflerie propulse la robe au-dessus de ses genoux, la foule pousse des cris. Le réalisateur, Billy Wilder, sent qu'il tient un moment cinématographique inoubliable. Il encourage les machinistes à envoyer plus d'air entre les jambes sulfureuses. « Plus haut, plus haut », ne cesse-t-il de hurler. La robe s'élève jusqu'aux épaules de la belle, dévoilant des dessous couleur chair assez fins pour montrer une masse sombre[346]. Affolé, Wilder demande à sa vedette de changer de petite tenue. Son film tient à une culotte plus opaque. Il connaît en effet la censure qui règne sur les productions hollywoodiennes. Tout poil pubien est prié de se rhabiller ! Pour ravir les salles obscures, il doit suggérer le sexe de Marilyn sans le montrer.

Défier la censure sans jamais y être soumise est pour Miss Monroe une seconde nature. Elle n'hésite pas à déclarer au magazine *Pageant* ne jamais se faire bronzer pour se « sentir blonde de partout[347] ». Il n'en faut pas plus à la critique pour se déchaîner, et à sa gouvernante pour confirmer : « Un jour, je la trouvai penchée sur les toilettes, les jambes levées, s'adonnant à un cérémonial avec une bouteille de solution chimique et deux brosses à dents. Elle se teignait les poils pubiens en blond[348]. » Le sexe de Marilyn, pourtant jamais divulgué, devient l'un des fantasmes de l'Amérique des années 1950. Entre puritanisme et maccarthysme, la nouvelle génération hollywoodienne insuffle un vent de liberté. Lorsque le 28 avril 1952 la star doit être conduite au Cedars of Lebanon Hospital pour une opération de l'appendicite, dans le bloc opératoire l'infirmière s'empresse de commenter avec fébrilité qu'elle va enfin savoir si la star est bien « blonde de partout ». Son humeur badine s'assombrit en découvrant le mot écrit au crayon que Marilyn a posé sur son ventre à l'attention du chirurgien : « Je suis une femme et cela signifie beaucoup pour moi (…). S'il vous plaît ! Merci ! Merci ! Pour l'amour de Dieu, cher docteur, ne m'enlevez pas les ovaires[349]. »

Au-delà du mythe qu'elle a construit, Miss Monroe a en effet peur d'être une femme vide. Et si son ventre ne portait jamais d'enfant ? « Peut-être suis-je une déesse du Sexe qui n'a pas de sexe », sombre aveu fait au magazine *Life* en 1961. Lorsque Marilyn rencontre le psychiatre Ralph Greenson, ses premières séances dévoilent dans le silence du cabinet de consultation un terrible secret : « Je n'ai jamais eu d'orgasme[350] », confesse-t-elle. Le docteur Greenson fait à sa patiente une révélation libératrice : ce n'est pas son sexe qui est inapte au plaisir, l'orgasme se passe dans la tête. « Vous avez dit que c'était quelque chose qui s'était produit plus tôt dans ma vie, rapporte-t-elle, dont me me sentais si coupable que je ne méritais pas d'avoir le plus grand des plaisirs. » Le docteur est de bon conseil, et propose une approche différente. « Vous avez dit (…) que vous me diriez comment me stimuler moi-même, et que si je faisais exactement ce que vous me disiez de faire, j'aurais un orgasme. Après cela je me le suis fait. » Marilyn se sent soulagée d'un poids, elle est enfin une vraie femme, chez laquelle le sexe fonctionne normalement. Désormais, l'assure-t-elle en le remerciant, « j'ai beaucoup d'orgasmes. Pas seulement un, mais deux ou trois avec un homme qui prend son temps ». Hélas, la novice en la matière vient alors d'entamer la dernière année de sa vie.

Dans sa problématique, elle résume les enjeux de l'Amérique d'après-guerre, et même de l'Occident tout entier, face au sexe des femmes : la stigmatisation de la pilosité et la culpabilisation liée à l'orgasme. Pour calmer ses inquiétudes et devenir une déesse de cet organe qui se refuse à elle, Marilyn est, une décennie plus tôt, la première à poser pour un nouveau magazine qui, au début des années 1950, a bien l'intention de révolutionner l'image de la femme.

M. Hefner à la conquête de la toison d'or

En décembre 1953, un certain Hugh Hefner lance depuis Chicago un magazine masculin qui promet à ses lecteurs des femmes nues, habillées d'articles sur l'art de vivre, *Playboy*. Pour l'occasion, Hugh Hefner rachète les photographies prises par Tom Kelley en 1949 où Marilyn pose de trois quarts sur fond rouge, son pubis savamment caché par ses jambes. L'effet est immédiat, le nouveau magazine s'arrache à cinquante mille exemplaires.

Ses photographies ne sont tolérées que parce qu'elles ne laissent pas apparaître les poils pubiens. Pour la production cinématographique, le code Hays s'assure que « les organes génitaux de la femme ne doivent pas se traduire, sous une étoffe, ni en ombre ni en sillon ». Toute représentation du « système pileux, y compris les aisselles », est proscrite. Les jeunes femmes à la plastique envieuse qu'Hefner dénude ont systématiquement le pubis masqué par une jambe, un linge ou un accessoire.

Mais en 1965, de l'autre côté de l'Atlantique, en Angleterre, un Américain, Bob Guccione, se prépare à lancer l'offensive contre Hefner et son empire de la femme nue sur papier glacé. Comptant sur la compréhension de l'Europe vis-à-vis de la nudité, Guccione lance son propre magazine, *Penthouse*, dans lequel il réalise lui-même des clichés de manière artisanale avec son Nikon 35 mm. Comment détrôner Hefner ? Guccione laisse apparaître sur le poster central du numéro de juillet 1968 un brin des poils de la peu frileuse Melody Prentiss, et débarque en Amérique l'année suivante. *Penthouse* défie Hefner sur le champ de bataille. *Playboy* va au-devant de poursuites judiciaires en publiant son premier nu frontal intégral, avec la danseuse afro-américaine Paula Kelly. Ombragée pour plus de discrétion, la jeune femme dévoile à l'œil ce que *Penthouse* expose franchement.

La compétition s'intensifie, et *Penthouse* foule au pied les tabous de la société américaine. Les médias se délectent de ce choc des titans et parlent de « guerres pubiennes ». Après neuf mois de déni, *Playboy* commence à semer des poils épars dans ses photos[351]. En janvier 1971, en playmate adoubée, le modèle de charme norvégien Liv Lindeland expose clairement sa toison blonde. Nouvelle contre-attaque : Guccione publie les photos de la Suissesse Viva Helziger posant entièrement nue et de face dans un champ. Une plante au premier

plan ne masque qu'une mince partie de son anatomie. Guccione a l'avantage.

À la question de savoir si les Américains sont
réellement prêts pour cette guerre fratricide, la
réponse de Hefner est sans appel : « Vous feriez
mieux de questionner Dieu à ce sujet. Il a mis ça
là où ça se trouve, et il est temps que la société
grandisse et reconnaisse que les poils pubiens
existent[352]. » Joignant le geste à la parole, il rédige
une note à destination de ses collaborateurs :
« Souvenez-vous que les poils pubiens ne sont
désormais plus un tabou pour *Playboy*, tant qu'ils
sont maniés avec goût. » Réplique de Guccione :
au nom du progrès social, il est le premier à montrer un clitoris. « Nous avons apporté une sérieuse
contribution à la libéralisation des lois et des comportements, témoigne-t-il, une grande partie de ce
qui est arrivé en Occident en matière d'avancées
sexuelles est directement reliée aux avancées que
nous avons faites[353]. »

Jamais les hommes ni les femmes n'ont pu
regarder la bête d'aussi près ! Pour la première
fois l'anatomie peut se contempler, sur magazine,
chez soi, sans autre risque que celui d'être surpris
par un membre de sa famille. L'esthétique du sexe
sur papier glacé devient une étude clinique, une
exposition que les précautions artistiques ne protègent plus de la réalité. La toison d'or se vend à
des millions d'exemplaires.

Maux de gorge pour Linda Lovelace

En France, en 1964, le cinéaste Jean-Luc Godard
s'apprête à diffuser dans les salles obscures *Une
femme mariée*, mais le président de la commission de contrôle des films ne l'entend pas ainsi.

Garant des bonnes mœurs, Henry de Ségogne se fend d'une lettre au ministre de l'Information, Alain Peyrefitte, pour interdire la sortie du film, consacré selon lui « presque exclusivement à la photographie, en gros plans, des ébats amoureux d'une femme, avec son amant, puis son mari, puis de nouveau son amant ». Les scènes de nu, jouées par Macha Méril, sont à son goût innombrables et « habilement et vicieusement photographiées, toujours, le geste suggestif, l'attitude à la limite de l'outrage aux mœurs[354] ».

En cause, le sexe de la comédienne, qui tantôt enlève sa culotte et la fait glisser le long de sa jambe, tantôt contemple les ciseaux aux lames sonores lui taillant les poils, le visage baissé vers son jardin secret. Godard demande audience à Peyrefitte. Le cinéaste accepte de couper certaines scènes au montage et le film n'est interdit qu'aux moins de dix-huit ans. Deux ans plus tard, sous la direction de Michelangelo Antonioni, dans *Blow-up*, Jane Birkin entre dans l'appartement d'un photographe et se déshabille pour essayer les tenues rangées dans le studio, avant de se bagarrer avec l'amie qui l'accompagne, sous l'œil enthousiaste du photographe qui en profite pour baisser leurs collants, derniers remparts à leur nudité.

En 1972, sous la pression grandissante des studios américains et de la libéralisation des mœurs, le code Hays est enfin abandonné. Gerard Damiano provoque une révolution sexuelle en engageant une jeune fille du Bronx, Linda Lovelace. Elle a vingt-quatre ans et s'apprête à tourner son premier film. Elle qui s'est choisi son pseudonyme en référence à une grande mathématicienne[355] n'imagine pas que sa bouche va entrer dans l'histoire. Devant la caméra, elle consulte un médecin pour lui faire part de ses troubles intimes. Tout comme Marilyn, elle ne parvient pas à atteindre l'orgasme. Après un examen minutieux, le diagnostic tombe : la fille n'a pas son clitoris entre les jambes, mais au fond de la gorge. Le spécialiste éclairé lui prescrit d'avoir de fréquents et nombreux rapports buccaux. L'affligée, que l'on imagine très éprouvée par cette nouvelle, s'empresse de suivre le conseil. La technique de la jeune première, héritée des avaleurs de sabre, fait sensation.

Tourné en moins d'une semaine à Miami, *Gorge profonde* rapporte six cents millions de dollars dans le monde. Le cachet de l'actrice principale ne s'élève, lui, qu'à mille deux cent cinquante dollars et sera confisqué par son mari, ex-marine conducteur de pelleteuse, épousé à la hâte à dix-neuf ans pour échapper à une mère trop puritaine. Elle avait été séduite par ce baroudeur roulant en Jaguar qui lui avait offert du feu pour allumer sa cigarette et qui l'oblige, sitôt la romance passée, à se prostituer, quand il ne la bat pas. Lorsqu'elle intègre l'écurie *Playboy* de Hugh Hefner en posant pour le numéro de février 1975, elle appartient alors au panthéon des pionnières du dévoilement de l'intime, et trouve la force de demander le divorce. La brèche est ouverte. Désormais le sexe des femmes n'est plus un tabou pour le cinéma de genre, qui va repousser les limites de l'indécence toujours plus loin.

Gorge profonde est présenté au marché du film de Cannes en 1973, et marque l'entrée fracassante du cinéma X en France. L'année suivante, pour la seule région parisienne, cent vingt-huit films de cette tonalité artistique totalisent plus de six millions d'entrées. Au Familia de Lille – cela ne s'invente pas –, *Les Jouisseuses* reste près de six mois à l'affiche, totalisant deux millions trois cent mille entrées ! Soudain, ce qui ne devait pas être montré devient ce qui doit absolument être vu.

Lorsque Valéry Giscard d'Estaing est élu à la présidence du pays le 19 mai 1974, peu s'attendent à ce qu'il comprenne la volonté de libéralisation des mœurs et des représentations cinématographiques. Très vite, cependant, le président déclare ne pas être « partisan de la censure », car elle est « toujours inefficace ». Mais les noces sont de courte durée. La loi Giscard qui taxe lourdement les œuvres pornographiques, marquées de l'étiquette X, signe le retour à la censure. Face au succès de ces films, dont le dernier, *Emmanuelle*, vient de pulvériser tous les records, l'État voit l'occasion de répondre positivement à l'indignation des familles et représentants judéo-chrétiens, en même temps que de profiter de la manne financière. Car, en 1975, un film français sur trois est érotique ou pornographique. Le sexe de la femme, dernier interdit de la société, fait vendre. Et cet argent ne semble plus si sale à ceux qui s'en frottent les mains.

Newton et les instincts très basiques

Lorsque le photographe australo-allemand Helmut Newton fuit les lois de Nuremberg qui sévissent en Europe en stigmatisant la population juive allemande, il embarque le 5 décembre 1938, à tout juste dix-huit ans, à bord du *Conte Rosso* à destination de la Chine, avant de rejoindre l'Australie en tant que prisonnier. C'est cette terre forte en contrastes et en lumière qui lui donne ses premiers contrats de photographe. Mais l'Eu-

rope le hante. En 1961, il s'installe à Paris, rue
Aubriot. Son style fétichiste séduit la capitale. Les
plus prestigieux magazines font appel à lui, de
Vogue à *Harper's Bazaar*. Les femmes de Newton
ne sont pas des victimes de la mode, elles sont
sexuellement actives et indépendantes.

Aux États-Unis, les guerres pubiennes sévissent
toujours entre *Playboy* et *Penthouse*. Dans la
débauche de chair livrée devant l'objectif, Hugh
Hefner sait que c'est par l'art qu'il peut faire la
différence. Il engage le jeune photographe au
regard soigné qui habille le corps de la femme,
même nue. Newton sait créer l'ambiance cinématographique que le public réclame et mettre en
scène des femmes charismatiques incarnant divers
fantasmes. Hefner ne s'y trompe pas. Helmut
Newton immortalise pour lui des centaines de
clichés, où la comédienne Nastassja Kinski pose
avec son double version poupée, mêlant voyeu-
risme enfantin et femme fatale. Pendant près de
trente ans, il imagine les calendriers *Playboy*. Et
à ceux qui le soupçonnent d'être totalement déta-
ché de son sujet, habité uniquement par l'Art, il
répond : « Si un photographe dit qu'il n'est pas un
voyeur, c'est un idiot[356]. » En 1980, le sexe féminin
a conquis l'espace social et les poils pubiens l'univers artistique. Cette année-là, Newton réalise une
importante série intitulée *Big Nudes*. Sa marque
de fabrique ? Les femmes nues, photographiées
de face. En noir et blanc stylisé, les poses provocantes sont le reflet de la révolution sexuelle qui,
partie des États-Unis, a déferlé sur l'Europe et
envahi Paris. Rien ne sert plus de le dissimuler,
Newton vient de consacrer le poil pubien.

C'est bien la fourrure intime qui, en 1992,
confère en une scène le statut d'actrice de

renommée internationale à une actrice inconnue. Dans *Basic Instinct* de Paul Verhoeven, où un officier de police enquête sur le meurtre d'une star du rock, l'accusée Sharon Stone en robe blanche très courte, l'arrogance au visage et aux jambes, se joue des policiers qui l'interrogent en décroisant ses jambes sous leur nez. Elle est sans sous-vêtement, mais pas sans poils. Stone est nommée pour le Golden Globe de la meilleure actrice, l'une des plus prestigieuses récompenses américaines. La critique est tout sauf unanime et fait grand bruit. Billy Wilder avait demandé à Marilyn de changer de sous-vêtement pour ne pas dévoiler ce que Paul Verhoeven filme en plan fixe chez Sharon Stone. L'époque a bien changé.

Mais curieusement, en levant l'interdit, les poils pubiens sont mis sur le billot. Car une fois acceptés par la critique, il faut en montrer toujours plus. Et la chair s'expose, sans parure, sans protection. Ainsi les playmates d'Hefner ratiboisent-elles le buisson, l'année qui consacre la « blonde de partout » Sharon Stone, pour adopter cinq ans plus tard une coupe très élaguée. Au début des années 2000, le poil a totalement disparu. La parenthèse pileuse aura duré moins de trente ans. Les films de genre et les magazines masculins viennent de transformer l'esthétique du sexe féminin, en se présentant comme une nouvelle norme pour toutes les femmes. Leur large distribution rend leurs codes assimilables à l'ensemble de la société. Signe d'esclavage chez les Grecs, de punition d'adultère à Sumer, de soumission en Chine impériale ou de collaboration horizontale à la Libération, le sexe chauve apparaît à présent comme le comble de la modernité et de l'émancipation féminine. Ironie de l'histoire.

Jusqu'alors les femmes qui s'adonnaient à l'amour adoptaient une tout autre attitude. Ainsi les prostituées napolitaines d'après-guerre revêtent-elles, chez Malaparte, des perruques pubiennes blondes pour plaire aux soldats noirs américains à la recherche de chair peroxydée. L'une d'elles, « allant s'asseoir sur le bord du lit, souleva sa jupe, et ouvrant les jambes, plaça la "perruque" sur son pubis. C'était quelque chose de monstrueux, ce toupet de longs poils blonds – on aurait dit réellement une perruque – qui lui couvrait tout le ventre et lui descendait jusqu'à mi-cuisse[357] ». Quand le poil excite le soldat en goguette parmi les Napolitaines, chez les Tatuyo d'Amazonie il est synonyme de prospérité. Le moment le plus propice pour entreprendre une chasse au tapir est celui où l'homme a rêvé de poils, une des choses les plus érotiques qui soient pour la tribu. L'excitation et la puissance conférée au rêveur par les follicules sont de bon augure, ils le rapprochent de son but et le protègent.

Mais l'homme occidental du second millénaire n'a plus besoin de chasser, et les femmes plus besoin de leur toison primitive. Le dévoilement du sexe féminin par la pornographie a provoqué un culte de la perfection de la sphère intime.

Désormais, dès l'âge de la puberté, le sexe se fait la barbe, comme le recommandent magazines féminins et publicités. L'entrejambe des femmes, en quête de liberté, se retrouve soudain au cœur d'une marchandisation de son esthétique, sommé qu'il est de répondre aux injonctions d'idéal et d'exigence de beauté imposées par de nouveaux canons sans cesse modifiés[358].

Pas assez blanc pour être aimable ? Une publicité indienne pour Clean and Dry Intimate Wash, un produit blanchissant le vagin, fait de cette promesse son slogan : « La vie pour les femmes sera désormais plus fraîche, plus propre et, plus important encore, plus claire et plus intime. » La mixture éclaircirait la peau trop sombre pour lui donner des « nuances beaucoup plus justes ». L'intime ne doit plus être gâché par sa couleur naturelle. À la télévision, une publicité montre un couple au petit matin, fâché. La femme tend en vain une tasse de café à son mari, les yeux plantés dans son journal. Délaissée à cause de son vagin, elle s'empresse de prendre une douche afin de blanchir son organe obscur. De retour dans le salon, elle trouve enfin le moyen de faire passer à son mari le goût de la lecture. C'est que, sous de nombreuses latitudes, la peau claire était jusqu'à peu le signe d'une caste supérieure, qui n'a pas à subir le labeur des champs. Mais cette catégorisation de compétition sociale n'avait pas encore atteint l'entrejambe des femmes.

Et en plus, le sexe des femmes sent ! Heureusement, des pastilles mentholées intimes promettent de lutter contre ce désagrément. « Petite, sans colorant, d'une saveur naturellement sucrée, la pastille Linger a été créée pour aromatiser les sécrétions de la femme lorsqu'elle est sexuellement excitée », peut-on lire en page d'accueil du site qui la commercialise[359]. Une pilule pour supprimer les odeurs naturelles, « facile à insérer et conçue pour se dissoudre lentement », prend-on soin de préciser. Sans poils, le sexe doit être aussi sans odeur. C'est la promesse des fabricants de serviettes hygiéniques aux vertus miraculeusement neutralisantes.

Blanchi, désherbé et désodorisé, le sexe des femmes doit également être exempt des affres du temps qui passe, au pinacle de la perfection de la chair. Une marque indienne en mal de nouveautés a ainsi lancé 18 Again, une crème censée resserrer le vagin et lui redonner la tonicité de ses dix-huit ans. Tournée comme un film bollywoodien avec en bande-son une reprise de la chanson « Like a Virgin » de Madonna, la publicité montre une jeune femme qui danse dans son appartement jusqu'à tomber dans les bras de son mari en chantant : « Je me sens comme une vierge ! » Mais pour réparer ce que le temps commet de honteux sur l'anatomie intime, on préfère, semble-t-il, se fier au bistouri. Six millions huit cent mille dollars en 2009 ont été dépensés en chirurgie intime aux États-Unis ! Au Royaume-Uni, le nombre de labioplasties (réduction des lèvres) a augmenté de 70 % en 2008. Car la chair qui dépasse de quelques millimètres de son emplacement naturel idéal n'est-elle pas désormais qualifiée de « pied de chameau » ? Magnifiées par les Hottentotes, les grandes lèvres sont corrigées au scalpel pour être plus conformes à la norme en vigueur. Notons que les candidates à la chirurgie sont de jeunes pubères tout à fait normales, qui découvrent douloureusement le prix de la très chère liberté de leur sexe.

17

Les tribulations
d'un sexe chinois en Chine

La fureur des dragonnes

Chine, province du Henan. Près d'un affluent du fleuve Bleu, au centre du pays, le soir tombe sur un paisible hameau de paysans[360]. Dans le silence d'une maison, une jeune femme prépare une sombre potion. Son mari parti chercher du travail à la ville, sa belle-mère lui mène depuis des mois la vie dure, les reproches sont incessants. La bru a eu en effet un comportement des plus inopportuns : elle a donné naissance à une fille. Récidiviste, elle vient de ruiner les espoirs de toute la famille en enfantant d'une seconde fille ! Surtout, son infraction à la règle de l'enfant unique une fois constatée, elle devra payer une lourde amende qui pèsera sur tous ses membres. Que n'a-t-elle su se contenir ? Et tout cela, pour n'avoir aucun fils ! Ses filles ne travailleront pas et finiront par quitter leur foyer pour rejoindre celui de leur mari. Impossible de compter sur elles pour assurer les vieux jours de leurs parents. Son ventre, incapable de concevoir un garçon, est une source de honte.

On s'émouvra de sa disparition, mais on ne s'en offusquera pas. Au moins aura-t-elle trouvé une réponse honorable à son humiliation. Reste le passage à l'acte. Les femmes de la campagne se pendent ou se jettent dans des puits, mais face à l'augmentation du nombre de candidates à une mort prématurée, il n'y a pas moyen de s'y suicider tranquillement. Elle saisit une petite bouteille noire d'organophosphate, un pesticide qui ne pardonne pas aux nuisibles. Dans quelques instants, sa poitrine se compressera, son estomac donnera des coups, son cœur se soulèvera, puis ce sera fini. Elle ne sera pas toute seule dans son malheur : chaque jour, elles sont près de cinq cents à vouloir se donner la mort.

L'ère maoïste s'était ouverte sur un fol espoir de libération pour les femmes et s'achève en une douloureuse déception. Dès son arrivée au pouvoir, Mao Zedong s'était réjoui de présider au destin d'une nation féconde : « Même avec une population plusieurs fois multipliée, la Chine est tout à fait capable de trouver une solution. Cette solution, c'est la production », professe-t-il alors. Le Grand Bond en avant est décidé, Mao veut faire entrer la Chine dans l'ère moderne en développant sa production industrielle de manière spectaculaire. De pharaoniques travaux de construction sont entrepris, éloignant les paysans de leur terre qui, négligée, refuse de donner ses fruits. La pénurie alimentaire qui en résulte transforme les années 1959 à 1961 en années noires avec un coût humain terrible ; entre 15 et 30 millions de morts[361], des filles en majorité, dont la survie est jugée moins utile que celle des garçons.

L'État communiste, avec sa révolution industrielle, devait nourrir les nombreuses bouches

277

qu'allaient donner les filles de la nation, encouragées à se reproduire. Mais la réalité démographique a eu raison de la croyance maoïste. Face aux restrictions alimentaires imposées dans nombre de provinces du pays, le Grand Timonier doit changer son fusil idéologique d'épaule : « Il est nécessaire de faire connaître et de populariser le contrôle de la fécondité », écrit-il, car certaines zones sont déjà trop densément peuplées. Dès juillet 1971, le Premier ministre Zhou Enlai traduit la décision en loi. Une opération de contrôle des naissances est lancée. La politique interviendra désormais dans les parties les plus intimes du corps de la femme, et dictera ses lois à son sexe. À la ville, les célibataires sont invitées à ne pas se marier avant leurs 25 ans, et à n'avoir que deux enfants. À la campagne, les distractions se faisant plus rares, l'âge de 23 ans est autorisé, et on peut avoir un enfant de plus. Les naissances doivent être espacées de trois ou quatre ans minimum. Un slogan est trouvé : « Un, ce n'est pas peu, deux, c'est juste bien et trois, c'est trop. »

L'idée de contrôler le sexe des femmes n'est donc pas née comme une punition, mais au contraire comme un élément essentiel de la libération féminine et d'amélioration de la santé des mères et des enfants. Pour Mao, diminuer la fécondité accélérera la sortie des femmes de la sphère domestique à laquelle elles sont traditionnellement cantonnées. Libérées du poids des travaux ménagers, les Chinoises élèveront leurs enfants avec de meilleurs revenus. En réduisant la natalité par l'éducation sexuelle des femmes, les richesses du pays seront mieux redistribuées ; voilà qui promet un avenir radieux. Et, miracle des statistiques, la fécondité des Chinoises baisse de moitié avant la fin de la décennie ! La menace démographique semble écartée. Pourtant, à la mort de Mao, son successeur, Deng Xiaoping, ne veut pas se contenter de maintenir à flot une population à peine sortie de la famine. Il veut faire entrer son pays dans l'histoire comme le lieu d'un développement économique sans précédent, et annonce une politique de réforme et d'ouverture. Ouverture des marchés, oui, mais des femmes, non ! Juguler plus encore les naissances lui apparaît comme la contribution nécessaire de ces dernières à l'épanouissement de la nation. En janvier 1979, la norme de l'enfant unique s'abat sur les Chinoises.

Femmes des années 80

Dès le printemps 1981, la rafle des femmes enceintes commence. Dans la région de Huiyang, au sud-est de la province du Guangdong, les autorités lancent la redoutable campagne du planning familial[362]. Sa mission ? Empêcher quarante-sept mille secondes grossesses de parvenir à leur terme. Le secrétaire du comité régional du parti a fixé le quota d'avortements pour l'appliquer par la force, si besoin. Partout dans le pays les couples sont prêts à tout pour éviter d'avoir à choisir entre ligature des trompes, suspension de la ration alimentaire de la famille et séquestre des biens, ou stérilisation forcée. Mais ici, aucune échappatoire n'est possible. Des gardes armés munis de mandats d'arrêt entament la rafle des délinquantes. Sur le papier scellant leur sort, un simple mot : « enceinte ». Elles sont conduites à l'hôpital pour y subir un avortement « volontaire », enchaînées parfois dans des camions cerclés de barres de fer qui servent d'habitude au transport d'animaux.

Les plus chanceuses parviennent à s'échapper, laissant derrière elles leur histoire, leur famille. Pour le délit de la fautive en cavale, ses proches paieront.

La grande campagne se donne huit semaines pour atteindre son but. Enquêter, identifier et punir, tout est organisé pour que l'opération soit un succès retentissant autant que dissuasif. Ceux qui refusent de se soumettre au programme seront jugés pour sabotage. Rien de moins !

Les couples sont incités à signer des contrats de planning familial, dont le contenu n'est pas négociable. Le certificat d'enfant unique met par écrit la promesse de n'avoir qu'un enfant. Pour ceux qui décident de s'engager dans la voie du mariage et de la reproduction suivant la ligne définie par le parti, c'est tout bénéfice : garantie de meilleures retraites, prime versée les quatorze premières années de l'enfant élu, priorité dans l'attribution de prêts, obtention d'un logement. Que de bienfaits matériels attendent les heureux et précautionneux parents !

Étonnamment, l'incitation ne suffit pas à empêcher les femmes de faire des enfants. Une véritable pression sur le sexe des femmes va dès lors s'opérer. Les dénonciations de femmes enceintes sont encouragées, les visites à domicile de cadres du planning familial fréquentes, et la privation de tickets de rationnement monnaie courante. Une résistance discrète s'organise dans certains villages des environs de Canton, où les habitants alternent les tours de garde. Sitôt que l'équipe de contrôle des naissances est en vue, un coup de gong prévient les futures mères, qui s'enfuient à la hâte vers la montagne. Aux fortes têtes, des séances de rééducation organisées par les responsables du comité sont dispensées, afin qu'elles comprennent leur rôle : se sacrifier au développement global du pays.

L'utilisation « volontaire » de moyens contraceptifs se répand comme une traînée de poudre. En janvier 1983 sont transmises aux cadres du parti des circulaires exigeant l'insertion d'un stérilet aux mères d'un enfant, la stérilisation des mères de deux enfants et l'avortement pour toute grossesse non autorisée, si bien qu'à la fin de l'année, vingt millions de stérilisations masculines et féminines ont été pratiquées ! La santé des femmes est menacée par les avortements tardifs et les dispositifs intra-utérins destinés à les rendre infertiles. La mauvaise qualité des anneaux en acier endolorit leur chair.

La femme, qui devait être la première bénéficiaire du programme de planification familiale, en est hélas la victime[363]. Certains médecins ou infirmiers, voyant dans cette loi l'ouverture d'un nouveau marché, proposent alors sous le manteau le retrait de stérilets ou dispositifs de contraception aux femmes désireuses de concevoir malgré les risques. Un véritable réseau mafieux se met en place dans le sud-est du Sichuan. Les tarifs varient de trois à trente voire cinquante yuans par patiente ! Hélas, des instruments peu appropriés ou des gestes mal maîtrisés provoquent de graves blessures.

Celles qui survivent doivent affronter le reniement. Un mineur de Fushun, avant de se marier, prend soin d'avertir sa nouvelle épouse : « Si tu me donnes une fille, je divorce. » Les voies de la natalité étant impénétrables, l'épouse accouche d'une fille. Refusant de la voir, l'homme coupe les vivres à sa femme et lui interdit l'accès à leur maison.

Elle décide de récupérer ses effets personnels, en compagnie de ses frères et voisins venus lui prêter main-forte, mais trouve porte close. Elle essuie un coup de feu tiré dans sa direction. Escaladant alors le toit de son ancienne demeure, elle arrache des tuiles qu'elle projette contre la maison. Une condamnation à un an de prison avec sursis pour « attaque et pillage », voilà tout ce qu'elle récupérera de sa tentative.

Objectif Lotus

Dans la société chinoise traditionnelle, on attend de la femme qu'elle soit mère. Elle doit produire des descendants qui poursuivront le culte des aïeux paternels. Car selon l'héritage confucéen, « le sang des ancêtres ne coule que dans les veines du fils ». Et lorsque avoir une descendance masculine est une priorité vitale, tous les moyens sont bons. Certaines utilisent ainsi un savant calendrier de grossesse, basé sur un calcul mathématique, pour prédire le sexe de l'enfant à naître. Au nombre 49, on additionne le chiffre du mois de la procréation du calendrier lunaire. À ce résultat, on retranche l'âge de la mère, puis on ajoute 19. Si le résultat final est un nombre impair, alors l'enfant à naître sera un garçon. Dans le cas contraire, rien à faire, ce sera une fille. Mais on peut alors porter un couteau d'argent sur soi le temps de la gestation, censé effrayer l'âme d'une fille qui oserait s'incarner. Mieux encore, il existe des rituels permettant de changer le sexe du nouveau-né avant qu'il ne soit trop tard. Si un chaman découpe une figurine en papier sur laquelle il inscrit le nom de l'enfant et prononce des vœux à son intention, il reste une chance[364].

Qu'il est loin le temps où le sexe féminin était vénéré comme principe d'énergie et de vitalité. Dans le taoïsme, philosophie et religion née sous la dynastie Han deux cents ans avant notre ère, la complétude des deux sexes est source d'harmonie, de vie et d'épanouissement. La satisfaction de la femme est d'une importance capitale, la sexualité ayant un rôle de régulateur des énergies vitales. Le Yin, élément féminin, doit s'harmoniser avec le Yang, élément masculin.

Et pour veiller à la jouissance féminine, nombre d'objets font partie de l'éventail érotique de la chambre à coucher. Ainsi, de faux pénis nommés *disbos*, artefacts dédiés au plaisir de la femme, sont façonnés. En bronze et de longueurs variées, ils sont gardés à disposition de ces dames. L'objet est pensé dans les moindres détails et se présente comme une forme creuse pouvant être remplie d'eau chaude, pour plus de réalisme. « Monsieur le Cornu » ou « le Cantonais » est donc un exutoire raffiné pour que jamais l'énergie Yin, créatrice de vie, ne s'éteigne[365]. Fabriquées à l'aide de fines feuilles d'argent et remplies de mercure, les clochettes chinoises permettent la discrétion et la satisfaction à tout moment de la journée. De forme mince et allongée, « elles sont faciles à manier, et lorsqu'on les manipule, elles émettent un bruit qui ressemble au chant d'une cigale. Elles soulagent les belles et leur apportent du réconfort, nous dit un grand classique de l'érotisme chinois, on leur a donné le nom de soldats courageux d'avant-garde[366] ».

L'homme doit maîtriser l'« art de la chambre à coucher », extrêmement codifié et détaillé. Dans le manuel érotique classique, le *Sou Nu King* (*Classique de la fille de candeur*), neuf méthodes d'accouplement sont détaillées, dont le vol du dragon, le pas du tigre, la lutte du singe, l'appui de la cigale, le lapin qui sèche ses poils. Cet ouvrage fondateur, qui date de trois mille ans avant notre ère, se présente sous la forme d'un dialogue entre Huangdi, l'Empereur Jaune – personnage mythologique à l'origine de la nation chinoise –, et Sou Nu, son instructrice dans l'art d'utiliser la sexualité bien tempérée pour atteindre la longévité[367]. « Dans la communion de l'homme et de la femme, si l'homme ne sait pas régler correctement la profondeur de la pénétration, il ne pourra en moissonner le maximum de bienfaits. Je veux que tu me parles en détail de cela », l'interroge Huangdi. « Il faut que l'homme observe quel est le besoin de sa compagne, l'avise Sou Nu. Il doit aussi veiller à ne pas pousser trop avant sans frein car il pourrait blesser sa partenaire. »

Sa Majesté doit savoir que huit noms désignent les différentes profondeurs du vagin, indiquées comme les « huit vallées » : la corde du luth (2,5 cm) ; les dents de la châtaigne d'eau (5 cm) ; le ruisselet (7,5 cm) ; la perle noire (10 cm) ; le propre de la vallée (12,5 cm) ; la chambre profonde (15 cm) ; la porte intérieure (17,5 cm) ; le pôle nord (20 cm). L'homme doit donc apprendre à maîtriser ses ardeurs. « Il peut essayer plusieurs poussées sur la "corde du luth", puis quelques coups vigoureux contre les "dents de la châtaigne d'eau". Quand la femme atteint le faîte du plaisir, elle serre involontairement la mâchoire. Elle transpire et sa respiration s'accélère. Ses yeux sont alors fermés et son visage devient brûlant. Sa vulve s'ouvre grand et ses sécrétions coulent sans contrainte. À cela, l'homme voit qu'elle éprouve un plaisir immense », lui enseigne l'instructrice pas si candide que le titre de l'ouvrage le prétend.

Le manuel nous éclaire aussi sur les signes extérieurs qui permettent de détecter une femme propice au commerce sexuel. Tendre et docile, elle doit avoir l'air doux, sa chevelure doit être d'un noir soyeux, mais surtout, « que les lèvres de sa vulve soient épaisses et de belle taille, que son pubis ne soit pas couvert de poils, que son vagin soit humide ». Il faut encore que le corps de la compagne idéale « s'agite tant et si bien que l'on peine à le maîtriser, quand elle se prête, toute en nage, aux mouvements de l'homme ». Les femmes douées de ces qualités sont à rechercher, car elles ne feront jamais de mal à un homme, « même s'il se trouve ignorant de la manière correcte de commercer charnellement[368] ». Mais celles dont le poil pubien n'est pas doux, est absent ou pousse dans la mauvaise direction ou, pis encore, pousse dru sont à fuir ventre à terre. Pour juger des qualités d'une femme, les auteurs classiques recommandent d'examiner avec le même soin la taille de son clitoris : celles dotées d'un très long organe « qui croît et décroît en même temps que le disque lunaire » sont dangereuses pour l'homme, qui devra prendre soin dès lors de s'éloigner d'elles.

Une autre méthode pour reconnaître l'intensité du plaisir de la femme consiste à porter une attention particulière aux manifestations sonores de sa jouissance, aux « cinq cris ». Ainsi, « le cri guttural, le halètement, le soupir, le geignement et le grincement de dents » ne proviennent pas de la même sensation, et « en identifiant ces cinq cris, l'homme peut deviner les sensations de la femme[369] ». Mais attention, le sexe de la femme, assimilable à l'eau, peut éteindre celui de l'homme, comparable au feu ; le Yin peut épuiser le Yang, et l'absorber, si ce dernier s'y noie trop intensément et trop fréquemment. Il est donc vital pour l'homme de bien savoir échanger avec ce sexe qui peut lui ôter la vie qu'il lui offre.

Si l'homme profite du sexe de la femme comme prescription médicale pour renouveler son énergie vitale, cela ne veut pas dire qu'il lui fasse entièrement confiance. Dans la Chine impériale, la femme n'est pas un partenaire égal de l'homme, mais une compagne à son service. Gare à celle qui, éprise d'amour libre, commettrait l'adultère. Un mari accusant son épouse de ce méfait obtient réparation par un procédé pour le moins radical : l'infidèle et son complice sont décapités. On apporte devant le juge une grande cuve pleine d'eau dans laquelle on jette les têtes des victimes, puis, au moyen d'un bâton, on agite vivement cette eau. Les têtes tournoient de-ci de-là avant de finir par s'arrêter dans une certaine position. Le juge se penche alors vers la cuve : si les visages se font face, les deux suppliciés étaient bien de mèche ; si le visage de l'homme regarde le chignon de la femme, c'est qu'il a fait violence à celle-ci et elle est proclamée innocente ; si les deux têtes se tournent la nuque, c'est que le crime n'a pas été consommé, et le mari reçoit cent coups de bambou, rapporte la femme de lettres Judith Gautier, fille du poète Théophile Gautier[370].

Ironie de l'histoire, au pays de l'harmonie entre les deux sexes, l'organe féminin est au XXe siècle le premier à être victime d'une entrave dans sa chair, d'une interdiction de remplir sa fonction première : mettre au monde. Le sexe de la femme a donné vie aux taoïstes, mais face à la démographie galopante de la superpuissance qu'est devenue la

Chine, il se retrouve enchaîné, tel Prométhée le voleur de feu.

Depuis la fin de l'année 2013, les autorités chinoises ont décidé de défaire les liens qui meurtrissent et promettent des peines contre ceux qui obligent les femmes à avorter au dernier stade de la grossesse pour respecter la politique mise en place. C'en est fini de cette méthode brutale du passé. Désormais, les couples à enfant unique pourront en avoir un autre, mais pas plus. La liberté a des limites.

18

Saigneurs de guerre

L'ogre des Balkans

Une jeune musulmane inconsciente est amenée dans la clinique gynécologique du docteur Vanda Panjkota à Zagreb[371]. Il faut peu de mots à la praticienne pour comprendre et prescrire une pilule anticonceptionnelle à la muette de son cabinet. Figée comme une pierre, l'adolescente, qui vient de traverser les zones de combat, est catatonique. Raflée dans son village en pleine nuit quelques jours plus tôt, avec l'ensemble de sa famille, elle est conduite dans un des camps de prisonniers serbes du nord de la Bosnie-Herzégovine, le triste camp de Trnopolje. Entre quatre et sept mille personnes y sont détenues, dans une ancienne école. Les femmes sont regroupées dans la pièce principale. Trois soldats aux mains tatouées de quatre S, initiales du slogan de l'armée serbe – « Seule la solidarité sauve les Serbes » –, la saisissent avec trois autres filles et les escortent jusque dans une maison réquisitionnée pour abriter les escapades des gardiens, à quelques kilomètres du camp. Le soldat resté avec l'adolescente dans le camion lui ordonne de s'allonger et de se déshabiller. La douleur et l'incompréhension se mêlent en un cri vite étouffé. Rassasié de chair, l'homme part chercher un camarade, puis un autre. Reconduite au camp, elle ne dit plus un mot, pas même en croisant le regard de sa mère. Rien ne peut exprimer ce qu'elle vient de vivre. Avec sa torche, dans la pièce bondée, l'un des soldats cherche sa prochaine victime, annonçant à ses comparses : « J'en veux encore ! »

Au début de l'année 1992, la Yougoslavie vient d'être dissoute après la sécession de quatre Républiques fédérées qui ont décidé de déclarer leur indépendance : la Slovénie, la Macédoine, la Croatie et la Bosnie-Herzégovine. La renaissance des idées nationalistes dans chacun de ces pays, l'effondrement du bloc soviétique et l'arrivée au pouvoir de Slobodan Milosevic en Serbie en 1987 ont morcelé le pouvoir incontesté du parti communiste, fractionnant les communautés et faisant des Balkans un lieu où s'entrechoquent des tensions explosives.

Début avril, alors qu'ils refusent d'être intégrés à la nouvelle République bosniaque, les Serbes de Bosnie entament le siège de Sarajevo, soumise à un blocus complet. Leur armée, dirigée par Ratko Mladic, aidée par des soldats et miliciens pro-serbes, mène une campagne visant à étendre leur pouvoir et à occuper les grandes villes du pays, ainsi que l'ensemble du territoire, en chassant les populations bosniaques. Pour eux, les non-Serbes doivent être contraints à l'exil, tués ou déportés dans des camps de détention. Ils représentent non seulement une population à mettre à genoux, mais une peuplade indésirable, nuisible. Ils ne doivent pas simplement se plier, ils doivent être purifiés ethniquement. Leurs vestiges culturels sont ravagés, l'alphabet et le nom des rues changés. Mais pour détruire l'autre en coupant ses racines, c'est surtout à son futur que l'on s'attaque, en s'en prenant à sa sexualité. Pour Mladic, « ce qu'il y a de plus sacré, ce sont la terre et les femmes parce qu'elles créent la vie[372] ». Cette assimilation vient de condamner des milliers de Bosniaques à être traquées dans leur chair. Éliminer l'ennemi à sa source devient le sujet principal de l'épuration ethnique qui s'apprête à fondre sur les Balkans.

En ce printemps sanglant, Mirsada voit du haut de ses dix-sept ans l'arrivée des soldats serbes dans son village de Kalosevic. Masqués, les hommes portent l'insigne de l'Aigle blanc sur leur uniforme[373], celui des milices serbes. Son frère et son père partis au front, Mirsada comme les autres sont restées seules, se terrant dans la maison. Trois soldats pénètrent dans la cache. Ce jour-là, les hommes raflent gaiement femmes et filles. En traversant le village, elle ne peut fermer les yeux assez fort pour ne pas voir les corps joncher le sol. Le convoi marche dans la forêt pendant plus de cinq heures. Enfin, témoigne-t-elle, « nous avons gagné le camp, bondé de femmes, d'enfants et de personnes âgées. Cela ressemblait à une sorte de pension forestière. Les cabanes servaient de guérite. Le tout était entouré de barbelés et divisé en deux parties. Ils m'ont séparée de ma mère et de ma sœur. (...) Ils nous ont violées chaque nuit ». Le rituel est codifié, sa chorégraphie savamment maîtrisée. Les Aigles blancs viennent les chercher chaque soir et ne les ramènent qu'au matin. Ils sont parfois plus de vingt. Près de mille femmes sont ainsi humiliées. Mirsada passera plus de quatre mois dans le camp avant de parvenir à s'en évader.

Durant la conquête de la Bosnie, les viols ne sont pas une résultante de débordements individuels masculins, exacerbés par la violence des combats, mais bien des actes systématiques et organisés. « Nous avons l'ordre de violer les filles », voilà ce qu'entend une victime de vingt-trois ans de la bouche de celui qui s'apprête à commettre l'outrage. Et tandis qu'une autre tente de détourner l'attention de son bourreau en lui demandant de penser à sa mère, sa sœur, sa femme, il lui répond : « Je dois le faire ! » Le docteur Malika Kreitmayer, responsable de l'étude des viols à l'institut gynécologique de l'hôpital de Tuzla, récupère ces femmes après leur libération. Elle dispense un traitement abortif hormonal à celles qui le souhaitent. Leur point commun, au-delà de la souffrance, la virginité perdue, le sentiment d'un sexe visité par la violence masculine tandis qu'il se réservait pour la vie maritale. Humilier des femmes musulmanes, les insulter, détruire leur personnalité et les traumatiser, tel est le but recherché... et atteint.

De mai à août 1992, les forces serbes regroupent trois mille musulmanes bosniaques et croates de Prijedor dans le camp d'Omarska, situé dans un ancien complexe minier. Les prisonniers sont séparés dans trois bâtiments, dont un, le hangar, est destiné aux interrogatoires et aux femmes. Le funeste rituel se répète ici, les femmes sont sur le qui-vive, car les soldats ne prennent pas soin de se faire annoncer. « Nous étions plus de mille huit cents dont six cents dans la même chambre. J'avais le numéro 31. Lorsqu'ils appelaient votre numéro, vous deviez venir[374] », se rappelle une anonyme parmi d'autres. Cet été-là, le gouvernement bosniaque estime à deux cent mille personnes, pour la plupart des femmes, le nombre de détenus, et la mission spéciale de la communauté européenne évalue à vingt mille les musulmanes bosniaques suppliciées au cours des derniers mois de l'année. Bientôt des chants folkloriques serbes font l'éloge de la défloration politique : « Dans la clairière d'une petite forêt/Un Serbe baise une femme musulmane/La femme musulmane est couverte de sang/Le Serbe était son premier homme[375]. » Le sang de l'ennemie représente la victoire. L'acte de barbarie est millénaire, mais son interprétation politique est nouvelle. Le viol de masse est une tactique de guerre comme une autre, au service du génocide, une invasion barbare de l'intime organisée dans une volonté de pouvoir.

Pour les membres de la commission des Nations unies, « la brutalité et le nombre important de cas similaires dans le déroulement indiquent qu'il s'agit là d'une politique stratégique ». Le Tribunal pénal international confirme, il y a bien « politique de viols systématiques ». Tadeusz Mazowiecki, rapporteur spécial des Nations unies, écrit au début de 1993 : « Des informations dignes de foi font état de viols en public, par exemple devant un village tout entier, pour terroriser la population et forcer les groupes ethniques à fuir[376]. » Boris Herek, l'un des soldats questionnés, admet avoir violé trois femmes parce que ses supérieurs menaçaient de l'envoyer sur une ligne de front meurtrière en cas de refus. Des violeurs interrogés par les enquêteurs de la commission dépêchés sur place avouent le but de ces camps : féconder les femmes. Les victimes qui tombent enceintes restent prisonnières jusqu'à ce que la grossesse soit trop avancée pour un avortement. « Une femme a été retenue prisonnière par son voisin, un soldat, pendant six mois près de son village. Elle était violée presque tous les jours par trois ou quatre soldats, qui lui disaient qu'elle donnerait naissance à un petit *tchetnik* qui tuerait les musulmans quand il serait grand et qui répétaient que c'était leur président qui leur avait ordonné de se comporter ainsi », avoue l'un d'eux.

Violer pour faire porter à l'ethnie qui n'est pas assez digne d'un territoire les fruits d'une race soi-disant supérieure, telle est la volonté qui dirige ces actes. Lorsque le but de l'action militaire consiste à éliminer du paysage une fraction de la population, la sexualité peut être utilisée comme torture. La manière de tuer une femme est le meurtre, mais celle d'atteindre le féminin est le viol.

Tristes Tutsies

Au Rwanda, en plein conflit entre Tutsis et Hutus, la violence à l'égard des femmes se déchaîne. Le génocide a démarré le 6 avril 1994, après l'attentat contre l'avion présidentiel dans lequel le chef de l'État Juvénal Habyarimana a été tué. Quelques jours plus tard, le président intérimaire appelle la population à se « mettre au travail » et fustige ceux qui « s'écartent du chemin », un discours marquant le début des massacres raciaux. Bientôt des escadrons de la mort hutus, armés de machettes et de bâtons surmontés de clous, brûlent, tuent et pillent dans tout le pays, laissant la capitale Kigali jonchée de cadavres. Suivant le même mode opératoire que dans les Balkans, les miliciens hutus extrémistes Interahamwe s'infiltrent en groupe dans les maisons, dénichant et violant les femmes. Leur mission est appelée *kubohaza*, littéralement « aide à la libération ». Ceux qui s'engagent dans le *kubohaza* recouvrent leur visage de craie, de cendres, portent des feuilles de bananier autour du corps et, au signal d'un coup de sifflet, marchent au son du tambour et érigent des barrières le long des routes pour encercler leurs proies. Les hommes sont tués à coups de machette, avant le viol des femmes et leur mutilation.

Mais les Hutus n'ont nulle volonté de faire porter aux femmes ennemies une nouvelle génération « plus pure ». Il s'agit simplement de détruire toute trace de joie en elles et de toucher au cœur leur capacité à enfanter[377]. Perpétue, vingt et un ans, est cachée dans la région de Taba lorsqu'elle est découverte par des miliciens. « J'ai été emmenée à la rivière Nyabarongo par un groupe d'Interahamwe. À ce moment, l'un d'entre eux m'a dit qu'il connaissait la meilleure méthode pour vérifier que les femmes tutsies sont comme les femmes hutues », se souvient-elle. Trois mois durant, les hommes effectuent leur sombre besogne. Défigurer le sexe des femmes, torturées parfois avec des objets coupants ou des branches de houx, est le but poursuivi. On éventre celles porteuses de l'ennemi à venir, considérant qu'il n'y aura bientôt plus d'ennemis si la chair interdite ne porte pas de fruits. On « pourfend à l'arme blanche[378] », on verse de l'eau bouillante ou de l'acide dans le vagin, allant parfois jusqu'à en arracher des morceaux et à brandir ces pauvres lambeaux pour que « tout le monde voie à quoi une Tutsie ressemble »...

Comment le XXᵉ siècle, marqué par la pensée démocratique et le féminisme, a-t-il pu accoucher d'une technique élaborée du viol comme acte de guerre ? L'Occident découvre une réalité qui est vécue dans nombre de conflits depuis le début du siècle.

Les expiatrices de Nankin

Été 1937, le Japon impérial, désireux de poursuivre son expansion territoriale, fait déferler son armée sur la partie orientale de la Chine. Le 7 juillet en effet, lors d'un entraînement à l'extrémité du pont Marco-Polo, dont les pierres datant du XIIᵉ siècle se dressent à quelques kilomètres de Pékin, l'armée japonaise accuse l'armée chinoise de l'enlèvement d'un de ses hommes et insiste pour fouiller toutes les maisons alentour. La demande refusée par les Chinois est prise comme un camouflet, un aveu. L'homme parti s'encanailler dans une maison de passe réapparaît quelques heures plus tard, mais en vain, la décision d'entrer en guerre vient d'être prise. L'empereur Showa autorise la suspension des conventions internationales régissant les droits des prisonniers, et libère ainsi son armée de toute obligation envers la population chinoise. En novembre, les soldats de l'empire du Soleil levant ont gagné Shanghai et, en décembre, marchent sur Nankin. Les deux cent mille soldats impériaux viennent rapidement à bout des troupes chinoises affaiblies, malgré l'aide matérielle fournie par l'Allemagne nazie et la Russie soviétique.

Mais la suprématie militaire ne suffit pas. Six semaines durant, des centaines de milliers d'hommes sont massacrés, et plus de vingt mille femmes violées[379]. Porte après porte, les soldats impériaux traquent les femmes, pour les agresser en public, en signe de déclaration de guerre intime. Le 19 décembre, le révérend James M. McCallum consigne dans son journal : « Je ne sais pas quand cela se terminera. Jamais je n'ai entendu ou lu autant de brutalité. Viol ! Viol ! Viol ! Nous estimons au moins mille cas par nuit et beaucoup de jour. En cas de résistance ou tout ce qui ressemble à une réprobation, il y a un coup de baïonnette ou une balle... Les gens sont hystériques... Les femmes sont emportées chaque matin, après-midi et soir[380]. »

Les Japonais pensent gagner cette guerre éclair en moins de trois mois, mais le conflit s'enlise malgré les victoires et dure près de cinq ans. Le sexe des femmes est le lieu privilégié de la punition d'une population qui a osé résister à l'envahisseur.

L'homme d'affaires allemand John Rabe tente de protéger les civils auxquels il procure nourriture, abri et assistance dans une zone internationale de sécurité[381]. Il est effrayé par les viols qui se déroulent dans la ville, dans un déchaînement de haine totale. À la déculottée militaire, les soldats de l'Empire nippon répondent par un châtiment terrible, une vengeance sexuelle. Des « groupes de trois à dix soldats en maraude » écument la ville, écrit Rabe dans son rapport à Hitler, « en violant les femmes et les jeunes filles, tuant tous ceux qui offrent la moindre résistance, tentent de leur échapper ou se trouvent tout simplement au mauvais endroit au mauvais moment. Ils violent même les fillettes de huit ans et les femmes de plus de soixante-dix ans, puis ils les jettent par terre et les frappent. Nous voyons des cadavres de femmes empalées sur des verres à bière et d'autres qui ont été traversées par des bambous. J'ai vu les victimes de mes propres yeux – je leur ai parlé juste avant qu'elles ne meurent et j'ai fait transporter leurs corps à la morgue de l'hôpital Kulo pour bien me persuader de la véracité de tous les rapports que je recevais[382] ». Hitler n'a sans doute jamais réagi au triste sort des Chinoises.

Le Rouge et le Rouge

Fin janvier 1945, le Reich est en ruine, le front russe se rapproche. Alors que les troupes soviétiques progressent vers la capitale, l'écrivain Ilya Ehrenbourg appelle à la vengeance dans les articles qu'il écrit pour le journal de l'Armée rouge, *Krasnaïa Zvezda* : « Brisez par la violence l'orgueil racial des femmes germaniques. Prenez-les en butin légitime[383] ! » Joseph Goebbels, chef de la propagande nazie, trouve encore la force d'accuser ce « Juif d'Ehrenbourg » d'inciter au viol des Allemandes. Ehrenbourg se défend : les soldats de l'Armée rouge ne sont pas « intéressés par les Gretchen, mais par les Fritz qui ont insulté nos femmes ». Alors que les Soviétiques avancent en terre germanique en immenses colonnes de chars T634 et de cosaques à cheval, les femmes, restées seules tandis que les hommes sont au front, tremblent. Elles ont vu au cinéma les films tournés par les services de propagande de Goebbels sur les atrocités commises par les hommes de Staline. La réputation des Russes et leurs pulsions vengeresses à l'égard des femmes poussent certaines Allemandes à s'offrir directement aux soldats pour tenter d'éviter le viol collectif.

Un rapport envoyé à Staline précise que « selon beaucoup d'Allemands, toutes les femmes restées en Prusse-Orientale ont été violées par des soldats de l'Armée rouge », aussi bien des « filles de moins de dix-huit ans que des vieilles femmes[384] ». L'une d'elles, interrogée par le NKVD, témoigne : « Le 3 février, les soldats ont fait leur entrée dans la ville. Ils sont arrivés dans la cave où nous nous cachions, et ont pointé leurs armes sur moi et les deux autres femmes se trouvant là, et nous ont ordonné de sortir dans la cour. Là, douze soldats m'ont violée tour à tour, tandis que d'autres faisaient subir le même sort à mes deux voisines. La nuit suivante, six soldats ivres ont fait irruption dans la cave et nous ont violées, et ce plusieurs jours durant. »

Le peuple allemand est celui qui a causé la guerre. L'armée russe, qui veut assumer la grande mission de libérer l'Europe de sa barbarie, est du côté de la morale. Les actes des soldats se trouvent donc justifiés par ce but suprême. Une fois encore, le corps des femmes devient l'objet d'un désir d'humiliation et de vengeance. Lorsque les Soviétiques arrivent dans le village de Vogelsdorf, non loin de Berlin, où sa mère a décidé de se réfugier après le bombardement de l'appartement berlinois de la famille, Ingrid Holzhüter, dont le père a été tué sur le front français, entend chaque nuit l'inaudible. « Maman était particulièrement jolie, les Russes l'ont tout de suite repérée (...). Et puis ils sont revenus chaque nuit, pendant des semaines, arrivant chez nous braguette ouverte. J'entendais ma mère supplier, appeler au secours[385]... »

À l'hôpital de Senftenberg, au sud-est de Berlin, entre juin et août 1945, le mot *Interruptio* figure régulièrement en face du nom des patientes.

Pendant ces trois mois, les médecins de l'hôpital pratiquent illégalement quatre à cinq avortements par jour, soit 80 % des opérations. Car près de deux millions d'Allemandes ont été violées entre janvier et juillet 1945. De retour du front ou des camps de prisonniers, les hommes se détournent de leurs femmes ou fiancées, jugées « sales et indignes ». À la lecture du journal tenu par sa petite amie, un soldat ne peut réprimer son dégoût : « Vous êtes devenues aussi impudiques que des chiennes, toutes autant que vous êtes[386]. »

Les insoumises d'Alger

Le 1er novembre 1954, une insurrection en Algérie plonge la France dans une crise grave. C'est la Toussaint rouge. La colonie demande son indépendance. Les nationalistes algériens, réunis sous l'égide du Front de libération nationale, s'opposent aux forces françaises bientôt dépêchées sur place. Face à l'enlisement du conflit, qui risque de dégénérer en guerre civile, le président français René Coty donne tout pouvoir à ses soldats pour étouffer les rebelles.

Dans la nuit du 26 au 27 mai 1956, quatre-vingts recrues sont rassemblées à l'hôpital Mustapha-Pacha d'Alger, avant d'être dispatchées en dix groupes de huit, conduits en voitures militaires dans la Casbah, avec pour ordre de chercher sous les voiles des femmes si des hommes ne s'y cachent pas en réalité. « Nous devions les toucher pour voir si elles étaient réellement des femmes, témoigne un soldat, c'était horrible. Nous devions... les soldats devaient regarder, toucher le sexe des fatmas... Cet ordre de toucher le sexe des fatmas était une instruction précise[387]. »

L'intrusion de l'œil et de la main est une violence faite à l'intimité des Algériennes, un viol symbolique. Jean-Louis Godard, stationné en terre oranaise de mars 1958 à février 1960, se souvient ainsi de la teneur de l'ordre : « Il y avait une note qui disait de s'assurer de la véracité du sexe des femmes. En cas de doute, il fallait faire appel au médecin. C'était un peu comique comme note de service[388]. »

Cette pratique est un double moyen de déloger les maquisards. L'armée a en effet connaissance de la tradition des Kabyles d'épiler leur sexe avant toute relation intime avec leur conjoint. Dès lors, des spécialistes en épilation développent des connaissances inattendues pour des soldats. « Certains peuvent dire au toucher ou au regard de la longueur des poils la date de la dernière visite du mari ayant rejoint le maquis[389] », se souvient l'un d'eux. Un soir de guet, Louis Devred est attiré par des plaintes qu'il entend en effectuant sa ronde[390]. Entrant de force dans un réduit, il voit une femme recroquevillée au fond de la pièce. Certain que son mari vient lui rendre visite chaque nuit, l'un des officiers la questionne avec véhémence, prêt à tout pour obtenir des informations. « Cazalard bondit sur elle, raconte Devred, la saisit par les deux épaules, agrippe sa robe et la dépouille en un seul tour de main. La pauvre femme se retrouve debout et nue (...) sur l'espèce d'établi qui meuble le réduit, j'aperçois différents instruments bizarres. Cazalard a saisi une brique, il la pointe vers le pubis qu'il tapote en me disant, triomphalement : "Regardez, elle est épilée, voilà la preuve !" » La femme tremble, le gradé arrête brutalement le mouvement en frappant d'un coup sec l'« objet du délit ». Une trace apparaît, ses deux mains saignent, elle se penche en avant, recouvrant sa blessure.

La vérification du pubis des Algériennes est si répandue parmi les soldats que l'écrivain Mouloud Feraoun témoigne que « lorsque les militaires délogent les Kabyles de chez eux, les parquent hors du village pour fouiller les maisons, ils savent que les sexes des filles et des femmes seront fouillés aussi[391] ».

Force est de constater les débordements de jeunes officiers qui vivent alors au milieu d'une violence attisée par l'idée de la haine de l'autre, débordements non commandés par le gouvernement français, mais bien subis par ces femmes au cœur de la guerre. L'adoption en 1949 de la quatrième convention de Genève relative à la protection des civils en temps de guerre, qui offre une protection juridique contre le viol, n'aura pas empêché le XXe siècle d'intensifier le recours à ce qui était jusqu'alors une conséquence dramatique mais erratique de la violence guerrière, une de ses manifestations. En ce siècle qui n'en finit pas de vouloir faire la guerre, le recours au viol comme arme a fait du corps des femmes un champ de bataille.

19

Chair et paix

La Liberté guidant les Libériennes

Liberia, avril 2003. Vêtues entièrement de blanc, des milliers de femmes se retrouvent et occupent bruyamment le marché au poisson de la capitale Monrovia. Chaque jour, sous les fenêtres de la résidence du président Charles Taylor, elles dansent et chantent pour la paix qu'elles appellent corps et âme, ayant fait choir dans leur mouvement les barrières ethniques. Elles sont désormais deux mille cinq cents chrétiennes et musulmanes à prier, à s'emparer de ce qui était jusqu'alors un terrain de football, sur le trajet qu'emprunte chaque jour Taylor le tyran pour se rendre à Capitol Hill. Elles veulent obliger celui qui détourne les yeux de la guerre civile qui ravage le pays depuis bientôt quatorze ans à regarder dans leur direction. « Les histoires de guerres modernes se ressemblent souvent. (...) On cite les chefs qui prédisent en toute confiance la victoire. Les diplomates font des affirmations pompeuses. Les combattants, vantards, menaçants – toujours des hommes, qu'ils soient des soldats gouvernementaux ou des rebelles –, brandissent des trophées atroces et transforment leurs bouches en armes aussi dévastatrices que leurs kalachnikovs[392] », consigne l'une des instigatrices du mouvement, Leymah Gbowee.

Car dans les contrées où les hommes ont imposé leurs suprématies ethniques, religieuses ou militaires, les femmes sont le plus souvent « dépeintes comme des victimes pathétiques à l'expression hagarde, aux vêtements déchirés, aux seins tombants », regrette-t-elle. Comme si la femme devait être éternellement le souffre-douleur des aspirations guerrières qui ont fait et défait les pays, rythmé les siècles et battu les ans. Tel est le constat de cette Libérienne de quarante ans.

Charles Taylor, un ancien fonctionnaire surnommé Superglu en raison de sa fâcheuse tendance à s'approprier les fonds publics, s'est hissé au pouvoir après avoir lancé à Noël 1989 une rébellion armée dans le pays. Déclencheur d'une des pires guerres civiles du continent africain, il est un président aux mains souillées par le sang de plusieurs centaines de milliers de victimes et plus de deux millions et demi de déplacés sur une population de trois millions trois cent mille. « J'ai tué ton père, j'ai tué ta mère. Vote pour moi si tu veux la paix », voilà le slogan politique qui lui fait emporter les élections de 1997, à faire pâlir tous les conseillers en communication occidentaux[393]. Aucun des partenaires internationaux du pays n'ose agir contre son règne de la terreur, aucun des opposants nationaux ne le peut non plus. En 2000, alors que le déchaînement de violence semble à son paroxysme, la seconde guerre civile du pays éclate. Les forces armées présidentielles sont mises à rude épreuve par les hommes du LURD – Libériens unis pour la réconciliation et la démocratie –, qui regroupe diverses factions anti-Taylor dirigées par des chefs de guerre frustrés de ne pas avoir obtenu de postes gouvernementaux. Au début de l'année 2003, une nouvelle faction rebelle, le MODEL – Mouvement pour la démocratie au Liberia –, rejoint la lutte entreprise pour faire tomber le régime. Tandis que les hostilités font rage, des soldats de chaque partie pillent et brûlent les villages, recrutant toujours plus de jeunes garçons sur leur chemin, qui viendront grossir les rangs des candidats à une mort violente et prématurée, ou des exilés qui se masseront dans la capitale dans l'espoir de survivre.

« Nous sommes par le passé restées silencieuses, mais après avoir été tuées, violées, déshumanisées, contaminées (…), la guerre nous a appris que le futur réside dans le fait de dire non à la violence et oui à la paix. Nous ne nous rendrons pas jusqu'à ce que la paix s'installe[394] », proteste alors une jeune travailleuse sociale luthérienne inspirée par les mots du Mahatma Gandhi. Leymah décide de pousser les femmes de sa communauté à entrer en protestation active contre la guerre, et appelle celles de l'Église dont elle est membre à la rejoindre. Bientôt, ce sont plusieurs centaines de chrétiennes qu'elle enrôle dans son mouvement.

En mars 2003, l'activiste musulmane Asatu Bah Kenneth s'adresse à la foule et promet de pousser les femmes de sa communauté à rejoindre le mouvement de Leymah, demandant au président ainsi qu'aux chefs de guerre de cesser le feu. Comment s'y prendront-elles ? Le 1er avril, leur union interreligieuse s'empare des ondes. « Nous avons annoncé que nous encouragions les femmes à se refuser à leurs hommes tant qu'ils n'auraient pas mis fin à la guerre. » Tel est le signe de la détermination de Leymah qui n'a dès lors qu'un seul but, amener Charles Taylor à la table des négociations pour entamer un processus de paix. Mais les opérations de déstabilisation par des groupes armés terrorisent la ville. « Les femmes des zones rurales ont mieux organisé leur grève du sexe », poursuit-elle, que celles de Monrovia. Elles avaient déjà un espace à elles, où elles allaient chaque jour et où les hommes ne pouvaient pas entrer. Elles ont transformé leur refus en acte religieux, promettant qu'elles n'auraient plus de relations sexuelles jusqu'à ce que la face de Dieu mette la paix en lumière. » Au sein des foyers également, le combat fait rage. « Certaines femmes ont cédé. D'autres sont arrivées couvertes de bleus. »

Devant l'intensification du mouvement, Taylor accepte enfin une rencontre. Le 23 avril, il promet de se rendre aux pourparlers en vue de préparer la paix. Acculé, il quitte ses fonctions le 11 août, et sera livré à la justice internationale trois ans plus tard. « Les femmes et le sexe ont transformé une nation en guerre », argue fièrement Leymah. Car le sexe des femmes « est une chose exotique, et beaucoup diraient que c'est un sujet tabou. Mais quand quelqu'un ose le porter à l'attention du public (…), les gens se demandent pourquoi vous en usez pour mettre en relief une problématique[395] ». Le refus intime des femmes pousse les hommes à penser, car « il y a beaucoup d'hommes bien dans le monde (…), mais pourquoi restent-ils silencieux ? Notre stratégie aide les hommes bons car elle leur donne une raison de prendre fait et cause ».

Se refuser comme pouvoir de persuasion ultime du sexe d'une femme, se soustraire au désir pour enfanter de la paix, comme un défi à l'ordre naturel du monde, voilà la trouvaille de Leymah. Désarmées, sans éducation ni moyens de pression politique, les femmes n'en sont pas moins capables de faire plier un dictateur par leur détermination. Par là, elles font voler en éclats leur condition de simples victimes et décident enfin de leur destinée.

La belle Athénienne

Il semble que les Libériennes du XXIe siècle se soient emparées d'un savoir expérimenté autrefois par une jeune Athénienne du nom de Lysistrata, littéralement « celle qui délie l'armée[396] ». En 411 avant notre ère, alors que les cités de Sparte et d'Athènes sont en guerre perpétuelle, le dramaturge Aristophane, amateur de comédies au ton épicé, compte bien résoudre par ses mots une des crises les plus graves de son temps en supplantant la guerre politique par la guerre du sexe. Lysistrata tente de convaincre les femmes des cités grecques de se refuser aux hommes belliqueux qui entretiennent la ruine de leur monde en nourrissant la guerre de leurs bras. Mais « qu'est-ce que des femmes peuvent donc faire de sensé et d'éclatant ? » s'interroge l'une d'elles. Après tout, elles ne sont que des femmes. Tel est justement leur atout, pour l'audacieuse Lysistrata qui compte bien tirer parti des attributs féminins, car « c'est tout cela qui nous sauvera, comme je m'y attends bien : oui, les petites robes jaunes, les parfums, les bottines, le fard et les tuniques d'un tissu très clair. On ne verra plus aucun homme s'armer de sa lance contre un autre »...

Hélas, les femmes béotiennes et corinthiennes convoquées à la réunion de Lysistrata tardent à arriver. L'une d'elles se justifie d'un impondérable :

« J'ai eu de la peine à trouver, dans l'obscurité, ma ceinture », signe que la coquetterie est immémoriale. Enfin toutes réunies, Lysistrata les interroge. Jusqu'où seraient-elles prêtes à aller pour obtenir la paix ? L'une se dit résolue à « mettre ce manteau en gage », l'autre à se partager « comme une sole et à donner la moitié » d'elle-même. Lysistrata pense le temps venu de révéler son plan : « Mes chères amies, si nous voulons contraindre les hommes à chérir la paix, il faut nous priver de tout ce qu'ils voudraient nous donner. »

L'enthousiasme n'est pas au rendez-vous. Les visages se ferment, la réprobation se lit sur les lèvres. « Que la guerre aille son train », telle est en chœur leur réponse. Passer au milieu des flammes leur serait préférable à cette privation que rien n'égale. Mais l'Athénienne hardie met alors les femmes face à leur image, celle que les poètes et les politiques leur renvoient depuis les temps les plus anciens : « Oh ! que notre sexe est dissolu ! Tout ce que les auteurs disent de nous n'est pas sans fondement, car (...) nous ne sommes bonnes qu'à une chose. » Ses congénères se cantonnent trop volontiers dans le camp des objets que l'on peut réduire à leur sexe et qui n'osent briser les règles par ce même instrument. « Si nous nous tenons chez nous, bien épilées, toutes nues et n'ayant que des voiles de fin lin d'Amorgos, nos maris nous rechercheront avec la plus vive ardeur ; or, je puis vous assurer qu'ils feront bien vite la paix si nous ne répondons pas à leur empressement et si nous savons nous contenir », continue Lysistrata, persuadée de l'efficacité de la manœuvre.

Bien avant les sœurs de combat de Leymah Gbowee, les Grecques s'interrogent : qu'en sera-t-il si leurs maris veulent les prendre de force ? « Résistez en vous accrochant à la porte », leur intime l'insoumise. Et qu'en sera-t-il s'ils les frappent ? Elles devront alors se prêter, mais de mauvaise grâce. Les hommes, assure Lysistrata, « n'ont aucun plaisir à ce qu'ils prennent de force. Il faut les contrarier de toutes les façons. Ne doutez pas qu'ils ne soient bientôt rendus. Un mari ne goûte jamais aucun vrai plaisir quand sa femme n'y participe pas ». Convaincues, les rebelles immolent une amphore de vin pour sceller leur pacte et répètent une à une le serment dicté par Lysistrata : « Plus d'époux, plus d'amant... ne m'approchera, quelques belles dispositions qu'il ait... Répète. Je vivrai chez moi dans la plus grande chasteté... Je serai vêtue d'une robe légère et toujours parée... Afin d'allumer les plus vifs désirs dans mon époux... Jamais je ne me prêterai de bon gré à ses empressements... Et s'il me prend de force, je ne ferai rien que de mauvaise grâce et sans y mettre du mien... Je ne lèverai point les jambes en l'air... Je ne m'accroupirai point à l'instar de la figure de lionne qu'on met sur les manches de couteau... Qu'il me soit permis de boire de ce vin, si je tiens mon serment... Si je manque à mes promesses, que cette coupe soit remplie d'eau... » Et à ceux qui, découvrant leur stratégie, leur rétorquent que la guerre est une affaire d'hommes, elles répondent que la paix est une affaire de femmes.

Lysistrata la première démontre qu'un sexe qui se refuse permet d'infléchir le cours des conflits et de décider des hommes à faire la paix. Son geste, immortalisé par l'un des plus grands auteurs de l'Antiquité, continue d'inspirer, loin de sa Méditerranée originelle, des femmes désireuses de changer leur sort.

La grève des jambes croisées

Pereira, Colombie, 11 septembre 2006. Dans la capitale de la région du café, Eje Cafetero, une curieuse chanson, véritable manifeste féministe aux sonorités de style rap, occupe les ondes : « En tant que femmes, nous valons beaucoup. Un homme violent ne nous attire pas, car avec lui nous perdons tout. Je choisirai comment, où et quand je me donnerai. Toutes ensemble nous vaincrons, contre les violents, avec nos jambes croisées. Grève sexuelle, grève sexuelle ! » Au début du mois, un groupe de Colombiennes – les compagnes des gangsters et trafiquants locaux – ont déclaré l'arrêt des échanges intimes. Leur requête est simple : ces dames ne demandent ni plus ni moins que leurs hommes déposent leurs armes au pied de la mairie et acceptent d'intégrer une formation professionnelle.

L'antique cité précolombienne, célèbre pour le talent et la finesse de ses orfèvres travaillant l'or, a en effet bien changé depuis l'arrivée des colons espagnols. La petite ville détient le triste record du pays du nombre de meurtres par habitant. Un mois plus tôt, le 18 août, la moitié des administrés a voté en faveur du désarmement des civils au sein de la circonscription. Hélas, si le soutien populaire est là, les autorités restent impuissantes face à l'ampleur et la dangerosité de la tâche. Alors, au cours d'une réunion du conseil municipal sur le processus de désarmement, vingt-cinq compagnes en colère provenant de différents quartiers s'invitent à la discussion, avec un plan d'action peu ordinaire : s'opposer fermement à la violence de leurs époux et changer les paramètres culturels.

Jusqu'alors les mauvais garçons arborent pistolet à la ceinture et poussent certains de ces messieurs en mal d'argent autant que de pouvoir de séduction à intégrer les gangs qui mettent la ville à feu et à sang. Bien décidées à continuer la grève du sexe, les femmes de *pistoleros* veulent briser leur volonté et leur faire entendre que « la violence n'est nullement séduisante[397] ». Face à une situation de violence paralysant la ville la plus dangereuse de Colombie, elles trouvent en leur sexe une arme plus redoutable encore que toutes les menaces, et poussent les hommes à choisir : renoncer à la poudre ou renoncer au plaisir. La grève des jambes croisées est soutenue par le maire en personne, qui trouve en ce recours une aide inespérée. Les premiers concernés voient dans cette guérilla de porte-jarretelles une naïveté de leurs compagnes et s'en amusent, mais les incorruptibles ne doutent pas que la frustration viendra bientôt à bout des ricanements. « Ils ne nous toucheront pas », arguent-elles fièrement, comme un défi lancé par leur sexe à ce que tout l'apanage juridique et coercitif n'a pas réussi à faire.

Rapidement, c'est une centaine de femmes, pour la plupart âgées de moins de vingt ans, qui se joint au mouvement. À peine dix jours plus tard, le piquet de grève est levé : la majeure partie des hommes visés ont accepté de démonter leurs organisations criminelles et de commencer une vie aux activités plus légales. Le porte-parole de la ville, Julio César Gomez, salue alors le formidable message donné par ces femmes qui ont fait plier tous les narcotrafiquants de la région, sans armes, ni haine, ni violence[398]. Un pouvoir de persuasion incommensurable.

En 2010, le taux de meurtres de la ville affichera la plus forte chute de tout le pays, diminuant de 26,5 %, contre toute attente[399]. L'année suivante et deux millénaires après la rébellion de Lysistrata, Leymah Gbowee recevra le prix Nobel de la paix, récompensant la volonté de celles qui ont refusé de céder pour faire avancer la paix, seule condition de l'établissement durable des droits de la personne, hommes et femmes confondus. En prenant possession de ce que depuis des millénaires on leur intimait de cacher, elles ont prouvé que leur organe n'a causé de guerres que par la peur de certains. Sous toutes les latitudes, d'autres anonymes n'ont eu de cesse, se donnant ou se refusant, d'œuvrer pour vivre dans une culture qui reconnaisse et valorise plus qu'elle ne la condamne l'anatomie féminine. Comme une résistance silencieuse et digne.

Épilogue

Tandis qu'en Espagne certains législateurs, voulant imposer aux femmes la morale qu'ils n'ont su insuffler à leur société, remettent en cause le droit à l'avortement, en Inde des fillettes continuent d'être tuées parce qu'elles sont nées avec le mauvais sexe. En France, soixante-quinze mille femmes en moyenne sont violées chaque année pour s'être montrées « trop désirables », alors que des laboratoires pharmaceutiques concoctent crèmes, onguents et colifichets pour rajeunir les entrejambes fatigués, sommés de se dérider. En Afrique, de courageux chirurgiens reconstruisent l'intimité que d'autres s'évertuent à détruire. Ici on culpabilise les femmes pour avoir usé d'une contraception, là on chasse celles qui, trop jeunes pour en voir la nécessité, ont cédé à la curiosité de la chair et sont tombées enceintes. Ainsi sont faits les hommes, excessifs en tout. Ainsi est faite notre époque, nourrissant autant de grandes espérances que d'illusions perdues.

J'ai quitté la Sorbonne depuis un certain temps maintenant et c'est aujourd'hui seulement que je perçois l'enseignement de Simone de Beauvoir :

« On ne naît pas femme, on le devient. » Si la jeune fille croit prendre pleine et entière possession de son corps au moment où il devient celui d'une femme, elle ne sait en réalité rien de son anatomie. Il lui faudra entendre la chance et la malédiction d'être ainsi faite, le plaisir et la douleur qui seront les siens, comme il en a été depuis la naissance de l'humanité. Ces motifs indissociables sont comme deux faces d'une même médaille, deux chevaux sauvages bridés à un même attelage qui ne cesseront de se mordre le flanc et de s'affronter. D'un continent à l'autre, d'une génération à la suivante, toujours il faudra tirer sur le mors pour que jamais le second ne l'emporte sur le premier, que jamais la douleur, la peur ou la violence seules marquent la chair des femmes.

Pour chacune, la découverte de l'intime passe par la conscience de cette blessure comme de cette élection originelle, qui lui fera faire chaque matin mille choix qu'elle défera le soir même, remettant chaque jour sur l'ouvrage sa difficile liberté. Elle aura tout loisir de s'offrir à d'autres, plus ou moins bien intentionnés, de se contracter sous leurs assauts ou caresses, de s'ouvrir pour porter la vie ou pas, de se sentir béante lorsqu'elle ne pourra la donner malgré un désir viscéral, enfin de refluer et de laisser là ces questionnements de jeunesse qui l'auront taraudée, mais non pas sa faculté de ressentir. Telle est la vie d'un sexe de femme.

On ne connaît pas réellement celle que l'on est avant d'avoir touché cette vérité. Alors, de notre chair, que certains voudraient interdite, nous ferons un organe de liberté, triomphant des lois, des bourreaux, des censeurs, sans se soucier de plaire ou de déplaire, dire simplement : « Je suis une femme, voici mon corps, livré pour vous. »

Notes

1. Deux siècles moins le quart avant Jésus-Christ

[1] Platon, *Œuvres complètes*, t. 10, *Timée, Critias*, texte établi et traduit par A. Rivaud, Les Belles Lettres, 1925.

[2] Papyrus Kahoun, 1900 av. J.-C., musée Petrie d'archéologie égyptienne, University College, Londres.

[3] Arétée de Cappadoce, citée dans Helen King, « Once upon a text : Hysteria from Hippocrates », *in* Sander L. Gilman, Helen King, Roy Porter, George S. Rousseau et Elaine Showalter, *Hysteria Beyond Freud*, University of California Press, 1993.

[4] Papyrus Ebers, Bibliothèque universitaire de Leipzig.

[5] Voir Hygin, *Fables*, 274, Les Belles Lettres, 1997. Voir également Gustave Joseph Witkowski, *Accoucheurs et sages-femmes célèbres*, G. Steinheil, 1891.

[6] Pour mieux connaître Hathor, voir Florence Quentin, *Isis l'Éternelle. Biographie d'un mythe féminin*, Albin Michel, 2012.

[7] Papyrus Chester Beatty I (XXe dynastie) ; voir Michèle Broze, *Mythe et roman en Égypte ancienne. Les aventures d'Horus et Seth dans le papyrus Chester Beatty I*, Peeters, 1996.

[8] Cité dans l'excellent ouvrage de Samuel Noah Kramer, *Le Mariage sacré à Sumer et Babylone*, traduit et adapté par Jean Bottéro, Berg International, 1983.

[9] *Ibid.*

[10] Voir Diane Wolkstein et Samuel Noah Kramer, *Inanna, Queen of Heaven and Earth. Her Stories and Hymns from Sumer*, Harper Perennial, 1983.

[11] Voir Hérodote, *L'Enquête*, II, 60, trad. A. Barguet, Gallimard, La Pléiade, 1964. Voir aussi Françoise Dunand, *Religion populaire en Égypte romaine. Les terres cuites isiaques du musée du Caire*, Brill, 1979.

[12] Voir Diodore, Bibliothèque historique, I, LXXV, 1-4, trad. M. Casevitz, la Roue à livres, 1991.

[13] Ovide, *Les Métamorphoses*, III, trad. par G. Lafaye, « Folio classiques », Gallimard, 1992.

[14] Voir Luc Brisson, *Le Mythe de Tirésias. Essai d'analyse structurale*, Brill, 1976.

2. La pucelle à l'oreille

[15] Déposition de Catherine, épouse de Henri le Roger, charron à Vaucouleurs, procès en réhabilitation.

[16] Tertullien, *Traité de l'ornement des femmes*, I, M. Charpentier, 1844.

[17] Voir Jacques de Voragine, *La Légende dorée*, É. Rouveyre, 1902.

[18] *Ibid.*

[19] Joseph Duranti de Bonrecueil, *Les Œuvres de saint Ambroise sur la virginité* (1729), Nabu Press, 2012.

[20] *Expositio in Lucam*, 2,56, cité dans Jacques Rossel, *Aux racines de l'Europe occidentale*, L'Âge d'homme, 1998.

[21] Cité dans Jacques Dalarun, « La Madeleine dans l'ouest de la France au tournant des XIe-XIIe siècles », *Mélanges de l'École française de Rome. Moyen Âge, Temps modernes*, t. 104, n° 1, 1992.

[22] Saint Thomas d'Aquin, *Somme théologique*, III, Q. 28, Éditions du Cerf, 1984-1986.

[23] Voir Kelly Kathleen Coyne, *Performing Virginity and Testing Chastity in the Middle Ages*, Taylor & Francis, 2002.

[24] Sourate 55, 58.

[25] Sourate 55, 56.

[26] Voir Régine Pernoud et Marie-Véronique Clin, *Jeanne d'Arc*, Fayard, 1986.

[27] Guillaume de La Chambre, cité dans *Mémoires pour l'histoire de Paris*, t. XXIV, cité dans *Le Précis de Jeanne d'Arc*, trad. Dom H. Leclercq, abbaye de Saint-Benoît, 1906.

[28] Galien, *Œuvres anatomiques, physiologiques, médicales*, Baillière, 1854.

[29] Aristote, *De la génération des animaux*, II, 4, cité dans Simon Byl, *La Médecine à l'époque hellénistique et romaine*, L'Harmattan, 2011.

[30] Henri de Mondeville, cité dans Achille Chereau, *Henri de Mondeville, chirurgien de Philippe le Bel*, A. Aubry, 1862.

[31] Voir Jean Verdon, *La Femme au Moyen Âge*, J.-P. Gisserot, 1999.

[32] Voir Floréal Sanagustin, « La chirurgie dans le canon de la médecine d'Avicenne », *Arabica*, t. 33, 1, 1986 ; Robert James, Marc-Antoine Eidous, Julien Busson, Denis Diderot et François V. Toussaint, *Dictionnaire universel de médecine, de chirurgie, de chimie, de botanique, d'anatomie, de pharmacie, d'histoire naturelle*, Briasson, David et Durand, 1748.

[33] Voir Pigault-Lebrun, *Œuvres complètes*, J.-N. Barba, 1824 ; Voltaire, *Questions sur l'« Encyclopédie » distribuées en forme de dictionnaire par des amateurs*, vol. 7, Cramer et Bardin, 1772.

[34] Voir Maurice Lachâtre, *Histoire des papes. Crimes, meurtres, empoisonnements, parricides*, vol. 8., Administration de librairie, 1843.

[35] Jean-Pierre Gilbert, *Tradition ou histoire de l'Église sur le sacrement de mariage, tirée des monumens les plus autentiques de chaque siècle, tant de l'Orient que de l'Occident*, Jean Mariette, 1725.

[36] Voir Mamert Patisson, *Traité de la dissolution du mariage par l'impuissance et froideur de l'homme ou de sa femme*, Robert Estienne, 1595.

[37] Trotula de Salerne, *De ornatu mulierum* (*L'Ornement des dames*).

[38] Albert le Grand, *De animalibus* (*Des animaux*), 1258.

[39] Voir Laurence Moulinier-Brogi, *Femmes en fleurs, femmes en corps. Sang, santé, sexualité du Moyen Âge aux Lumières*, Publications de l'université de Saint-Étienne, 2010.

[40] Voir Laurence Moulinier-Brogi, « Esthétique et soins du corps dans les traités médicaux latins à la fin du Moyen Âge », *Médiévales*, n° 46, 2004.

[41] Manuel Dies de Calatayud, *Flores del tesoro de la belleza. Tratado de muchas medicinas o curiosidades de las mujeres*, éd. María Teresa Vinyoles, Josefina Roma et Oriol Comas, José J. de Olañeta, 1993.

[42] Le médecin juif et rabbin Joseph Colon, connu comme le Maharik, est né à Chambéry puis a émigré en Italie. Cf. Ron Barkaï, *Les Infortunes de Dinah : le livre de la génération (Sefer Toledet)*, Éditions du Cerf, 1991.

[43] Henri de Mondeville, *Chirurgie*, éd. E. Nicaise, avec la collaboration du Dr Saint-Lager et de F. Chavannes, F. Alcan, 1893.

[44] Henri Institoris et Jacques Sprenger, *Malleus Maleficarum*, trad. A. Danet, Grenoble, Jérôme Millon, 1990.

[45] Caton d'Utique, cité dans Charles de Koninck, *La Philosophie des sexes*, notes de cours textuelles, Université de Laval, 1937.

[46] Voir Anne-Marie Dardigna, *Les Châteaux d'Éros ou l'infortune du sexe des femmes*, Maspero, 1980.

3. Colomb n'a pas découvert que l'Amérique

[47] Pierre de Bourdeille, dit Brantôme, *Vies des dames galantes*, V. Bunel, 1880.

[48] Voir H. Longnon, « Les déboires de Ronsard à la cour », *Bibliothèque d'humanisme et Renaissance*, XII, 1950.

[49] Pierre de Ronsard, *Le Livret de folastreries* (1553), in *Œuvres complètes*, éd. Paul Laumonier, t. V, Droz, 1921.

[50] *Ibid.*

[51] Guillaume Chrestien, *Livre de la nature et utilité des mois des femmes et de la curation des maladies qui en surviennent*, Paris, 1559.

[52] Voir Jean-Pierre Poirier, *Catherine de Médicis, épouse d'Henri II*, Pygmalion, 2009.

[53] Voir Marc Lefrançois, *Histoires insolites des rois et reines de France*, City Éditions, 2013.

[54] Henri Estienne, *Apologie pour Hérodote. Satire de la société du XVIe siècle* (1566), éd. I. Liseux, 1879.

[55] Michel de Montaigne, *Essais*, I, XXI.

[56] *Ibid.*

[57] Jacques Ferrand, *Traité de l'essence et guérison de l'amour, ou de la mélancolie érotique* (1610), éd. Gérard Jacquin et Éric Foulon, Anthropos, 2001.

[58] Realdo Colombo, *De re anatomica*, Venise, 1559.

[59] Voir Mark D. Stringer et Ines Becker, « Colombo and the clitoris », *European Journal of Obstetrics & Gynecology and Reproductive Biology*, 2010.

[60] Léonard de Vinci, cité dans Serge Bramly, *Léonard de Vinci*, J.-C. Lattès, 2012.

[61] Realdo Colombo, cité dans Thomas Laqueur, *La Fabrique du sexe*, Gallimard, 1992.

[62] André Vésale, *Anatomicarum Gabrielis Fallopii observationum examen*, Venise, 1564.

[63] Gabriel Fallope, *Observationes anatomicae*, Venise, 1561.

[64] Voir Rafael Mandressi, *Le Regard de l'anatomiste. Dissections et invention du corps en Occident*, Seuil, 2003.

[65] Voir Rurt Spengel, *Histoire de la médecine depuis son origine jusqu'au XIXe siècle*, trad. A. J. L. Jourdan et E. F. M. Bosquillon, Deterville, 1815.

[66] Ambroise Paré, cité dans Dr Le Paulmie, *Ambroise Paré. D'après de nouveaux documents découverts aux Archives nationales et des papiers de famille*, Perrin, 1887.

[67] Pierre Dionis, cité dans Jean-Claude Piquard, *La Fabuleuse Histoire du clitoris*, Blanche, 2012.

[68] Pierre Dionis, *Cours d'opérations de chirurgie démontrées au Jardin royal*, chez d'Houry, 4e édition, 1740.

[69] Poème de Pierre de Larivey, cité dans Gérard Zwang, *Éloge du con. Défense et illustration du sexe féminin*, La Musardine, 2008.

4. *La révolution sans culottes*

[70] Voir les notes historiques de l'édition des *Œuvres complètes* de Voltaire, Garnier frères, 1877-1885.

[71] Sur la jeunesse de Voltaire, voir Pierre Lepape, *Voltaire le Conquérant*, Seuil, 1994.

[72] Voltaire, *Le Cadenas* (1724, écrit en 1716), in *Œuvres complètes*, t. 2, Libraire-éditeur Furne, 1835.

[73] Voltaire, *Polissonnerie* (1730), cité dans Christophe Mérel, *Florilège de la poésie érotique*, t. 2, Édilivre, 2011.

[74] Nicolas Chorier, *Dialogues de Luisa Sigea*, t. 2, I, Liseux, 1882 ; *L'Académie des dames, ou les sept entretiens galants d'Alosia*, paru en latin en 1660, rééd. Philippe Picquier, Arles, 1999.

[75] Voir Jean Buvat, *Journal de la Régence (1715-1723)*, H. Plon, 1865.

[76] Marie de France, « Lai de Guigemar », in *Les Lais*, Le Livre de Poche, 1990.

[77] Voir Alcide Bonneau, *Les Cadenas et ceintures de chasteté, notice historique, suivie du plaidoyer de Freydier, avocat à Nîmes*, I, Liseux, 1883 ; Christophe Granger et Victoria Vanneau, *Le vase de Soissons n'existe pas, et autres vérités cruelles de l'histoire*, Autrement, 2013.

[78] Voir Elizabeth Abbott, *Histoire universelle de la chasteté et du célibat*, Fides, 2001.

[79] Voir Lawrence A. Conrad, « An Early Eighteenth Century Reference to Putting a Woman on the Prairies among the Central Algonquians and its Implication for More Explanation of the Practise Among the Cheyenne », *Plains Anthropologist*, 28, n° 100, 1983 ; Hoebel E. Adamson, *The Cheyenne's, Indians of the Great Plains*, Holt Rinehart and Winston Inc., 1960 ; et Peter J. Powell, *Sweet Medicine. The Continuing Role of the Sacred Arrows, the Sun Dance and the Sacred Buffalo Hat in Northern Cheyenne History*, vol. 1, University of Oklahoma Press, 1969.

[80] Denis Diderot, in *Encyclopédie ou dictionnaire raisonné des sciences, des arts et des métiers*, t. 2, Briasson (Paris), David, Le Breton et Durand, 1751.

[81] *Les Bijoux indiscrets*, Laurent Durand, 1748.

[82] Denis Diderot, *Sur les femmes*, Paris, 1772.

[83] Mirabeau, *Le Rideau levé ou l'éducation de Laure*, Paris, 1786.

[84] Jean-Baptiste Boyer d'Argens, *Thérèse philosophe*, Paris, 1748.

[85] Nicolas Venette, *Le Tableau de l'amour conjugal* (1687), cité dans Jean-Claude Piquard, *La Fabuleuse Histoire du clitoris, op. cit.*

[86] Cité dans Élisa Brune et Yves Ferroul, *Le Secret des femmes. Voyage au cœur du plaisir et de la jouissance*, Odile Jacob, 2010.

[87] Sade, *La Philosophie dans le boudoir*, Gallimard, 1976. On trouve également entre les jambes de la Durand, compagne de Juliette dans le roman du marquis de Sade, *Histoire de Juliette ou la prospérité du vice*, paru en 1797, un exemplaire de cet organe qui suscite l'admiration de l'auteur : « Durand avait, surtout, les plus belles fesses et les plus beaux tétons qu'il fût possible de voir, et un clitoris… Oh ! De nos jours nous n'en avions vu ni de si long ni de si roide. »

[88] Sade, *La Nouvelle Justine*, Pauvert, 1987.

[89] Jean de Bienville, *La Nymphomanie ou traité de la fureur utérine*, Office de librairie, 1886.

[90] Anonyme, *Les Fureurs utérines de Marie-Antoinette, femme de Louis XVI* (1778), Paris, 1791.

[91] Voir Raphaël Dargent, *Marie-Antoinette, le procès de la reine*, Grancher, 2012 ; Hortense Dufour, *Marie-Antoinette, la mal-aimée*, Flammarion, 2001.

5. La guerre des boutons de rose

[92] Napoléon Bonaparte, lettre à Joséphine, 1er frimaire, an V, *in* Napoléon et Joséphine, *Correspondance, lettres intimes*, SPM/Lettrelongue, 2012.

[93] Pierre Jean Corneille Debreyne, *Physiologie catholique et philosophique pour servir d'introduction aux études de la philosophie et de la théologie morale*, Poussielgue frères, 1872.

[94] Thésée Pouillet, *Essai médico-philosophique sur les formes, les causes, les signes, les conséquences et le traitement de l'onanisme chez la femme*, A. Delahaye, 1876.

[95] Louis François Étienne Bergeret, *Des fraudes dans l'accomplissement des fonctions génératrices, dangers et inconvénients pour les individus, la famille et la société*, J.-B. Baillière et fils, 1868.

[96] Marcellin Camboulives, *L'Homme et la Femme à tous les âges de la vie. Étude hygiénique, médicale, physiologique, sociale et morale*, C. Marpon et E. Flammarion, 1890.

[97] Voir David Richard, *Des rapports conjugaux. Histoire de la génération chez l'homme et chez la femme*, Librairie de l'American Hygien, 1898.

[98] Voir Julien-Joseph Virey, *De la femme, sous ses rapports physiologique, moral et littéraire*, Crochard, 1825.

[99] Gustav Braun, *Compendium der Frauenkrankheinten*, Vienne, 1863 ; voir aussi « The Amputation of the Clitoris and *labia minora* : a Contribution to the Treatment of *vaginismus* » (1865), cité par Naomi Wolf, *Vagina : a New Biography*, Virago, 2012.

[100] Isaac Baker Brown, *On the Curability of Certain Forms of Insanity, Epilepsy, Catalepsy, and Hysteria in Females*, Hardwicke, 1866.

[101] Sami Awad Aldeb Abu-Sahlieh, *Circoncision : le complot du silence*, L'Harmattan, 2003.

[102] Edward Shorter, *From Paralysis to Fatigue : a History of Psychosomatic Illness in the Modern Era*, Free Press, 1997.

[103] *Ibid.*

[104] Voir Jean-Claude Piquard, *La Fabuleuse Histoire du clitoris, op. cit.*

[105] John Harvey Kellogg, *Plain Facts for Old and Young*, I. F. Segner & Co, 1892.

[106] Démétrius Zambaco, *Onanisme avec troubles nerveux chez deux petites filles* (1882), Solin, 1982.

[107] Pour ce développement, voir le livre de Rachel P. Maines, qui a dédié près de vingt ans de sa vie à étudier la naissance des appareils vibromasseurs et dont l'étude reste à ce jour indépassée : *The Technology of Orgasm : « Hysteria », the Vibrator, and Women's Sexual Satisfaction*, Johns Hopkins University Press, 1998.

[108] Petrus Forestus, cité dans Massimo Ciavolella, « Métamorphoses sexuelles et sexualité féminine durant la Renaissance », *Renaissance et Réforme*, XII, 1988.

[109] Albert Hayes, cité dans Rachel P. Maines, *The Technology of Orgasm, op. cit.*

[110] Georg Ludwig Kobelt, *De l'appareil du sens génital des deux sexes dans l'espèce humaine*, trad. Hermann Kaula, Berger-Levrault et fils, 1851.

[111] Jules Guyot, *Bréviaire de l'amour expérimental* (1882), Payot, 2012.

[112] Samuel Spencer Wallian, *Rythmotherapy. A Discussion of the Physiologic Basis and Therapeutic Potency of Mechano-Vital Vibration*, Chicago, Oullette Press, 1906.

[113] Charles Meigs, cité dans Rachel P. Maines, *The Technology of Orgasm, op. cit.*

[114] Charles Malchow, cité dans *ibid.*

[115] *Ibid.*

[116] Mortimer Granville, « Nerve-Vibration and Excitation as Agents in the Treatment of Functionnal Disorder and Organic Disease » (1883).

6. *Kâma-Sûtra royal pour Victoria*

[117] Richard Burton, cité dans Jean-François Gournay, *L'Appel du Proche-Orient. Richard Francis Burton et son temps, 1821-1890*, thèse, université Lille-3, 1983.

[118] Voir Cecil Woodham-Smith, *Queen Victoria. From Her Birth to the Death of the Prince Consort*, Random House, 1972.

[119] William Acton, *The Functions and Disorders of the Reproductive Organs in Childhood, Youth, Adult Age, and Advanced Life*, Churchill, 1862.

[120] Richard Francis Burton, *A Plain & Literal Translation of the Arabian Nights' Entertainments*, vol. XVI, Kama Shastra Society, 1885-1888, cité dans Jean-François Gournay, *L'Appel du Proche-Orient, op. cit.*

[121] Shri Jayadeva et Gita Govinda, *Les Amours de Krishna*, Émile-Paul frères, 1957.

[122] Cité dans Fawn Brodie, *Un diable d'homme. Sir Richard Burton ou le démon de l'aventure*, trad. Gérard Piloquet, préface de Michel Le Bris, Phébus, 1992.

[123] Voir André Padoux, *Comprendre le tantrisme*, Albin Michel, 2010.

[124] Aucun spécialiste ne s'accorde sur l'apparition de ces contes issus d'une tradition orale très ancienne, mais le plus vieux manuscrit connu est celui utilisé par Antoine Galland pour sa traduction française – la première en Europe, en quatre volumes –, qui lui fut envoyé d'Alep. Il est actuellement conservé, à l'exception d'un volume, disparu, à la Bibliothèque nationale de France.

[125] « Nuit 21 », in *Le Livre des Mille et Une Nuits*, trad. J.-C. Mardrus, Éd. de la Revue blanche, 1900.

[126] *Ibid.*

[127] Nabigha Dubyani, cité dans Ferdinand de Martino et Abdel Khalek bey Saroit, *Anthologie de l'amour arabe*, Mercure de France, 1902.

[128] Ahmad al-Tîfâchî, *Les Délices du cœur*, trad. René R. Khawam, Phébus, 1998.

[129] Cheikh Nefzaoui, *Le Jardin parfumé*, cité dans Malek Chebel, *Le Kama-Sutra arabe*, Pauvert, 2006.

7. Des poilus aux poilues

[130] Man Ray, *Autoportrait*, Robert Laffont, 1964.

[131] Elsa von Freytag-Loringhoven à Peggy Guggenheim, cité dans Irene Gammel, *Baroness Elsa. Gender, Dada and Everyday Modernity*, Massachusetts Institute of Technology Press, 2003.

[132] Pierre de Bourdeille, dit Brantôme, *Vies des dames galantes*, op. cit.

[133] *I Secreti della signora Isabella Cortese*, Giovanni Bariletto, 1565.

[134] Voir Elio Caruso, *Ricette d'amore e di bellezza di Caterina Sforza. Signora di Forli e Imola*, Il Ponte Vecchio, 2009.

[135] Caterina Sforza, citée dans Frédérique Dubard-Verrier, *Caterina Sforza et Machiavel ou l'origine d'un monde*, Vecchiarelli, 2010.

[136] Marcel Duchamp dans une suite de calembours signés Rrose Sélavy et parus dans le supplément illustré, *Le Pilhaou Thibaou*, de la revue de Francis Picabia, *391*, le 10 juillet 1921.

[137] Marcel Duchamp et Lydie Fischer Sarazin-Levassor, *Un échec matrimonial. Le cœur de la mariée mis à nu par son célibataire même*, Les Presses du réel, 2004.

[138] Voir Dominique Paulvé, « Kiki, reine des Montparnos », *Connaissance des arts*, n° 658, mars 2008.

[139] Man Ray, *Autoportrait*, op. cit.

[140] Euphemia Gray, citée dans Suzanne Fagence Cooper, *The Model Wife. The Passionate Lives of Effie Gray, Ruskin and Millais*, Duckworth & Co. Ltd., 2010.

[141] John Ruskin, citée dans Phyllis Rose, *Parallel Lives*, Knopf Doubleday Publishing Group, 1984 ; voir

aussi Franny Moyle, *Desperate Romantics*, John Murray, 2009.

[142] Émile Zola, *Nana*, LGF, 1967.

[143] Charles Baudelaire, *Mon cœur mis à nu*, Droz, 2001.

[144] Charles Baudelaire, « Les promesses d'un visage », in *Les Fleurs du mal*, Le Livre de Poche, 1972.

[145] Paul Verlaine, « Ouverture », in *Œuvres complètes*, Arvensa, 2014.

[146] Paul Verlaine, « Régals », *ibid.*

[147] Stéphane Mallarmé, « La Négresse », in *Œuvres complètes*, Gallimard, 2003.

[148] Pierre Louÿs, « Les poils », in *Histoire du roi Gonzalve et des douze princesses*, suivi de « Pybrac » et « La Femme », La Musardine, 2008.

[149] Pierre Louÿs, « Le baiser entre les jambes », *ibid.*

[150] Pierre Louÿs, « L'orchidée », *ibid.*

[151] Pierre Louÿs, « Le mont de Vénus », *ibid.*

[152] Théophile Gautier, « Musée secret », in *Poésies complètes*, t. 2, Charpentier, 1876.

[153] Voir Frank Whitford, *Egon Schiele*, Thames & Hudson, 1981.

[154] Aragon, *Le Con d'Irène*, Mercure de France, 2000.

[155] Louis Aragon, « La fuite inquiétante de l'été », in *Œuvres poétiques complètes*, Gallimard, 1970.

[156] Georges Bataille, « Je mets mon vit contre ta joue », in *L'Archangélique*, cité dans Sylvain Santi, *Georges Bataille, à l'extrémité fuyante de la poésie*, Rodopi, 2007.

[157] Voir Frédéric Aribit, « André Breton et Georges Bataille : querelles matérialistes et incidences picturales en 1929 », *Loxias*, 22, mis en ligne le 15 septembre 2008.

[158] Gala, citée dans Eric Shanes, *Dalí*, Fernand Hazan, 1991.

[159] Salvador Dalí, citée dans *Dalí de Draeger*, propos recueillis par Max Gérard, Le Soleil noir, 1968.

[160] Paul Éluard, « Puisqu'il le faut », in *Corps mémorable*, Seghers, 1948.

[161] Salvador Dalí, « Métamorphose de Narcisse », cité dans *La Vie secrète de Salvador Dalí. Suis-je un génie ?*,

éd. critique établie par Frédérique Joseph-Lowery, L'Âge d'Homme, 2006.

8. *Les suffragettes s'en tamponnent*

[162] Voir Nancy Friedman, *Everything You Must Know About Tampons*, Berkley Pub Group, 1981. Pour tout ce chapitre, merci au MUM, musée virtuel de la menstruation (www.mum.org), à la documentation d'une richesse inégalée sur ce sujet.

[163] Voir Robert Spector, *Shared Values. A History of Kimberly-Clark*, Greenwich Pub Group, 1997.

[164] Voir Fritz Vosselmann, *La Menstruation. Légendes, coutumes et superstitions*, L'Expansion scientifique française, 1936.

[165] Reinier de Graaf, *De mulierum organis generationi inservientibus*, 1672.

[166] Lévitique 15, 19 *sq*.

[167] *Sahih al-Boukhari* (un des grands recueils de hadiths).

[168] Pietro d'Abano, *Traicté des venims*, Lyon, 1593.

[169] Giordano Bruno, *Des fureurs héroïques*, Les Belles Lettres, 1954.

[170] Voir Jean-Jacques Vincensini, « Ils ne sont pas blanchisseurs », *in* Sophie Albert (dir.), *Laver, monder, blanchir. Discours et usages de la toilette dans l'Occident médiéval*, PUPS, 2006.

[171] Voir Claude Thomasset, « Aspects de la femme médiévale dans le *Lilium Medicinae* », dans l'ouvrage collectif *Femmes, mariages, lignages (XIIᵉ-XIVᵉ siècles)*, De Boeck Université, 1992.

[172] Aristote, *Des rêves*, II, 7-8.

[173] Voir Alain Gaudey, *1 001 petites choses que vous ignoriez sur la sexualité. Insolites, étonnantes, bizarres… mais vraies*, Larousse, 2011.

[174] Voir Benoît Lhoest, « Henri Corneille Agrippa de Nettesheim, provocateur, humaniste et libertaire », *in Femmes, mariages, lignages, op. cit.*

[175] Voir Jacques Danielle et Claude Thomasset, *Sexualité et savoir médical au Moyen Âge*, PUF, 1985.

[176] John Freind, *Emménologie ou traité de l'évacuation ordinaire aux femmes*, éd. Jacques Clouzier, 1738.

[177] Voir Jean-Yves Le Naour et Catherine Valenti, « Du sang et des femmes. Histoire médicale de la menstruation à la Belle Époque », *Clio*, n° 14, 2001.

[178] Voir Fritz Vosselmann, *La Menstruation, op. cit.*

[179] Sara Read, *Menstruation and the Female Body in Early Modern England*, Palgrave MacMillan, 2013.

[180] Friedrich Eduard Bilz, *Das Neue Naturheilverfahren*, Dresde, 1888.

[181] Voir Nancy Friedman, *Everything You Must Know About Tampons, op. cit.*

[182] Voir Janice Delaney, Mary Jane Lupton et Emily Toth, *The Curse. A Cultural History of Menstruation*, University of Illinois Press, 1988.

[183] *Woman's Home Companion Mag*, février 1946.

[184] *Good Housekeeping Magazine*, juin 1941.

[185] Voir Thomas Heinrich et Bob Batchelor, *Kotex, Kleenex, Huggies. Kimberly-Clark and the Consumer Revolution in American Business*, Ohio State University Press, 2004.

[186] Rachel Lynn Palmer et Sarah K. Greenberg, « Facts and Frauds in Woman's Hygiene », *The Sun Dial Press*, 1936.

9. *Le petit caporal de Marie Bonaparte*

[187] Sigmund Freud, « Analyse terminée, analyse interminable », *Revue française de psychanalyse*, vol. 11, n° 1, 1939.

[188] Sur la relation entre Freud et Marie Bonaparte, voir l'excellent livre d'Alix Lemel, *Les 200 clitoris de Marie Bonaparte*, Fayard, 2010, dont nous reprenons la chronologie.

[189] Sigmund Freud, *Introduction à la psychanalyse* (1916), Payot, 1993.

[190] Sigmund Freud, *Trois essais sur la théorie sexuelle* (1905), Folio Essais, 2001.

[191] Sigmund Freud, « La féminité », in *Nouvelles conférences sur la psychanalyse*, Gallimard, 1932.

[192] Marie Bonaparte, « Notes sur l'excision », *Revue française de psychanalyse*, vol. 2, n° 2, 1948.

[193] Marie Bonaparte, sous le nom de A. E. Narjani, « Considérations sur les causes anatomiques de la frigidité chez la femme », *Bruxelles médical*, 27 avril 1924.

[194] Voir Marija Uzunova, *Contextualizing Marie Bonaparte. The Construction of an Anatomical Theory of Female Pleasure in Interwar France*, Maastricht University, 2011.

[195] Marie Bonaparte, sous le nom de A. E. Narjani, « Considérations sur les causes anatomiques de la frigidité chez la femme », art. cité.

[196] Sigmund Freud, lettre à Thomas Mann, 29 novembre 1936.

[197] Marie Bonaparte, lettre au Dr René Laforgue, 30 septembre 1925.

[198] Sigmund Freud, cité dans la très détaillée biographie de Célia Bertin, *Marie Bonaparte*, Perrin, 1999.

[199] Sigmund Freud, cité dans Ernest Jones, *La Vie et l'Œuvre de Sigmund Freud*, t. 2, PUF, 2006.

[200] Sigmund Freud, « La tête de Méduse », trad. Marthe Robert, *Revue française de psychanalyse*, 1927.

[201] Voir Felix Bryk, *Neger-Eros, Ethnologische Studien über das Sexualleben bei Negern*, A. Marcus & E. Webers Verlag, 1928.

[202] Marie Bonaparte, « Notes sur l'excision », art. cité.

[203] *Ibid.*

[204] Dr Herbert Weigel, cité par M. Bonaparte, *ibid.*

10. Les aiguilles de Cherbourg

[205] Voir Michelle Bordeaux, *La Victoire de la famille dans la France défaite. Vichy 1940-1944*, Flammarion, 2002.

[206] Cyril Olivier, « Vie et mort d'une avorteuse », *L'Histoire*, n° 280.

[207] *Ibid.*

[208] Maréchal Pétain, cité dans Xavière Gauthier, *Naissance d'une liberté*, Robert Laffont, 2002.

[209] *The Papyrus Ebers*, trad. Cyril P. Bryian d'après la version allemande, Geoffrey Bles, 1930.

[210] Cicéron, *Pro Cluentio*, XI, 32, cité dans Marie-Thérèse Fontanille, *Avortement et contraception dans la médecine gréco-romaine*, Laboratoires Searle, 1977.

[211] Platon, *La République*, V, 2, trad. Léon Robin, Gallimard, 1950.

[212] Aristote, *La Politique*, trad. J. Barthélemy-Saint-Hilaire, Librairie philosophique de Ladrange, 1874.

[213] Extrait du serment d'Hippocrate.

[214] Voir la très minutieuse thèse de Marie-Claude Borgeat, *L'Avortement dans l'Antiquité grecque et romaine*, université d'Ottawa, 2011.

[215] Juvénal, *Satires*, VI, Firmin Didot frères, 1846.

[216] Voir Marie-Claude Borgeat, *L'Avortement dans l'Antiquité grecque et romaine, op. cit.*

[217] Pour ce développement, voir Clifford Browder, *The Wickedest Woman in New York*, Archon Books, 1988 ; Allan Keller, *Scandalous Lady. The Life and Times of Madame Restell, New York's Most Notorious Abortionist*, Atheneum, 1981.

[218] Jeanne Humbert, *Eugène Humbert. La vie et l'œuvre d'un néomalthusien*, La Grande Réforme, 1947.

[219] Nelly Roussel, citée dans Xavière Gauthier, *Naissance d'une liberté. Contraception, avortement : le grand combat des femmes au XXᵉ siècle*, Robert Laffont, 2002.

[220] Voir Michèle Bordeaux, *La Victoire de la famille dans la France défaite, op. cit.*

[221] Voir René Château, *Le Cinéma français sous l'Occupation, 1940-1944*, René Château éditeur, 1996.

[222] Cité dans Marc Boninchi, *Vichy et l'ordre moral*, PUF, 2005.

[223] Voir Jean-Yves Le Naour et Catherine Valenti, *Histoire de l'avortement XIXᵉ-XXᵉ siècle*, Seuil, 2003.

[224] Jean-Édouard Roy, *L'Avortement, fléau national. Causes, conséquences, remèdes*, Jouve et Cie, 1944.

[225] Voir Francine Muel-Dreyfus, *Vichy et l'éternel féminin*, Seuil, 1996.

[226] Voir Françoise Thebaud, « Le mouvement nataliste dans la France de l'entre-deux-guerres : l'alliance nationale pour l'accroissement de la population française », *Revue d'histoire moderne et contemporaine*, avril-juin 1985.

[227] Congrès de la société Pirogov, 1913.

[228] Voir Alexandre Avdeev, Alain Blum et Irina Troitskaja, « Histoire de la statistique de l'avortement en Russie et en URSS, jusqu'en 1991 », *Population*, 49ᵉ année, n° 4-5, 1994 ; sur l'avortement en Russie, voir également Alain Blum, « Rupture et continuité : la démographie soviétique », *Annales. Économies, sociétés, civilisations*, 46ᵉ année, n° 1, 1991.

[229] Le nombre d'avortements passe de 63 758 en 1925 à 142 027 en 1926.

[230] Cité dans Maria-Antonietta Macciochi, *La Donna nera. Consenso femminile e fascismo*, Milan, Feltrinelli, 1976.

[231] Cité dans Jean-Yves Le Naour et Catherine Valenti, *Histoire de l'avortement XIXᵉ-XXᵉ siècle*, *op. cit.*

[232] Cyril Olivier, art. cité.

11. *Demain on rase gratis*

[233] « L'affaire Marcelle Polge, née Battu, à travers la presse locale », *La Renaissance républicaine du Gard*, organe du comité départemental de Libération, n° 24, 1944.

[234] Cité dans Philippe Bourdrel, *L'Épuration sauvage*, Perrin, 2008.

[235] *Rouge-Midi*, organe régional du Parti communiste français, 25 septembre 1944.

[236] Henry Miller, *Tropique du Cancer*, Stock, 2005.

[237] Jacques Lantier, *Le Temps des policiers. Trente ans d'abus*, Fayard, 1970.

[238] Cité dans Fabrice Virgili, « Les "tondues" à la Libération : le corps des femmes, enjeu d'une réappropriation », *Clio*, n° 1, 1995.

[239] Paul Éluard, « Comprenne qui voudra », in *Au rendez-vous allemand*, recueil paru d'abord dans la revue *Europe*, Minuit, 1944.

[240] Jean-Paul Sartre, *Combat*, 2 septembre 1944.

[241] Jean-Paul Sartre, *L'Être et le Néant*, Gallimard, 1965.

[242] Voir Eric Berkowitz, *Sex and Punishment. For thousands Years of Judging Desire*, Counterpoint, 2012 ; Elisabeth Meir Tetlow, *Women, Crime and Punishment in Ancient Law Society*, Bloomsbury Academic, 2004.

[243] Yannick Ripa, *Purifier et soumettre. La violence sexuelle contre les républicaines durant la guerre d'Espagne*, Pandora, 2007.

[244] Voir Aurora G. Morcillo (dir.), *Memory and Cultural History of the Spanish Civil War. Realms of Oblivion*, Florida International University, 2013.

[245] Gonzalo Queipo de Llano, cité dans Lawrence R. Broer et Gloria Holland, *Hemingway and Women*, University Alabama Press, 2002.

[246] Voir Aguado Sánchez, *Francisco. Historia de la Guardia Civil*, t. 6, Planeta, 1984. Sur les femmes sous le régime de Franco, voir Marie-Aline Barrachina, « La femme nouvelle dans la propagande phalangiste », *Clio*, n° 5, *Histoire, femmes, sociétés*, 1997.

[247] Témoignage de Ginette Lion, recueilli par Étienne Augris, uniquement consultable sur Internet.

[248] Elisa Springer, citée dans Sophie Nezri-Dufour, « La condition des déportées italiennes dans les camps de concentration nazis », *Italies*, n° 3, 1999.

[249] Charlotte Delbo, *Le Convoi du 24 janvier*, Minuit, 1966.

[250] Judith Magyar-Isaacson, *Seed of Sarah*, 2ᵉ édition, 1991.

[251] Sara Nomberg-Przytyk, *Auschwitz. True Tales from a Grotesque Land*, éd. Eli Pfefferkorn, David H. Hirsch, University of North Carolina Press, 1985.

[252] Sara Tuvel Berstein, citée dans Deborah Lee Prescott, *Imagery from Genesis in Holocaust Memoirs : a Critical Study*, McFarland, 2010.

[253] Voir Donald M. Mc Kale, *Nazis after Hitler. How Perpetrators of the Holocaust Cheated Justice and Truth*, Rowman & Littlefield, 2012.

[254] Alina Brewda-Bialostocki, cité dans *ibid.*

[255] Giuliana Tedeschi, *C'è un punto della terra... Una donna nel lager di Birkenau*, La Giunti, 1988.

[256] *Les Crimes allemands en Pologne*, rapport de la commission générale d'enquête, Varsovie, 1948.

[257] Alain Giami et Henri Léridon, *Les Enjeux de la stérilisation*, INED-INSERM, 2000.

12. Les jolies décolonisations de vacances

[258] Voir Michela Fusaschi, « Plaisirs croisés : *gukunakunyaza*. Missions, corps et sexualités dans le Rwanda contemporain », *Genre, sexualité & société*, 2012.

[259] Voir Marc Vincent, *L'Enfant au Ruanda-Urundi*, Institut royal colonial belge, 1954.

[260] Voir Gaspard Musabyimana, *Pratiques et rites sexuels au Rwanda*, L'Harmattan, 2006, meilleure description du phénomène dans son acception rwandaise.

[261] Voir Lissia Jeurissen, *Colonisation au masculin et mise en corps de la féminité noire. Le cas de l'ancien Congo belge*, séminaire FER-ULg, cycle « Femme et corps », 2003 (www.ferulg.ulg.ac.be).

[262] Robert Ketels, *Le Culte de la race blanche*, 1935, cité dans *ibid.*

[263] Edmond Picard, *En Congolie*, 1909, cité dans *ibid.*

[264] Document n° 3563, Assemblée nationale, constitution du 4 octobre 1958, rapport fait au nom de la commission des affaires culturelles, familiales et sociales sur la proposition de loi adoptée par le Sénat relative à la restitution par la France de la dépouille mortelle

de Sarah Baartman à l'Afrique du Sud, par M. Jean Le Garrec, député.

[265] Georges Louis Leclerc, comte de Buffon, *Histoire naturelle, générale et particulière*, L'Imprimerie royale, 1769.

[266] Voir Naoual el-Saadaoui, *La Face cachée d'Ève. Les femmes dans le monde arabe*, Éd. des Femmes, 1982.

[267] Voir Gérard Badou, *L'Énigme de la Vénus hottentote*, Petite Bibliothèque Payot, 2002.

[268] Francis Galton, cité par Carole Sandrel, *Vénus hottentote*, Perrin, 2011.

[269] Aimé Cesaire, « Conquête de l'aube », in *Les Armes miraculeuses*, Gallimard, 1946.

[270] Voir Philippe Laburthe-Tolra, « Le *mevungu* et les rituels féminins à Minlaaba », *in* Jean-Claude Barbier (dir.), *Femmes du Cameroun. Mères pacifiques, femmes rebelles*, Karthala, 1985.

[271] Pour la rébellion des femmes kom, voir Eugenia Shanklin, « Anlu Remembered. The Kom Women's Rebellion of 1958-61 », *Dialectic Anthropology*, 15, 1990 ; Jean-Claude Barbier (dir.), *Femmes du Cameroun*, *op. cit.* ; John Percival et Neal Lalage, *The 1961 Cameroon Plebiscite. Choice or Betrayal*, Michigan State University Press, 2008.

[272] Pour ce développement, voir Paul Nchoji Nkwi, « Traditional Female Militancy in a Modern Context », *in* Jean-Claude Barbier (dir.), *Femmes du Cameroun*, *op. cit.*

[273] Voir Shirley Ardener, « Sexual Insult and Female Militancy », in *Perceiving Women*, Malaby Press, 1975.

13. *Le point de non-retour*

[274] Voir « Margaret Sanger, Her Crusade to Legalize Birth Control Spurred the Movement for Women's Liberation », *Time Magazine*, 13 avril 1998.

[275] Margaret Sanger, citée dans Lara Marks, *Sexual Chemistry. A History of the Contraceptive Pill*, Yale University Press, 2001.

[276] Margaret Sanger, « Comstockery in America », *International Socialist Review*, juillet 1915.

[277] *Ibid.*

[278] Margaret Sanger, « Woman's Error and her Deb », *The Birth Control Review*, août 1921, article publié à l'origine dans Margaret Sanger, *Woman and the New Race*, Brentano's, 1920.

[279] Margaret Sanger, « Hotel Commodore Speech », 8 décembre 1920, in *The Margaret Sanger Papers Project*, www.nyu.edu

[280] Voir « The Sanger-Hitler Equation », *ibid.*

[281] Voir William Zeisel (dir.), *Censorship. 500 Years of Conflict*, The New York Public Library, 1984.

[282] Planned Parenthood Federation of America, *The Truth About Margaret Sanger*, octobre 2000.

[283] Léon Tabah, « La contraception dans le Tiers Monde », *Population*, vol. 22, n° 6, 1967.

[284] Dr Ernest (Ernst) Gräfenberg, « The Role of the Urethra in Female Orgasm », *The International Journal of Sexology*, 1950.

[285] *Ibid.*

[286] Henry Gray, *Anatomy of the Human Body*, 25ᵉ éd., Lea & Febiger, 1948.

[287] Voir David Larousserie, *Le point G existe-t-il ? Et 59 autres énigmes de la science*, Archipel, 2010.

[288] Voir James Reed, *From Private Vice to Public Virtue. The Birth Control Movement and American Society since 1830*, Basic Books, 1978.

[289] Voir Robert Jütte, *Contraception, a History*, Polity, 2008.

[290] Katharine McCormick, citée dans Lara Marks, *Sexual Chemistry*, *op. cit.*

[291] Margaret Marsh et Wanda Ronner, *The Fertility Doctor. John Rock and the Reproductive Revolution*, Johns Hopkins University Press, 2008.

[292] Cité dans Jean Sutter, « La stérilisation par voie orale : résultats d'une expérience à Porto-Rico », *Population*, vol. 17, n° 2, 1967.

14. Belles plantes carnivores

[293] Voir Thierry Savetier, « *L'Origine du monde* », *Histoire d'un tableau*, Bartillat, 2009.

[294] Lettre de Gustave Courbet, 13 septembre 1854, *Correspondance*, Flammarion, 1996.

[295] Gustave Courbet, archives de Castagnary, BNF, cote Yb 3 1739-4.

[296] Voir catalogue de l'exposition « Les Yeux les plus secrets », organisée par Jean-Jacques Fernier, cité dans l'excellent ouvrage de Thierry Savetier, « *L'Origine du monde* », *Histoire d'un tableau*, op. cit.

[297] Voir James Lord, *Picasso et Dora*, Séguier, 2000.

[298] Jacques Lacan, Séminaires V, 1957-1958, Seuil, 1998.

[299] Jacques Lacan, Séminaires II, 1954-1955, Seuil, 1978.

[300] Jacques Lacan, Séminaires XIII, 1965-1966.

[301] Jacques Lacan, *Ornicar ?*, 10 février 1976, cité dans Patrick Valas, « La femme dans les séminaires de Jacques Lacan », juillet 2012, rubrique « Thésaurus » du site www.valas.fr

[302] Jacques Lacan, « La Sexualité féminine », *Revue de la société française de psychanalyse*, vol. 7, 1964.

[303] Séminaires XIII, 1965-1966.

[304] Séminaires IX, 1961-1962.

[305] « Le vagin denté de la reine Victoria et le non-rapport sexuel », semaine de Guy Mallet, 25 mars 2004, publié dans *RSI*, février 1995.

[306] Paul Verlaine, *Œuvres complètes*, t. 6, Librairie de France, 1932.

[307] D. H. Lawrence, *Lady Chatterley's Lover*, Digireads.com Publishing, 2010.

[308] Claude Lévi-Strauss, *Mythologies*, t. 2, *Du miel aux cendres*, Plon, 1966.

[309] Voir Edward Opler Morris, *Myths and Tales of the Chiricahua Apache Indians*, University of Nebraska Press, 1942.

[310] *Ibid.*, cité dans Wolfgang Lederer, *Gynophobia ou la peur des femmes*, Payot, 1970.

[311] Voir Elwin Verrier, *The Aboriginals*, Oxford University Press, 1943 ; Elwin Verrier, *The Baiga*, Gian Publishing House, 1986.

[312] Voir Robert Gessain, « *Vagina dentata* dans la clinique et la mythologie », *Psychanalyse*, vol. 3, 1957.

[313] Voir Elwin Verrier, *The Baiga*, *op. cit.*

[314] Voir Jean-Claude Roux, *L'Amazonie péruvienne*, L'Harmattan, 1994 ; Yurupari Dimitri Karadimas, « La métamorphose. Flûtes, trompes et reproduction rituelle dans le Nord-Ouest amazonien », dans *Journal de la Société des américanistes*, 2008 ; André-Marcel d'Ans, « L'initiation et l'excision des filles chez les Indiens Shipibos d'Amazonie », *L'Ethnographie*, XC, 1994.

[315] Boris de Rachewiltz, *Black Eros. The Sexual Customs of Africa From Prehistory to the Present Day*, George Allen & Unwin, 1964.

[316] Voir Marie-Paule Caire-Jabinet, « Le royaume du prêtre Jean », *L'Histoire*, n° 22, 1980.

[317] Voir Norman Mosley Penzer, *Poison Damsels and Other Essays in Folklore and Anthropology*, édition limitée, 1952.

15. *Gorges chaudes pour guerre froide*

[318] Pie XII, « Discours sur l'accouchement sans douleur », d'après le texte français des *Acta Apostolicae Sedis*, 48, 1956.

[319] Pie XII, cité dans Andrea Tornielli, *Pie XII*, Tempora – Éd. du Jubilé, 2009.

[320] Genèse 3,16.

[321] Jean 16,21.

[322] Jacques Guillemeau, *De la grossesse et accouchement des femmes, du gouvernement de celles-ci et moyen de survenir aux accidents qui leur arrivent*, suivi de Charles Guillemeau, « *Plusieurs maladies secrettes, avec un traité de l'impuissance* », A. Pacard, 1621.

[323] Voir Gilles Pison, Étienne Van de Walle et Mpembele Sala-Diakanda, « Mortalité et société en Afrique au sud du Sahara », *Travaux et documents*, n° 124, 1989.

[324] Voir Abel Koulaninga, *L'Éducation chez les Pygmées de Centrafrique*, L'Harmattan, 2009.

[325] René de Segonzac, *Au cœur de l'Atlas. Mission au Maroc, 1904-1905*, E. Larose, 1910.

[326] Dr Caufeynon et Jean Fauconney, *La Procréation. Fécondation, gestation, accouchement, anomalies, géants, nains et enfants extraordinaires*, Nouvelle Librairie médicale, 1902.

[327] Juan Huarte, médecin et philosophe espagnol du XVIᵉ siècle, cité dans Evelyne Berriot-Salvadore, *Un corps, un destin. La femme dans la médecine de la Renaissance*, Slatkine, 1993.

[328] Louise Bourgeois, *Observations diverses sur la stérilité, perte de fruict, foeconditee, accouchements et maladies des femmes et enfants nouveaux naiz*, suivi de « *Instruction à ma fille* » (1652), préface de François Olive, Éditions Côté-Femmes, 1992, citée dans l'excellente thèse de doctorat de Livia Lüthi, *Entre prose et accouchements. Réinvention de l'identité de sage-femme chez Louise Bourgeois*, université de Neuchâtel, 2013.

[329] Voir Victor-Donatien de Musset, *Vie militaire et privée de Henry IV, d'après ses lettres inédites au baron de Batz, celles à Corisandre d'Andouins, à Sully, à Duplessis-Mornay, à Brantôme*, F. Louis, 1803.

[330] Angélique du Coudray, citée dans Nina Rattner Gelbart, *The King's Midwife. A History and Mystery of Madame du Coudray*, University of California Press, 1998.

[331] Victoria du Royaume-Uni, citée dans Arnaud Bassez, « Histoire de l'anesthésie », *Société française des infirmier(e)s anesthésistes*, sofia.medicalistes.org

[332] Voir Paula Michaels, « Pain and Blame. Approaches to Obstetric Pain, 1950-1980 », *in* Esther Cohen *et al.*, *Knowledge and Pain*, Rodopi, 2012.

[333] Voir Marianne Caron-Leulliez et Jocelyne Georg, *L'Accouchement sans douleur. Histoire d'une révolution oubliée*, Éd. de l'Atelier, 2004.

[334] Voir Caroline Gutmann, *Le Testament du docteur Lamaze, médecin accoucheur*, J.-C. Lattès, 1999.

[335] Voir Paula Michaels, *Childbirth, Pain Relief and the Soviet Origins of the Lamaze Method*, The National Council for Eurasian and East European Research, 2007.

[336] Fernand Lamaze, *Revue des travailleuses de la CGT*, juin-juillet 1953.

[337] Fernand Lamaze, « Tu accoucheras sans la douleur », *Les Lettres françaises*, juillet 1953, cité dans Marianne Caron-Leulliez, « L'accouchement sans douleur. Un enjeu politique en France pendant la guerre froide », *Bulletin canadien d'histoire de la médecine*, vol. 23, 2006.

[338] Dr Pierre Vellay, cité dans Evelyne Vander Heym, directrice de l'hôpital des métallurgistes les Bluets, « Le docteur Lamaze met au point l'accouchement psycho-prophylactique dit sans douleur », 2002, www.culture.gouv.fr

[339] Pr Broca, *Le Figaro littéraire*, 3 mai 1952.

[340] Fernand Lamaze, cité dans Ambre Acoulon, *Préparation à la naissance et à la parentalité. Que veulent les femmes ?*, mémoire, école de sages-femmes de Clermont-Ferrand, 2008.

[341] Voir sur ce point Hélène Deutsch, « Le masochisme féminin », in *La Psychologie des femmes*, t. 1, PUF, 1949 ; Inma Guignard-Luz, « Le masochisme féminin selon Hélène Deutsch », *Vers Genève 3*, www.kring-nls.org

[342] Simone de Beauvoir, *Le Deuxième Sexe*, t. 2, Folio Essais, 1986.

[343] *Ici-Paris*, 25-31 mai 1953.

[344] Docteur Pierre Devraigne, séance du 19 novembre 1953, *Bulletin municipal officiel de la ville de Paris*, 1953, cité dans Marianne Caron-Leulliez, « L'accouchement sans douleur », art. cité.

16. *Guerres pubiennes en Occident*

[345] Eve Arnold, *Film Journal*, Bloomsbury Publishing, 2002, confirmé dans Christopher Bigsby, *Arthur Miller. The Definitive Biography*, Orion Publishing Co, 2009.

[346] Voir Anthony Summers, *Goddess*, New American Library, 1986.

[347] Marilyn Monroe, « How I Stay In Shape », *Pageant Magazine*, vol. 8, n° 3, septembre 1952.

[348] Lena Pepitone et William Stadiem, *Marilyn Monroe Confidential*, Simon & Schuster, 1979.

[349] Marilyn Monroe, citée dans Anthony Summers, *Goddess, op. cit.*

[350] Voir Dr Ralph Greenson (quelques jours avant la mort de Marilyn), « What Follows are Excerpts from John W. Miner's Transcript of Tapes that Marilyn Monroe Is Said to Have Made for her Psychiatrist », *Los Angeles Times*, 2005.

[351] Voir Anthony Haden-Guest, « The Porn King in Winter », *New York Magazine*, février 2004.

[352] Hugh Hefner, cité dans Steven Watts, *Mr Playboy. Hugh Hefner and the American Dream*, John Wiley & Sons Inc., 2008.

[353] Bob Guccione, *The Telegraph*, 21 octobre 2010.

[354] Henry de Ségogne, cité dans Jean-Luc Douin, *Jean-Luc Godard. Dictionnaire des passions*, Stock, 2010.

[355] Ada Lovelace (1815-1852), fille de Lord Byron, mathématicienne surtout connue dans les pays anglo-saxons et en Allemagne dans les milieux féministes.

[356] Helmut Newton, *Helmut Newton. Portraits*, Pantheon Books, 1987.

[357] Curzio Malaparte, *La Peau*, Folio, 1973.

[358] Voir Chris Ventiane, Aude Vincent et Sophie Pietrucci, *Contre les publicités sexistes*, L'Échappée, 2012.

[359] www.lovetolinger.com

17. Les tribulations d'un sexe chinois en Chine

[360] Voir l'excellent article de Caroline Puel, « Les Chinoises tentées par la mort. La misère, les vexations des belles-mères ou l'impossibilité d'avoir un enfant mâle poussent de plus en plus de paysannes au suicide », *Libération*, 23 avril 1999.

[361] Isabelle Attané, *En espérant un fils : la masculinisation de la population chinoise*, INED, 2010.

[362] Voir l'excellent article sur le sujet de Lucien Bianco et Hua Chang-Ming, « La population chinoise face à la règle de l'enfant unique », *Actes de la recherche en sciences sociales*, vol. 78, juin 1989.

[363] Voir Isabelle Attané, *La Planification familiale en Chine, pour ou contre la femme ? Bilan de trois décennies*, CEPED, 2000.

[364] L. Bartoli, *Venir au monde : les rites de l'enfantement sur les cinq continents*, Payot & Rivages, 2007 ; et T. Johnson, *Childbirth in Republican China : Delivering Modernity*, Lexington Books, 2011.

[365] Voir Liu Dalin, *L'Empire du désir. Une histoire de la sexualité chinoise*, Robert Laffont, 2008.

[366] *Fleurs en fiole d'or. Jin Ping Mei cihua* (XVIᵉ siècle), texte traduit, présenté et annoté par André Levy, Gallimard, 1985.

[367] Voir Jolan Chang, *Le Tao de l'art d'aimer*, Calmann-Lévy, 1994.

[368] Robert Hans Van Gulik, *La Vie sexuelle dans la Chine ancienne*, Gallimard, 1977.

[369] Tao Hongjing, Vᵉ et VIᵉ siècles, *Propos sur la nature profonde et la longévité*, cité dans Kristofer Schipper, *Le Corps taoïste : corps social et corps physique*, Fayard, coll. « L'espace intérieur », 1982.

[370] Judith Gautier, *Les Peuples étranges*, Charpentier, 1879.

18. Saigneurs de guerre

[371] Voir Roy Gutman, *Bosnie : témoin du génocide*, Desclée de Brouwer, 1994. Autour de cette thématique, nombre de témoignages sont cités dans ce livre très complet.

[372] Karima Guenivet, *Violences sexuelles, la nouvelle arme de guerre*, Michalon, 2001.

[373] Voir Frédéric Séchaud, « Violences contre les femmes. Le viol, stratégie de purification ethnique en Bosnie-Herzégovine. Du rapport du groupe de femmes Tresnjevka à la mission de la Communauté européenne », *Projets féministes*, n° 2, avril 1993.

[374] Voir Karima Guenivet, *Violences sexuelles, la nouvelle arme de guerre, op. cit.* ; Xavier Crettiez, *Violence et nationalisme*, Odile Jacob, 2006.

[375] *Ibid.*

[376] Rapport cité dans Véronique Nahoum-Grappe, « La purification ethnique et les viols systématiques. Ex-Yougoslavie 1991-1995 », *Clio*, n° 5, 1997.

[377] Voir Vanessa Fargnoli, *Viol(s) comme arme de guerre*, L'Harmattan, 2012.

[378] Dr Catherine Bonnet, « Le viol des femmes survivantes du génocide du Rwanda », *in* Raymond Verdier, Emmanuel Decaux, Jean-Pierre Chrétien, *Rwanda. Un génocide du XXᵉ siècle*, L'Harmattan, 1995.

[379] Voir Mark Levene et Penny Roberts, *The Massacre in History*, Berghahn Books, 1999.

[380] R. John Pritchard et Sonia M. Zaide (dir.), *The Tokyo War Crimes Trial. The Complete Transcripts of the Proceedings of the International Military Tribunal for the Far East*, 27 vol., Garland Publishing, 1981-1987 ; Hua-Ling Hu, *American Goddess to the Rape of Nanking*, Southern Illinois University Press, 2000 ; Kaiyuan Zhang, *Eyewitness to Massacre. American Missionaries Bear Witness to Japanese Atrocities in Nanjing*, M.E. Sharpe, 2001.

[381] Voir Iris Chang, *Le Viol de Nankin, 1937. Un des plus grands massacres du XXᵉ siècle*, Payot, 2007.

[382] Cité dans John E. Weeds, *The Good Man of Nankin, The Diaries of John Robe*, Knopf, 1998.

[383] Ilya Ehrenbourg, citée dans Susan Brownmiller, *Le Viol*, Stock, 1976.

[384] *Ibid.*

[385] Ingrid Holzhüter, citée dans Lorraine Rossignol, « Seules dans Berlin », *Le Monde*, 20 décembre 2008.

[386] Cité dans Ingeborg Jacobs, *Freiwild. Das Schicksal deutscher Frauen 1945*, Propyläen Verlag, 2008.

[387] Cité dans Marnia Lazreg, *Torture and the Twilight of Empire. From Algiers to Baghdad*, Princeton University Press, 2008.

[388] Jean-Louis Godard, cité dans Raphaëlle Branche, *La Torture et l'Armée pendant la guerre d'Algérie (1954-1962)*, Gallimard, 2001.

[389] Cité dans Jean-Charles Jauffret, *Soldats en Algérie 1954-1962*, Autrement, 2000.

[390] Louis Devred, *Une certaine présence. Au nom de l'épikie*, Éd. de la Pensée, 1998.

[391] Mouloud Feraoun, *Journal 1955-1962*, préface d'Emmanuel Roblès, Points, 2011.

19. Chair et paix

[392] Leymah Gbowee, *Notre force est infinie*, Belfond, 2012.

[393] Voir Mathieu Petithomme, *Les Élites postcoloniales et le pouvoir politique en Afrique subsaharienne*, L'Harmattan, 2009.

[394] Leymah Gbowee, *Notre force est infinie*, op. cit.

[395] Leymah Gbowee, « Sex Strikes Help Good Men », *Huffington Post*, 8 janvier 2012.

[396] Pour une bonne analyse des mythes autour de Lysistrata, voir Chris Knight, « The Sex Strike », in *Blood Relations. Menstruation and the Origins of Culture*, Yale University Press, 1991.

[397] Jennifer Bayer, compagne d'un membre du gang, citée dans « Wives Tell Gangsters to Lay Down Arms or Go Without Sex », *The Guardian*, 13 septembre 2006.

[398] Voir « Finalizan paro de "piernas cerradas" », *Noroeste*, 23 septembre 2006.

[399] Voir « Colombian Gangsters Face Sex Ban », *BBC News*, 13 septembre 2006.

Remerciements

Ce livre n'aurait pu être écrit sans l'aide documentaire et historiographique d'Isabelle Louis et Paul Mousset, qui m'ont aidée à compulser les très nombreuses sources nécessaires à sa construction.

Merci à mon éditrice, Maëlle Guillaud, de l'avoir porté avec moi, à Richard Ducousset pour avoir eu l'idée folle de le signer, et à toute la maison Albin Michel.

Merci enfin à Laurent Theis qui, le premier, a fait d'une jeune femme un auteur.

Table

11392

Composition
NORD COMPO

Achevé d'imprimer en Espagne
par CPI *(Barcelone)*
le 13 mars 2016

Dépôt légal mars 2016
EAN 9782290112533
OTP L21EPLN001847N001

ÉDITIONS J'AI LU
87, quai Panhard-et-Levassor, 75013 Paris

Diffusion France et étranger : Flammarion